經濟計量
分析實驗

孫榮 著

前言

  經濟計量分析是在經濟理論的指導下，以客觀事實為依據，運用數學和統計學方法，借助計算機技術從事經濟關係與經濟活動數量規律的研究，並以建立和應用經濟計量模型為核心的一門經濟學科。經濟計量分析是一門應用學科，它所提供的定量的實證分析方法已經在經濟管理活動中發揮了重要作用。但是經濟計量的根本任務是估計經濟模型和檢驗經濟模型，經濟計量分析方法，從狹義上看，模型參數估計方法是它的核心內容。因此經濟計量分析需要運用統計學知識進行大量的計算。教學實踐表明，經濟計量分析模型的計算繁難，是學習經濟計量分析的主要障礙，也是理論聯繫實際的主要障礙，所以需要學習運用計算機軟件進行計量經濟學模型計算，掌握實際應用的工具和手段，在應用過程中學習、驗證理論，提高學習效果。

  按照高等教育對培養複合型人才的要求，培養學生分析、解決問題的能力是高等學校統計學專業教學改革的重點，其中一項重要內容就是增加實驗課課程及實驗時間。本教材正是為適應這種改革的要求而編寫的。

  能夠進行經濟計量分析模型計算的軟件有很多，如 EViews、SPSS、SAS 等，本教材以 EViews 軟件作為「經濟計量經濟分析實驗」課程的計算軟件。EViews（Econometrics View）是當今世界上流行的計量經濟學軟件之一。它由 QMS（Quantitative Micro Software）公司推出，該軟件的前身是 Micro TSP。EViews 是在 Windows 操作系統下專門從事數據分析、迴歸分析和預測的工具，擁有數據處理、作圖、統計分析、迴歸建模分析、預測、時間序列模型分析、時間序列的 X12 季節調整分析、編程和模擬九大功能。EViews 的應用範圍包括：科學試驗數據分析與評估、金融分析、宏觀經濟預測、仿真和銷售預測等。EViews 具有現代 Windows 軟件可視化操作的優良性，可以使用滑鼠對標準的 Windows 目錄和對話框進行操作，操作結果出現在窗口中並能採用標準的 Windows 技術對操作結果進行處理。此外，EViews 還擁有強大的命令功能和批處理語言功能，可在 EViews 的命令行中輸入、

編輯和執行命令，在程序文件中建立和存儲命令，以便在後續的研究項目中使用這些程序。

本教材的內容由兩部分組成：第一部分是關於 EViews 的基本操作；第二部分是基於 EViews 的實驗內容，具體包括一元線性迴歸模型的估計與統計檢驗、多元線性迴歸模型的估計與統計檢驗、多重共線性的檢驗與修正、自相關的檢驗與修正、異方差性的檢驗與修正及綜合實驗六個實驗。

孫榮撰寫了本教材的第一部分 EViews 的基本操作各章節、第二部分實驗操作除去實驗過程的部分。丁黃豔撰寫了本教材第八章至第十三章實驗一至實驗五、綜合實驗操作的實驗過程部分。劉麗穎負責全書的校對工作，孫榮負責全書內容的總撰。

本書可作為統計學專業「經濟計量分析實驗」課程的教材，也可作為「經濟計量分析」課程的軟件操作配套學習教材。由於筆者的能力有限，書中可能存在著不完善或不令人滿意的地方，歡迎讀者提出寶貴意見。

孫　榮

目錄

第一部分　EViews 的基本操作

| 第一章 | EViews 簡介 | 3 |

| 第二章 | EViews 基礎 | 5 |

第一節	工作文件	5
第二節	對象基礎	12
第三節	數據處理	17
第四節	數據的基本操作	20
第五節	序列	23
第六節	組	29
第七節	應用於序列和組的統計圖	32

| 第三章 | 迴歸模型分析 | 38 |

第一節	方程對象	38
第二節	在 EViews 中對方程進行說明	39
第三節	在 EViews 中估計方程	39

| 第四節 | 方程輸出 | 40 |
| 第五節 | 方程操作 | 43 |

第四章　其他迴歸方法　44

第一節	加權最小二乘法估計	44
第二節	異方差性和自相關一致協方差	46
第三節	二階段最小二乘法估計	46
第四節	非線性最小二乘法估計	47
第五節	廣義矩方法	47
第六節	對數極大似然估計	48
第七節	系統估計	52

第五章　方程預測　58

第一節	EViews 中的方程預測	58
第二節	預測基礎	59
第三節	含有滯後因變量的預測	60
第四節	含有 ARMA 誤差項的預測	61
第五節	含有公式的預測方程	61
第六節	命令	62

第六章　診斷檢驗　63

第一節	系數檢驗	63
第二節	殘差檢驗	65
第三節	定義和穩定性檢驗	69

第七章　時間序列/截面數據模型　71

第一節　Pool 對象　71
第二節　輸入 Pool 數據　73
第三節　使用 Pool 數據　77
第四節　時間序列/截面數據模型估計方法　80
第五節　如何估計 Pool 方程　81

第二部分　實驗操作

第八章　一元線性迴歸模型的估計與統計檢驗　87

一、實驗目的與要求　87
二、實驗原理　87
三、理論教學內容　87
四、實驗過程　92
五、思考題　112

第九章　多元線性迴歸模型的估計與統計檢驗　116

一、實驗目的與要求　116
二、實驗原理　116
三、理論教學內容　116
四、實驗過程　121
五、思考題　128

第十章　多重共線性的檢驗與修正　131

一、實驗目的與要求　131

二、實驗原理　　　　　　　　　　　　　　　　　　　131

三、理論教學內容　　　　　　　　　　　　　　　　131

四、實驗過程　　　　　　　　　　　　　　　　　　134

五、思考題　　　　　　　　　　　　　　　　　　　141

第十一章　自相關的檢驗與修正　　　　　　　　　146

一、實驗目的與要求　　　　　　　　　　　　　　　146

二、實驗原理　　　　　　　　　　　　　　　　　　146

三、理論教學內容　　　　　　　　　　　　　　　　146

四、實驗過程　　　　　　　　　　　　　　　　　　152

五、思考題　　　　　　　　　　　　　　　　　　　158

第十二章　異方差性的檢驗與修正　　　　　　　　163

一、實驗目的與要求　　　　　　　　　　　　　　　163

二、實驗原理　　　　　　　　　　　　　　　　　　163

三、理論教學內容　　　　　　　　　　　　　　　　163

四、實驗過程　　　　　　　　　　　　　　　　　　171

五、思考題　　　　　　　　　　　　　　　　　　　177

第十三章　綜合實驗　　　　　　　　　　　　　　　183

一、實驗目的與要求　　　　　　　　　　　　　　　183

二、實驗原理　　　　　　　　　　　　　　　　　　183

三、實驗過程　　　　　　　　　　　　　　　　　　183

四、思考題　　　　　　　　　　　　　　　　　　　190

參考文獻　　　　　　　　　　　　　　　　　　　　191

第一部分
EViews 的基本操作

第一章 EViews 簡介

一、什麼是 EViews

EViews 是在大型計算機的 TSP（Time Series Processor）軟件包基礎上發展起來的新版本，是一組處理時間序列數據的有效工具。1981 年 QMS（Quantitative Micro Software）公司在 Micro TSP 基礎上直接開發出 EViews 並投入使用。雖然 EViews 是由經濟學家開發的，並大多在經濟領域應用，但它的適用範圍並不局限於經濟領域。EViews 得益於 Windows 的可視的特點，能通過標準的 Windows 菜單和對話框，用滑鼠選擇操作，並且能通過標準的 Windows 技術來使用顯示於窗口中的結果。此外，還可以利用 EViews 強大的命令功能和大量的程序處理語言，進入命令窗口修改命令，並可以將計算工作的一系列操作創建相應的計算程序，並存儲，人們就可以直接通過運行程序來完成相關的工作。

二、啓動和運行 EViews（以 EViews 8 為例）

EViews 8 提供了一張光盤，插入光驅即可直接安裝，並直接在桌面上建立圖標。但是在第一次使用前，EViews 8 要求在網上註冊。在 Windows 操作系統中，有下列幾種啓動 EViews 的辦法：①單擊任務欄中的開始按鈕，然後選擇程序中的 EViews 8 進入 EViews 程序組，再選擇 EViews 8 程序符號；②雙擊桌面上的 EViews 圖標；③雙擊 EViews 的「workfile」或「database」文件。

三、EViews 窗口

EViews 窗口由五個部分組成：標題欄、主目錄、命令窗口、狀態欄、工作區，如圖1-1所示。

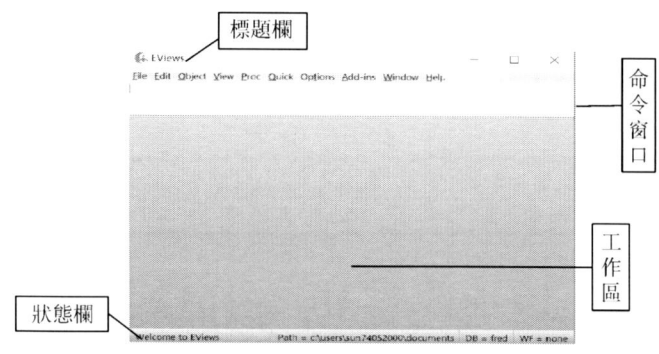

圖1-1　EViews 窗口的五個組成部分

(1)標題欄。標題欄位於主窗口的最上方。單擊 EViews 窗口的任何位置即可使 EViews 窗口處於活動狀態。

(2)主目錄。點擊主目錄會出現一個下拉目錄，在下拉目錄中可以單擊選擇顯現項。

(3)命令窗口。目錄欄下面是命令窗口。把 EViews 命令輸入該窗口，按回車鍵即執行該命令。

(4)狀態欄。窗口的最底端是狀態欄，它被分成幾個部分。左邊部分有時提供 EViews 發送的狀態信息，往右接下來的部分是 EViews 尋找數據和程序的預設目錄，最後兩部分顯示預設數據庫和工作文件的名稱。

(5)工作區。工作區位於窗口中間部分。EViews 在這裡顯示各個目標窗口。

四、關閉 EViews

在主目錄上選擇「File/Close」或按「Alt+F4」鍵來關閉 EViews，也可單擊 EViews 窗口右上角的關閉按鈕來關閉 EViews。

第二章　EViews 基礎

EViews 的核心是對象。對象是指有一定關係的信息或算子捆綁在一起供使用的單元。用 EViews 工作就是使用不同的對象。對象都放置在對象集合中,其中工作文件(workfile)是最重要的對象集合。

第一節　工作文件

一、建立新的工作文件

選擇目錄「File/New/workfile」,會彈出數據的頻率對話框。可在「Workfilefrequency」中選擇數據的頻率,可選的頻率包括年度、半年、季度、月度、星期、天(每週 5 天、每週 7 天)以及非時間序列或不規則數據。可在「Start date」文本框中輸入起始日期,「End date」文本框中輸入終止日期,年度與後面的數字用「:」分隔。日期的表示法為:年度:20 世紀可用兩位數,其餘全用四位數字;半年:年後加 1 或 2;季度:年後加 1~4;月度:年後加 1~12;星期:月/日/年;日:月/日/年;非時間序列或不規則數據:樣本個數。

(一)通過描述結構創建工作文件

為了描述工作文件的結構,需要提供給 EViews 關於觀測值和與其相聯繫的標示符的外部信息。例如,可以告知 EViews 數據集合是由從 1990Q1 到 2003Q4 的每個季度的觀測值的時間序列組成,或者是從 1997 年開始到 2001 年結束的每一天的信息,或者是擁有 500 個觀測值而沒有附加的標示符信息的數據集合。

要創建工作文件,從主目錄選擇「File/New Workfile」,打開「Workfile Create」對話框,如圖 2-1 所示。

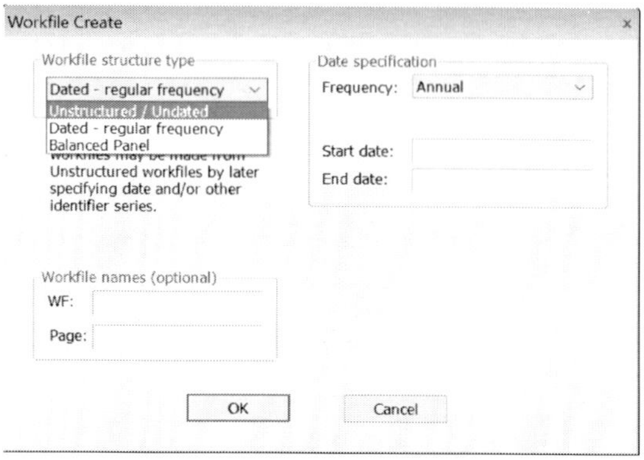

圖 2-1　工作文件創建界面圖

對話框的左邊是下拉列表框，它用來描述數據集合的基本結構。可以在「Dated-regular frequency」「Unstructured Mndated」「Dated-regular frequency」和「Balanced Panel」中選擇工作文件的結構類型。一般來說，若是一個簡單的時間序列數據集合，可以選擇「Dated-regular frequency」，對於一個簡單的面板數據庫，可以使用「Balanced Panel」，而在其他情況下，可以選擇「Unstructured/Undated」。每個基本結構所需要的選項將在後面分別介紹。

1.描述具有固定頻率的時間序列工作文件

當選擇「Dated-regular frequency」時，EViews 將允許選擇數據的頻率。可以在下面兩者之間進行選擇：一個是標準的 EViews 所支持的數據頻率〔Annual（年度）、Semi-annual（半年度）、Quarterly（季度）、Monthly（月度）、Weekly（週度）、Daily-5 day week（每5天一個星期）、Daily-7 day week（每7天一個星期）〕；另外一個是特定的頻率（Integer date）。

選擇頻率時，要正確設置數據中觀測值的間隔（年度、半年度、季度、月度、週度、每週7天、每週5天），以便於允許 EViews 使用所有可用的日曆信息來組織和管理數據。例如，當在日、週或年度數據之間進行變動時，EViews 會清楚地判斷出有些年份有53個星期，而有些年份有366天，進行工作時，EViews 將應用日曆信息。

正如名字所表達的意義一樣，固定頻率數據被特定的頻率定義而具有固定的間隔，如月度數據。相反，非固定頻率的數據沒有固定的間隔。非固定頻率數據的一個重要例子就是關於證券和股票的價格，它們在假期和其他市場關閉的情況下，觀測值是非規則的，而並不是以5天為一個週期的規則數據。標準的宏觀經濟數據，如季度 GDP 或每月的房地產開發均是規則數據。

EViews 也允許為工作文件輸入「Start date」和「End date」。單擊「OK」，EViews 將創建一個具有固定頻率的工作文件，其中包括指定數目的觀測值和與此相關的標示符。

假設需要創建一個年度工作文件，它開始於 1998 年，結束於 2018 年（如圖 2-2 所示）。

第二章　EViews 基礎

首先，為工作文件的結構選擇「Dated-regular frequency」，然後選擇「Annual」頻率。

接下來，「Start date」和「End date」文本框被激活。有很多方法可以填寫日期值。EViews 使用最大的觀測值組合，它與那些日期相一致，所以如果輸入的是「1998」和「2018」，工作文件從 1998 年開始，到 2018 年結束。

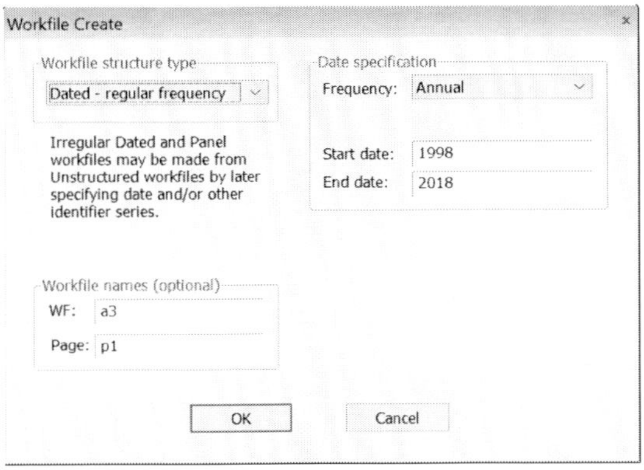

圖 2-2　工作文件創建界面圖（二）

這個例子闡述了使用 EViews 中日期信息的基本原則。一旦指定了一個工作文件的頻率，EViews 將應用所有有用的日曆的信息來說明相關頻率的信息。例如，給定一個季度工作文件，EViews 會判斷日期「3/2/1990」是 1990 年的第一個季度。

最後，可以輸入工作文件名，同時給工作文件頁命名。

2.描述非結構工作文件

非結構數據僅僅是沒有指定日期的數據，它使用默認的整數標示符。

若在下拉列表中選擇這一類型時，對話框將發生變化，會提供一個空白區域用來輸入觀測值的個數，然後單擊「OK」。在圖 2-3 所描述的例子中，EViews 將會創建一個擁有 200 個觀測值的工作文件，其中包括從 1 到 200 的整數標示符。

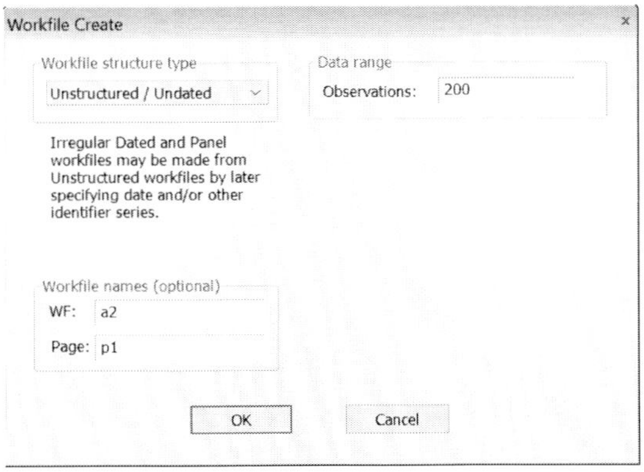

圖 2-3　工作文件創建界面圖（三）

3.描述平衡面板工作文件

Balanced Panel 提供了描述固定頻率面板數據結構的簡單方法。

創建一個平衡面板結構時,要輸入每個截面成員,這些成員具有相同的固定頻率和相同日期的觀測值。在這裡僅僅給出這一過程的大體概括。詳細的討論需要對面板數據進行總的描述和創建一個高級工作文件結構。面板數據將在後面討論。

創建一個平衡面板結構,在下拉列表中選擇「Balanced Panel」,選定頻率(Frequency),輸入起始日期(Start date)和終止日期(End date)以及截面成員的個數(Number of cross sections)。可以命名工作文件和命名工作文件頁,單擊「OK」。EViews 將創建一個給定頻率的平衡面板工作文件,使用特定的起始和終止日期以及截面成員的個數。

在圖 2-4 中,EViews 創建了一個擁有 50 個截面成員、固定頻率、年度的面板工作文件,觀測值起始於 1978 年,終止於 2018 年。

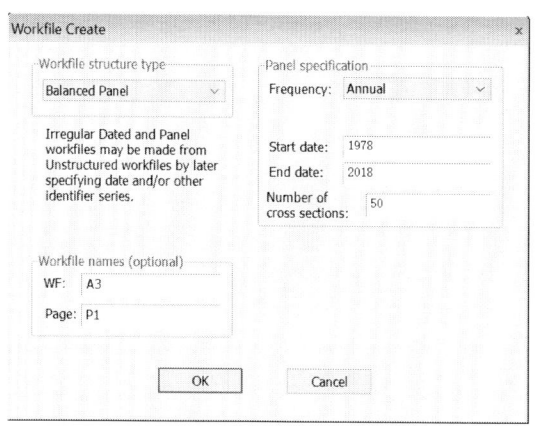

圖 2-4　工作文件界創建面圖(四)

(二)多頁工作文件創建

很多工作可能只涉及單頁,然而把數據組織成多個工作文件頁是非常有用的。多頁工作文件主要是在必須要用多個數據集合工作時的情況下應用。例如,需要分析季度數據和月度數據。多頁工作文件允許在當前的頻率下容納上述兩個設置,如果必要的話執行自動頻率轉換。在這種形式下把數據組織起來,允許在季度和月度頻率之間快速切換來完成分析任務。

1.創建工作文件頁

有很多方法可以創建工作文件頁。

(1)通過描述工作文件頁的結構創建工作文件頁。描述工作文件頁的結構只需單擊標籤「New Page」並選擇「Specify by Frequency/Range…」,這時 EViews 將顯示類似的「Workfile Create」對話框。像描述一個新的工作文件一樣,簡單地描述這個工作文件頁的結構,並單擊「OK」。

第二章　EViews 基礎

EViews 將創建一個帶有特定結構的新的工作文件頁，它將作為活動工作文件頁被系統自動命名，也將被指定。

（2）使用標示符創建工作文件頁。第二種方法是使用一個或多個標示符序列創建新的工作文件頁。單擊「New Page」標籤，選擇「Specify by identifier Series…」，進入 EViews 打開一個對話框（如圖 2-5 所示）。可以在「Date ID series」和「Cross ID series」文本框中輸入一個或多個序列。EViews 將使用特定的序列來構建標示符。指定樣本中標示符的唯一值將被用來創建新的工作文件頁。再者，EViews 也可使用所提供的信息構建這個工作文件。

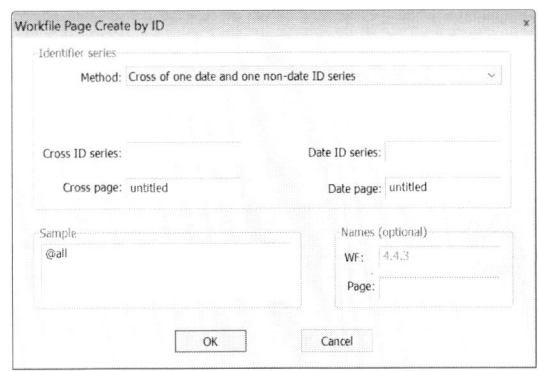

圖 2-5　工作文件創建界面圖（五）

（3）通過複製當前頁數據創建工作文件頁。單擊或選擇目錄「Proc」「Copy」「Extract from Current Page」「By Link to New Page…」或「Proc」「Copy」「Extract fromCurrent Page」「By Value to New Page or Workfile…」，EViews 將打開對話框指定要複製的新工作文件頁的對象和數據。

（4）通過加載工作文件或數據源創建工作文件頁。單擊「New Page」並選擇「Load Workfile Page」或選擇「Proc/Load Workfile Page」，在打開文件對話框中，如果選擇已經存在的 EViews 工作文件，EViews 將原工作文件的每一頁添加新頁；如果選擇只有一頁的工作文件，EViews 將在新頁中加載整個工作文件；如果工作文件包含多頁，每一頁都將作為新頁分別加載，活動頁將是最新的頁。

工作文件頁普遍被認為僅是工作文件，特定頁或者基本的多頁工作文件有其特定的操作。

①設置活動的工作文件頁。單擊工作文件窗口的頁標籤，即可設置活動文件頁。

②給工作文件頁重新命名。EViews 將按工作文件頁的結構提供一個缺省的名字。若給工作文件頁重新命名只需右鍵單擊該頁的標籤，彈出工作文件頁目錄。從目錄中選擇「Rename Workfile Page」，然後輸入工作文件頁的名字。相應地，也可以從主目錄中選擇「Proc/Rename Current Page」。

③刪除工作文件頁。右鍵單擊該頁的標籤,選擇「Delete Workfile Page」,或者在活動頁面,單擊 Proc 目錄,選擇「Delete Current Page」。

④保存工作文件頁。若希望保存活動工作文件頁為一個獨立的工作文件,只需右鍵單擊該頁的標籤可選擇「Save Workfile Page」,然後打開「Save As」對話框。此外,也可以從主目錄中選擇 「Proc/ Save Current Page」。

二、工作文件窗口

EViews 中最重要的窗口就是工作文件窗口。工作文件窗口提供了一個在給定工作文件或者工作文件頁下的所有對象的目錄。工作文件窗口也提供了一些處理工作文件和工作文件頁的工具。

(一)工作文件的標題和目錄

在工作文件窗口的標題欄中可以看到 Workfile 後跟工作文件名。若工作文件已經保存到磁盤裡,可以看到它的名字和整個磁盤路徑。在圖 2-6 中,工作文件的名字是「4.4.3_1.wf1」,被存放在 c 盤的根目錄下。若工作文件沒有被保存,則它將被命名為「Untitled」。

在標題欄的正下方是目錄和工具條,利用目錄和工具條可以方便地實現很多操作。工具條中的按鈕僅是一種快捷方式,可以方便地處理 EViews 的主目錄中的一些操作,如目錄「View/Name Display」可以實現大小寫轉換(默認是小寫)。

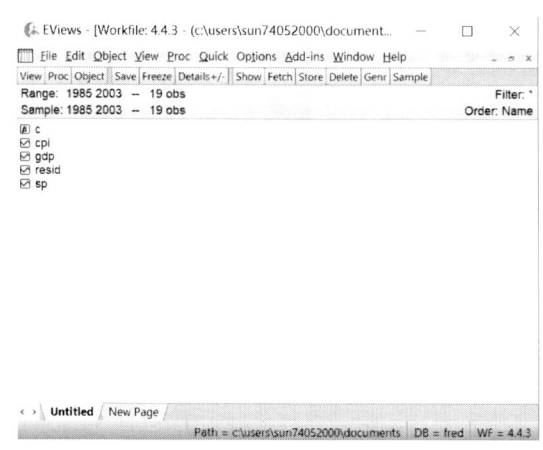

圖 2-6　工作文件界面

(二)工作文件的範圍、樣本和顯示限制

在工具條的下面是兩行信息欄,在這裡 EViews 顯示工作文件的範圍(結構)、工作文件的當前樣本(被用於計算和統計操作的觀測值的範圍)和顯示限制(在工作文件窗口中顯示對象子集的規則)。雙擊這些標籤並在對話框中輸入相關的信息,可以改變工作文件的範圍、樣本和顯示限制。

第二章　EViews 基礎

在窗口的主要部分,可以看到工作文件路徑中工作文件頁的所有內容。在正常的顯示模式下,所有被命名的對象都以不同的圖標被列示在工作文件窗口中,按名字排序。不同類型的對象有不同的圖標。此外,也可以在工作文件頁裡顯示對象的子集,下文將予以介紹。

(三)工作文件路徑選項

可以通過改變默認工作文件顯示來表示對象的其他信息。若選擇「View/Details +/-」,或者點擊工具欄中的「Details+/-」按鈕,EViews 將在標準工作文件顯示格式和提供附加信息的顯示格式間切換。

當工作文件中包含大量對象時,很難查找到指定的對象。可以使用工作文件中的顯示限制來解決這一問題。在工作文件窗口中選擇「View/Display Filter」,或者雙擊工作文件窗口中的「Filter」,將顯示一個對話框,這個對話框由兩部分組成。在編輯區域內,可以放置一個或幾個名字的描述,可以包括通配符「＊」(與任何字符相匹配)和「？」(與任何單個字符相匹配)。在編輯區域的下面是一系列復選框,對應於不同類型的 EViews 對象。EViews 將僅僅顯示與編輯區域中名字相匹配的指定類型的對象。

三、保存工作文件

保存工作文件可以在工具欄中單擊「Save」按鈕,或從主目錄中選擇「File/Save」或「File/Save As」,在出現的 Windows 標準對話框內選擇文件要保存的目錄及文件名。

當重寫工作文件時,EViews 通常會保留重寫文件的備份。備份文件名和原文件名相同,但擴展名的第一個字母變為「～」。是否創建備份文件,可以通過選擇 Options/Workfile Storage Defaults 進行設置。

單擊「Save」按鈕,EViews8 將顯示一個對話框(見圖 2-7),這個對話框顯示儲存在工作文件中當前數據的整個默認選項。

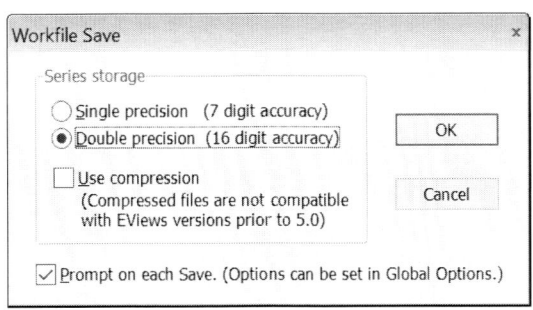

圖 2-7　工作文件保存界面

操作者的第一選擇就是用「Single precision」(單精度)或者「Double precision」(雙精度)保存序列數據。

操作者也可以選擇壓縮或者非壓縮的形式保存數據，若選擇「Use compression」，EViews 將會分析序列的內容，為每個序列選擇一個最佳的儲存精度，應用壓縮算法，縮小工作文件的大小。但是操作者要謹慎，壓縮的工作文件並不全是相互兼容的，它不會被低於 EViews5 的版本所識別。

在每個保存操作中都有一個檢查框，用來顯示選項對話框。默認狀態下，每次保存工作文件，都將顯示這個對話框。不選「Prompt on each Save」這個選項，EViews 在後面的保存操作中將隱藏這個對話框。若希望以後改變這個保存設置或者希望顯示這個對話框，必須在 EViews 主目錄中通過選擇「Option/Workfile Default Storage Options」來更新整個設置。

除了被壓縮的工作文件外，在 EViews 8 中被保存的工作文件都可以被以前版本的 EViews 所讀取。像「ValMap」或者字符串序列的對象不被以前的版本所支持，當被 EViews 更早的一些版本讀取時將被捨棄。所以當用老一點的 EViews 版本讀取工作文件時一定要小心，因為有可能失去那些已經被刪除的對象。

同時也要注意多頁工作文件中也只有第一頁能被先前的版本所讀取，其他頁將被捨棄。保存多頁工作文件的單頁為獨立的工作文件，這樣就可以被以前的版本所讀取。

四、加載工作文件

可選擇「File/Open/EViews Workfile」將以前保存的工作文件調入內存。

當選擇「File/Open/EViews Workfile」時，可以看到一個標準的 Windows 的打開文件對話框。只需通過正確的目錄和雙擊工作文件的名字，就可把它加載到內存。

為了方便起見，EViews 在 File 目錄的底部保存著最近使用過的工作　文件，用滑鼠單擊所要用的工作文件，按回車鍵，就可以在 EViews 中將它打開。

EViews 可以讀取以前版本的 EViews 的工作文件，但由於程序的變化，當用 EViews 讀取時，一些對象可能會被修改。

● 第二節　對象基礎

EViews 中的信息是儲存在對象中的。每個對象都包含與一個特定分析領域有關的信息。與每類對象相關聯的是一系列視圖（Views）和過程（Procedure），它們和對象中的信息一起使用。這種視圖、過程與對象中的數據的相關聯被稱為面向對象的 EViews 設計。

第二章　EViews 基礎

一、對象中的數據

不同對象包含著不同的信息。例如，序列對象、矩陣對象、向量對象等主要包含數值方面的信息；方程對象和系統對象包含方程或系統的完整的信息，除了包含用來做估計的數據外，還包含估計的結果的信息；圖對象和表對象包含數值的、文本的和格式的信息。

二、對象視圖

不同的對象有不同的視圖。序列對象有圖表視圖（察看原始數據）、線性坐標視圖、柱狀坐標視圖、直方統計視圖、相關視圖、分佈散點視圖、QQ 散點視圖、核密度圖。利用序列的視圖還可以進行簡單的假設檢驗和統計分析。

可以用 EViews 工作文件窗口目錄上的「View」或對象窗口工具欄上的「View」來改變對象的視圖。一個對象視圖的變化並不會改變對象中的數據，只會讓顯示形式發生改變，如圖 2-8 和圖 2-9 所示。

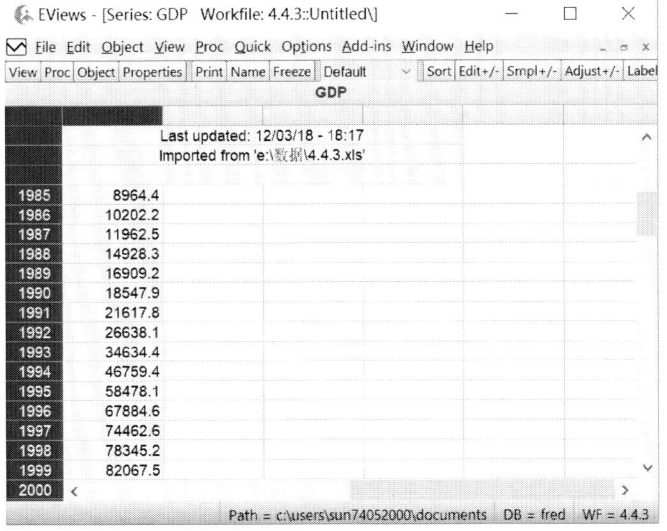

圖 2-8　對象創建界面

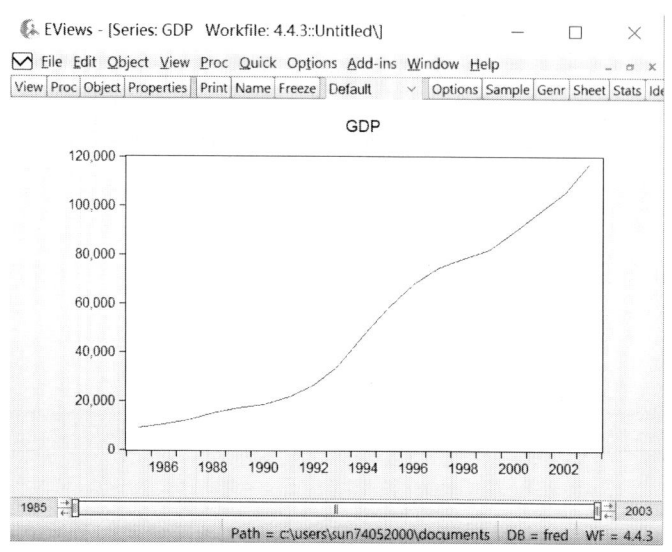

圖 2-9　對象視圖

三、對象過程

許多 EViews 對象還包括過程(Procedure)。與視圖相同的是,過程通常以圖表或坐標的形式顯示在對象窗口中;與視圖不同的是,過程可以改變數據,無論是對象本身中的還是其他對象中的。很多過程還可以創建新的對象。例如,序列對象含有進行平滑與季節調整的過程,該過程可以創建一個新的含有平滑以及調整後的數據的序列。方程對象的過程可以建立新的序列來包含殘差、擬合值以及預測值。可以用 EViews 主目錄上的「Procs」或對象窗口工具欄上的「Procs」來選擇過程。

四、對象類型

除了序列對象和方程對象,還有許多其他類型的對象,每種對象在對象集合中都有一個特定的圖標表示。對象集合雖然也是對象但對象集合沒有圖標,因此工作文件和數據庫不能放在其他的工作文件或數據庫中。

五、建立對象

在建立對象之前必須打開工作文件集合,而且工作文件窗口必須是已被激活的。然後選擇主目錄上的「Objects/New Object」將會彈出工作文件集合窗口。在「Type of object」中選擇新建對象的類型,在「Name for object」中輸入對象名。

在「Type of object」中選擇新建對象的類型,在「Name for object」中輸入對象名。

第二章　EViews 基礎

單擊「OK」。在類型表中 Series Link, Series Alpha, ValMap 是 EViews 新增加的對象類型。

例如,若選擇「Equation」,可以看到一個對話框,它要求輸入更詳細的信息,如圖 2-10 所示。相應地,若選擇「Series」,然後單擊「OK」,可以看到一個對象窗口(序列窗口),它將顯示一個 Untitled 序列的電子數據表格圖。

對象也可以通過應用其他對象的過程或者可以通過固化對象視圖的方法來創建。

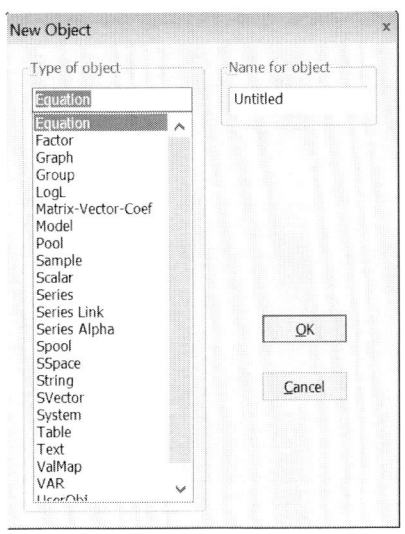

圖 2-10　對象創建界面

六、選擇對象

單擊工作文件窗口中的對象圖標即可選定對象,也可通過 EViews 主窗口或工作文件窗口上的「View」目錄來選定對象,該目錄包括「Deselect All」(取消所有選定),「Select all」(選定所有對象),「Select by Filter」(限制條件選定)。

七、打開對象

可以通過雙擊或目錄「View/Open as One Window」打開選定的對象。打開單個對象會出現對象窗口,打開選定的多個對象則會建立新的對象或把各個對象在各自相應的窗口打開。

八、顯示對象

選擇並打開對象的另一種方法是使用主目錄上的「Quick/Show」工作文件窗口中

的「Show」。假如在對話框中輸入單個對象的名字就會打開該對象窗口；如果輸入多個對象的名字，EViews 會打開一個窗口顯示結果，在必要的時候還會創建一個新的對象。

九、對象窗口工具條

每個對象窗口都有一個工具條，不同對象的工具條的內容也不相同，但是有些按鈕是相同的。「View」按鈕用來改變對象窗口的視圖形式，「Procs」按鈕可以用來執行對象的過程，「Objects」按鈕可以儲存、命名、複製、刪除、打印對象，「Print」按鈕打印當前對象的視圖，「Name」按鈕允許命名或更改對象的名字，「Freeze」按鈕可以以當前視圖為準建立新的圖形對象、表格對象或文本對象。

十、對象命名

對象窗口工具條中的「Name」可以給對象命名，其中「Display Name」是對象在圖形或表格中顯示的名字。如果要重命名對象可選擇「Objects/Rename Selected」。序列對象不能用下面的名稱：ABS, ACOS, AR, ASIN, C, CON, CNORM, COEF, COS, D, DLOG, DNORM, ELSE, ENDIF, EXP, LOG, LOGIT, LPT1, LPT2, MA, NA, NRND, PDL, RESID, RND, SAR, SIN, SMA, SQR, THEN。

十一、對象標籤

對象標籤可以顯示詳細的對象信息，可通過對象窗口中的「View/Label」打開窗口，如圖 2-11 所示。

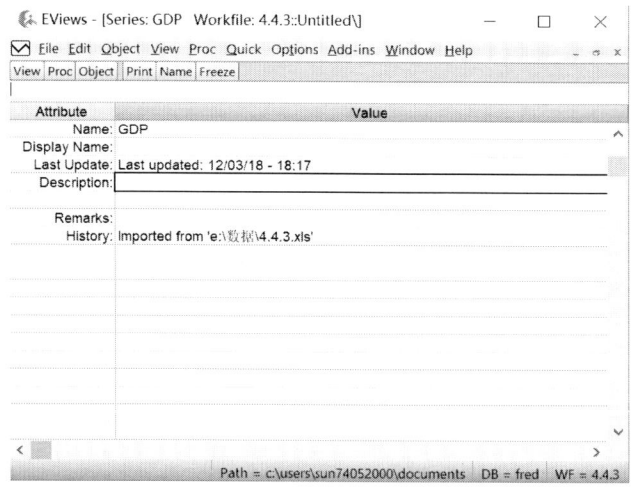

圖 2-11　對象標籤界面圖

第二章　EViews 基礎

十二、對象複製

通過「Objects/Copy selected」可以把選定的對象拷貝到當前工作文件指定的對象中，若工作文件中沒有該目標對象則創建一個新的對象；要想實現不同工作文件之間對象的複製可選主目錄上的「Edit/copy」從原工作文件中複製對象，然後打開目標工作文件選擇主目錄上的「Edit/paste」。也可以通過單擊右鍵選擇「copy」「paste」完成工作文件間複製。

十三、凍結對象

另一種複製對象中信息的方法是凍結對象。選擇目錄「Object/Freeze Output」或「Freeze」按鈕凍結對象。凍結對象是把對象當前視圖以快照的方式保存在一個新的對象中。

十四、刪除對象

選擇目錄「Objects/Delete selected」或「Delete」可以刪除選定的對象。

十五、打印對象

單擊對象窗口中的「Objects/print」或「Print」可以打印選定的對象。

十六、儲存對象

單擊選擇「Objects/Store selected to DB」或對應窗口中的「Objects/Store to DB」可以儲存選定的對象到對象文件(擴展名為＊.db)或數據庫中。單擊「Objects/Fetch from DB」從對象文件或數據庫中提取存儲的對象。

十七、更新對象

單擊「Objects/Update from DB」從對象文件或數據庫中提取存儲的對象用以更新當前對象。

第三節　數據處理

本節重點討論序列和組的操作，矩陣、向量和標量留到命令和程序參考(Command and Programming Reference)中討論。

一、序列與組

關於序列與組的操作主要有以下幾項,如表 2-1 所示。

表 2-1　序列與組的主要操作

操作內容	操作方法
建立序列對象	(1)點擊 EViews 主目錄中的「Objects/New Object」,然後選擇「Series」即可; (2)點擊 EViews 主目錄中的「Objects/Generate Series」,鍵入一個表達式,可形成一個新的序列
編輯列	點擊序列名稱或「Show」可以顯示序列數據,然後點擊「Edit+/-」按鈕,可切換編輯狀態。當處於可編輯狀態時,可修改數據,按回車確定
改變樣本區間	點擊「Smpl+/-」按鈕,可切換序列的樣本區間為當前樣本區間或工作區樣本區間
插入/刪除觀測值	選中要插入或刪除的單元,然後點擊「Ins/Del」按鈕,可以插入或刪除
建立組對象	(1)點擊 EViews 主目錄中的「Objects/New Object」,然後選擇「Group」,鍵入序列表即可; (2)選擇名和序列名後,點擊「Show」,可形成一個新的組
編輯	點擊組名稱或「Show」可以顯示組中的數據,然後點擊「Edit+/-」按鈕,可切換編輯狀態。當處於可編輯狀態時,可修改數據,按回車確定
改變樣本區間	點擊「Smpl+/-」按鈕,可切換序列的樣本區間為當前樣本區間或工作區樣本區間

二、樣本

(一)工作文件樣本

工作文件的樣本區間是建立工作區時設定的,重新設定需要雙擊「Range」後的時間區間。

(二)改變當前樣本區間

單擊工作文件中的「Objects/Sample」或「Sample」按鈕,也可雙擊「Sample」後的樣本區間,然後在對話框輸入時間,可輸入條件,使用數學表達式及 AND、OR 邏輯表達式。

(三)命令方式改變當前樣本區間

如 Smpl 1980:1, 2000:4 IF RC>3.6

第二章　EViews 基礎

三、輸入數據

（一）鍵盤輸入

在主目錄下,選擇「Quick/Empty Group(Edit Serirs)」打開一個新序列後,在編輯狀態下,通過鍵盤輸入數據,並給定一個序列名。

（二）粘貼輸入

通過主目錄中的「Edit/Copy」和「Edit/Paste」功能複製粘貼數據,注意粘貼數據的時間區間要和表單中的時間區間一致。

（三）文件輸入

可以從其他程序建立的數據文件直接輸入數據。點擊主目錄中的「File/Import／Read Text-Lotus-Excel」或工作文件目錄中的「Procs/Import/Read Text-Lotus-Excel」,可以在 Windows 子目錄中找到相關的文本文件或 Excel(.XLS)文件,點擊後在出現的對話框中回答序列名,單擊「OK」即可形成新序列,注意原數據文件的時間區間。

四、輸出數據

（一）複製粘貼

通過主目錄中的「Edit/Copy」和「Edit/Paste」功能對不同工作文件窗口中的編輯目錄進行複製和粘貼。注意複製數據的時間區間要和粘貼的時間區間一致。

（二）文件輸出

可以直接將數據輸出成其他程序建立的數據文件類型。選中要存儲的序列,單擊主目錄中的「File／Export/Write Text－Lotus－Excel」或工作文件目錄中的「Procs/Export/Write Text-Lotus-Excel」後,可以在 Windows 子目錄中找到存儲的目錄,文件類型選擇「Text-ASCII」或「Excel(＊.XLS)」,並給出文本文件名,點擊後出現對話框,可鍵入要存儲的序列名,單擊「OK」即可形成一個新類型的文件,注意原數據文件的時間區間。

五、頻率轉換

工作文件中的數據都是一個頻率的,但是從一個工作文件窗口向另一個不同數據頻率的工作文件窗口拷貝數據,或者從數據庫提取數據,就會出現頻率轉換的問題。數據頻率轉換方式有兩種:從高頻率數據向低頻率數據轉換,如月度數據向季度數據轉換;從低頻率數據向高頻率數據轉換,如季度數據向月度數據轉換。在序列窗口的目錄中選擇「View/Conversion Options」,從高頻率數據向低頻率數據轉換,有六種選擇:

(1)觀測值的平均值;

(2)觀測值的和;

(3)第一個觀測值;

（4）最後一個觀測值；

（5）觀測值的最大值；

（6）觀測值的最小值。

從低頻率數據向高頻率數據的轉換，有六種插值方法：

（1）常數：與平均值相匹配；

（2）常數：與和相匹配；

（3）二次函數：與平均值相匹配；

（4）二次函數：與和相匹配；

（5）線性函數：與最後的值相匹配；

（6）三次函數：與最後的值相匹配。

六、命令

從已經存在的序列中建立一個新的序列的做法為：在 Series 或 Genr 命令後輸入一個新序列的名字、一個等號和包括已存在序列的表達式：

$$series \quad logy = \log(y)$$

這樣產生一個名為 logy 的新序列，它是序列 y 的自然對數。建立一個新組的做法為：在 Group 命令後輸入一個組名，包含在組中的一系列序列，它們之間用空格隔開：

$$group \quad rhs \ c \ x_1 \ x_2 \ z$$

建立一個名為 rhs 的組，它包含常數 c（a series of ones）和序列 x_1、x_2、z。為了觀察序列或組，在 Show 命令後輸入序列或組的名字：

$$show \quad logy$$

為了打開輸入對話框，在 Read 命令後輸入需要導入文件的完整名字（包括文件擴展名）：

$$read \quad c:\backslash date\backslash cps88.dat$$

為了打開輸出對話框，在 Write 命令後輸入需要導出文件的完整名字（包括文件擴展名）：

$$write \quad a:\backslash us\ macro.dat$$

關於 EViews 中命令和可利用選項的完整列表，見命令和程序參考部分。

第四節　數據的基本操作

一、使用表達式

EViews 提供了廣泛的運算符集和龐大的內建函數庫，其不僅提供了標準的數學運算和統計運算，也提供了很多能夠自動處理時間序列中的先行、滯後、差分等操作的

第二章　EViews 基礎

特殊函數。

(一)運算符

EViews 中包含的基本算術運算符分別是「+」「-」「*」「/」「^(冪)」，運算的數可以寫為整數形式、十進制形式和科學計數法的形式。另外「+」「-」還可以作為符號運算符來使用。

(二)序列表達式

EViews 的表達式還可以對樣本序列的觀測值進行操作。

(三)序列函數

EViews 提供的函數能夠對當前樣本的序列元素進行運算，EViews 中大多數函數前都有一個「@」符號。

(四)序列元素

使用序列中的一個實際觀測值。EViews 提供的@ elem 函數可實現次操作，@ elem 有兩個參數：第一個參數是序列名，第二個參數是數據或觀測值的標示符。

(五)邏輯表達式

邏輯表達式是用來計算真假值的。邏輯表達式能作為數學表達式的一部分、樣本描述的一部分或在程序中作為 if 判斷的一部分。注意：EViews 用 1 表示真，用 0 表示假。

(六)先行指標、滯後指標和差分

處理序列中的先行、滯後指標只要在序列名後加一對小括號，括號中寫上先行滯後的數字即可。滯後的數字用負號表示，先行的用正數表示。括號中的數也可以不是整數，這時系統會自動把它轉換成整數。如果轉換不了系統會警告你。EViews 也有幾個函數可以處理差分或先取對數後作差分。D 函數和 DLOG 函數就可以實現此功能。

(七)缺失數據

在處理數據時可能會遇到一些沒有值或某一時段觀測值沒有用，或者進行了一些非法計算，EViews 使用空值 NA 表示這些情況。

二、序列的操作

表達式的一個主要用途是從一個存在的序列產生一個新序列或修正已存在的序列值。另外，表達式也允許進行複雜的數據傳送，並可以保存新序列或已經存在序列對象的結果。

(一)建立一個新序列

選擇「quick/generate series…」或者單擊工作文件工具條上的「genr」按鈕。

(二)基本的分配表達式

基本的分配表達式的表示方法為：寫一個序列的名字後加一個「=」，然後再寫一

個表達式。EViews 將會使用等號右邊的表達式對每一個樣本元素進行計算。並把相應的計算結果分配給等號左邊的目的序列。如果等號右端是一個常量表達式,例如:Y＝3 把樣本空間中的所有觀測值用常量代換。

(三)使用樣本

我們可以用表達式形式調整和使用已有樣本的觀測值,這時用「Genr」按鈕。

(四)動態分配

我們可以使用在目的序列中滯後的值進行動態分配。

(五)暗示分配

我們可以通過表達式左端的簡單的表達式來完成暗示分配。例如:log(y)＝x 則按 y＝exp(x) 計算。通常 EViews 只能處理:+,-,*,/,^,log( ),xp( ),sqr( ),d( ),dlog( ),@ inv( ) 這幾種運算的暗示操作。另外,EViews 也不能蠹立在等號左邊多次出現目標序列的情況。

(六)命令窗口的方式

我們可以使用命令在命令窗口中建立一個新序列,並為它們分配值。建立一個新序列,必須使用關鍵字「series」或「genr」。

三、自動序列操作

在表達式中可以使用一個表達式代替序列名字的位置。代替序列名的表達式稱為自動序列。

(1)創建自動序列。創建自動序列可以單擊「show」按鈕或選擇主目錄上的「quick / show…」,EViews 會以表格形式打開一個序列窗口。自動序列的其他操作與其他序列。

(2)在組中使用自動序列選取主目錄上的「objects/new object/group」。

(3)處理組中的列強調的是組中存放的是構成這個組的序列的名字或是自動序列,而不包含序列中的數據。

(4)用自動序列進行估計。估計一個等式時,EView 允許操作者用自動序列作為估計的非獨立變量。方法是在組名後加一個括號,括號中寫入一個整數代表操作者要使用的組中的第幾個序列。還有一些函數可以得到組中序列的個數及每個序列的名字,分別是「@ count」和「 @ seriesname」。

四、序列生成組的操作

充列生成組用來計算相關矩陣、估計 VAR 模型、畫 XY 圖等。建組方法有兩種:

(1)在 EViews 主目錄中選「object/new groups」後輸入序列名稱或表達式。

(2)「quick/show」後輸入序列名稱或表達式。

第二章　EViews 基礎

五、標量操作

標量與序列或組不同,沒有顯示窗口,只能通過命令方式來建立。例如:

scalar scalar_name = number

除了這種形式等號右邊也可以是表達式或是一個特殊的函數。如果想知道數量對象的值,可以使用 show 命令。這時系統會在 EViews 窗口底下狀態行顯示數量對象的值。

第五節　序列

本節介紹了序列的各種統計圖、統計方法及過程,要求學生能夠計算序列的各種統計量並用表單、圖等形式表現出來,通過過程可以用原有的序列創建新的序列。這些過程包括季節調整、指數平滑和 Hodrick-Prescott 濾波。

打開工作文件,雙擊序列名或單擊序列名後單擊「show」即進入序列的對話框。單擊「view」可看到目錄分為四個區。

一、表單和圖示

(一) 釘形圖(Nail Map)

釘形圖用直立的釘形柱顯示數據。

(二) 季度分區圖/季度連線圖(Quarterly Zoning Map/Quarterly Connection Map)

這些方法適用於頻度為季度和月度數據的工作文件。季度分區圖把數據按季度分成四個區。季度連線圖是在同一坐標軸上把每年同一季度的數據連線顯示。

二、描述統計量

(一) 中位數(Median)

即從小到大排列的序列的中間值。

(二) 標準差(Standard Deviation)

標準差衡量序列的離散程度。

(三) 偏度(Skewness)

偏度衡量序列分佈圍繞其均值的非對稱性。其計算公式為:

$$B_K = \frac{1}{n} \sum_{i=1}^{n} (y_i - \bar{y})^K, SK = B_3 / B_2^{\frac{3}{2}}$$

其中:$\bar{y}$ 為 y_i 的算術平均數。

如果序列的分佈是對稱的,S 值為 0;正的 S 值意味著序列分佈有長的右拖尾,負

的 S 值意味著序列分佈有長的左拖尾。

（四）峰度（Kurtosis）

峰度度量序列分佈的凸起或平坦程度，其計算公式為：

$$KU = (B_4/B_2^2)^{-3}$$

正態分佈的 K 值為 3。如果 K 值大於 3，分佈的凸起程度大於正態分佈；如果 K 值小於 3，序列分佈相對於正態分佈是平坦的。

（五）雅克貝拉計量（Jarque-Bera）

Jarque-Bera 檢驗序列是否服從正態分佈，其計算公式為：

$$JB = \frac{N-K}{6}\left[S^2 + \frac{1}{4}(K-3)^2\right]$$

在正態分佈的原假設下，Jarque-Bera 統計量是自由度為 2 的 χ^2 分佈。直方圖中顯示的概率值是 Jarque-Bera 統計量超出原假設下的觀測值的概率。如果該值很小，則拒絕原假設。當然，在不同的顯著性水準下的拒絕域是不一樣的。

三、統計量的檢驗

這是對序列均值、中位數、方差的單假設檢驗。兩個樣本的檢驗可參考下面的分類的相等檢驗（Equality test by classification），選擇「View/tests for descriptive stats/simple hypothesis tests」目錄。

四、相關圖

相關圖顯示確定滯後期的自相關函數以及偏相關函數。這些方程通常只對時間序列有意義。單擊選擇「View/Correlogram…」目錄後，顯示對話框（Correlogram Specification）。

可選擇原始數據一階差分 $d(x) = x - x(-1)$ 或二階差分 $d(x) - d(x(-1)) = x - 2x(-1) + x(-2)$ 的相關圖，也可指定顯示相關圖的最高滯後階數。在框內輸入一個正整數，就可以顯示相關圖及相關統計量。

（一）自相關（AC）

序列 y 滯後 k 階的自相關由下式估計：

$$r_k = \frac{\sum_{t=k+1}^{T}(y_t - \bar{y})(y_{t-k} - \bar{y})}{\sum_{t=1}^{T}(y_t - \bar{y})^2}$$

$\bar{y}$ 是樣本 y 的均值，這是相距 k 期值的相關係數。如果 $r_1 \neq 0$，意味著序列是一階相關。如果 r_k 隨著滯後階數 k 的增加而呈幾何級數減小，表明序列服從低階自迴歸過程。如果 r_k 在小的滯後階數下趨於零，表明序列服從低階動平均過程。

虛線之間的區域是由自相關中正負兩倍於估計標準差所夾成的。如果自相關值在這個區域內，則在顯著水準為 5% 的情形下與零沒有顯著區別。

第二章　EViews 基礎

(二)偏相關(PAC)

滯後 k 階的偏相關是當 y_t 對 $y_{t-1}\cdots y_{t-k}$ 作迴歸時 y_{t-k} 的系數。如果這種自相關的形式可由滯後小於 k 階的自相關表示,那麼偏相關在 k 期滯後下的值趨於零。

一個純的 p 階自迴歸過程 $AR(p)$ 的偏相關在 p 階截尾,而純的動平均函數的偏相關過程漸進趨於零。

偏相關中的虛線表示的是估計標準差的正負 2 倍。如果偏相關落在該區域內,則在 5%的顯著水準下與零無顯著差別(截尾)。

(三)Q-統計量

K 階滯後的 Q-統計量是在原假設下的統計量,原假設為序列沒有 k 階的自相關。如果序列不是以 ARIMA 估計的結果為基礎,在原假設下,Q 是漸近 χ^2 分佈,自由度與自迴歸階數相等。如果序列代表 ARIMA 估計的殘差,合適的自由度就應調整,使之少於先前估計的 AR、MA 的階數。

Q-檢驗經常用於檢驗一個序列是否白噪聲。要注意滯後項選得過大或過小都不好。

五、單位根檢驗

Dickey-Fuller 和 Phillips-Perren 單位根檢驗可檢驗序列是否平穩。具體內容包括選擇檢驗類型,決定單位根檢驗是否用原始數據、一階差分、二階差分,是否包括截距或趨勢以及檢驗迴歸的滯後階數。

六、標籤

這部分是對序列的描述,除了 Last Update,操作者可以編輯序列標籤中的任何項。Last Update 顯示序列上一次修改的時間。每一部分包括一行,只有 Remarks and History 包括 20 行,注意如果填入了一行(在 20 行中),最後一行將被刪除。

七、建立新序列

建立新序列的方式有兩種:

(1)由方程創建。利用「Generate by Equation」創建,允許創建者使用已有序列的表達式來建立新的序列。

(2)重置樣本 Resampling 從觀測值中提取,建立一個新序列。

八、季節調整(Seasonal Adjustment)

在序列窗口的工具欄中單擊「Procs/Seasonal Adjustment」,有四種季節調整方法:Census X12 方法、X-11 方法、移動平均方法和 TRAMO/SEATS 方法。

(一)Census X12 方法

調用 X12 季節調整過程即 Census X12 方法,Census X12 方法有五種選擇框。

1.季節調整選擇(Seasonal Ajustment Option)

(1)X11 方法(X11 Method)。這一部分指定季節調整分解的形式:乘法、加法、偽加法(此形式必須伴隨 ARIMA 說明)。

(2)季節濾波(Seasonal Filter)。當估計季節因子時,允許選擇季節移動平均濾波(可能是月別移動平均項數),缺省是 X12 自動確定的。近似地可選擇(X11 default)缺省選擇。

(3)趨勢濾波[trend filter (Henderson)]。指定亨德松移動平均的項數,可以輸入大於 1 和小於等於 101 的奇數,缺省時由 X12 自動選擇。

(4)存調整後的分量序列名(Component Series to save)。X12 將加上相應的後綴存在工作文件中。

2.ARIMA 選擇(ARIMA option)

X12 方法允許操作者在季節調整前對被調整序列建立一個合適的 ARMA 模型。可以在進行季節調整和得到用於季節調整的向前/向後預測值之前,先去掉確定性的影響,例如節假日和貿易日影響。

(1)數據轉換(data transformation)。

(2)ARIMA 說明(ARIMA spec)。

允許操作者在兩種不同的方法中選擇 ARIMA 模型。

①Specify in-line 選擇。要求提供 ARIMA 模型階數的說明$(p,d,q)(P,D,Q)$,缺省的指定是「$(0,1,1)(0,1,1)$」是指季節的 IMA 模型:

$$(1-L)(1-L^s)y_t = (1-\theta_1 L)(1-\theta_s L^s)\varepsilon_t$$

L 是滯後算子,這裡季節差分是指 $(1-L^s)y_t = y_t - y_{t-s}$ 季度數據時 $s=4$;月度數據時 $s=12$。

②Select from file X12。將從一個外部文件提供的說明集合中選擇 ARIMA 模型。

③迴歸因子選擇(Regressors)。允許操作者在 ARIMA 模型中指定一些外生迴歸因子,利用多選鈕可選擇常數項或季節虛擬變量,事先定義的迴歸因子可以捕捉貿易日和節假日的影響。

④ARIMA 估計樣本區間(ARIMA estimation sample)。

3.貿易日和節假日影響選擇(trade day and holiday impact choice)(略)

4.外部影響(outlier effects)(略)

5.診斷(diagnostics)(略)

(二)X-11 方法

X-11 方法是美國商務部標準的調整方法,包括乘法模型和加法模型。乘法模型

第二章　EViews 基礎

適用於序列可被分解為趨勢項與季節項的乘積,加法模型適用於序列可被分解為趨勢項與季節項的和。乘法模型只適用於序列值都為正的情形。

關於調整後的序列的名字,EViews 在原序列名後加 SA,可以改變序列名,並被存儲在工作文件中。應當注意,季節調整的觀測值的個數是有限制的。X-11 只作用於含季節數據的序列,需要至少 4 整年的數據,最多能調整 20 年的月度數據及 30 年的季度數據。

（三）移動平均方法

在季節調整中,建立模型對序列進行前向預測和後向預測,補充數據後經常使用移動平均法進行季節調整。移動平均法是將原時間數列的時間間隔擴大,並按選定的時間長度,採用逐次遞移的方法對原時間數列計算一系列的序時平均數,這些平均數形成的新數列削弱或者消除了原時間數列由於短期偶然因素引起的不規則變動和其他成分,對原始時間數列起到一定的修勻作用。

（四）TRAMO/SEATS 方法

TRAMO（Time Series Regression with ARIMA Hoist）用來估計和預測具有缺失觀測值、非平穩 ARIMA 誤差及外部影響的迴歸模型。SEATS（Sigual Extraction in ARIMA Time Series）是基於 ARIMA 模型來對時間序列中不可觀測成分進行估計。這兩個程序往往聯合起來使用,先用 TRAMO 對數據進行預處理,然後用 SEATS 將時間序列分解為趨勢要素、循環要素、季節要素及不規則要素四個部分。

九、指數平滑

指數平滑是可調整預測的簡單方法。當只有少數觀測值時這種方法是有效的。單擊選擇「Procs/Exponential Smoothing」目錄,提供以下信息:

1.平滑方法

在五種方法中選擇一種方法。

2.平滑參數

可以用 EViews 估計它們的值。在填充區內輸入字母「e」,EViews 估計使誤差平方和最小的參數值。在填充區內輸入參數值,所有參數值範圍為 0~1。

3.平滑後的序列名

EViews 在原序列後加 SM 指定平滑後的序列名,也可以改變。

4.估計樣本

估計樣本必須指定預測的樣本區間。缺省值是當前工作文件的樣本區間。

5.季節循環

季節循環可以改變每年的季節數（缺省值為每年 12 個月、4 個季度）。

十、Hodrick-Prescott 濾波

假設經濟時間序列為 $Y=\{y_1, y_2, \cdots, y_n\}$，趨勢要素為 $T=\{t_1, t_2, \cdots, t_n\}$，$n$ 為樣本長度。一般地，時間序列 y_i 中的不可觀測部分趨勢 t_i 常被定義為下面最小化問題的解：

$$\min \sum_{i=1}^{n} \{(y_i - t_i)^2 + \lambda [c(L)t_i]^2\} \qquad (2-1)$$

其中，正實數 λ 表示在分解中長期趨勢和週期波動占的權數，$c(L)$ 是延遲算子多項式。其計算公式為：

$$c(L) = (L^{-1} - 1) - (1 - L) \qquad (2-2)$$

將公式(2-2)代入公式(2-1)，則 HP 濾波的問題就是使下面損失函數最小，即：

$$\min \sum_{i=1}^{n} \{(y_i - t_i)^2 + \lambda \sum_{i=1}^{n} [(t_{i+1} - t_i) - (t_{i+1} - t_{i-1})]^2\}$$

最小化問題用 $[c(L)t_i]^2$ 來調整趨勢的變化，並隨著 λ 的增大而增大。這裡存在一個權衡問題，要在趨勢要素對實際序列的跟蹤程度和趨勢光滑度之間做一個選擇。$\lambda=0$ 時，滿足最小化問題的趨勢等於序列 y_i；λ 增加時，估計趨勢中的變化總數相對於序列中的變化減少，即 λ 越大，估計趨勢越光滑；λ 趨於無窮大時，估計趨勢將接近線性函數。

選擇「Procs/Hodrick Prescott Filter」，首先對平滑後的趨勢序列給一個名字，EViews 將默認一個名字，但你也可填入一個新的名字。然後給定平滑參數 λ 的值，一般經驗為，λ 的缺省值如下：

$$\lambda = \begin{cases} 100 & \text{年度數據} \\ 1,600 & \text{季度數據} \\ 14,400 & \text{月度數據} \end{cases}$$

平滑參數 λ 不允許填入非整數的數據。單擊「OK」後，EViews 與原序列一起顯示處理後的序列。

十一、命令

命令的語法結構為：序列名稱、圓點、視圖或過程名，再加上括號裡的可選項。比如，如果要察看序列名為 lwage 的直方圖和描述統計量，則命令形式為 lwage.hist；如果要檢驗序列 HRS 的均值是否等於 3，則命令形式為 hrs.teststat(mean=3)；如果要得到序列 GDP 滯後 20 階的相關圖，則命令形式為 gdp.correl(20)。如果要用 HP 濾波光滑序列 GDP，參數為 1,600，並且光滑後的序列保存為 GDP_HP，則命令格式為 gdp.hpf(1,600) gdp_hp。

第六節　組

這一節描述了組對象的視圖與過程。對一個組我們可以計算各種統計量，描述不同序列之間的關係，並以各種方式顯示出來，如表格、數據表、圖等。

一、組窗口

組窗口內的 view 下拉目錄分為四個部分：第一部分包括組中數據的各種顯示形式；第二部分包括各種基本統計量；第三部分為時間序列的特殊的統計量；第四部分為標籤項，提供組對象的相關信息。

二、組成員

這部分顯示組中的序列，在組窗口內進行編輯就可以改變組。按「Update Group」鍵保存改動。

三、表格

以表格形式顯示組中的每一序列。通過單擊「Transpose」鍵，可以使表格的行列互換。單擊「Transform」鍵，選擇下拉目錄中一項，可以用序列的不同形式(如水準或百分比)顯示表格。

四、數據表

(一) 數據表

數據表(Dated data table)用來建立表以顯示數據、預測值和模擬結果。可以不同的形式顯示組中的數據。可以用數據表作一般的變換及頻率轉換，可以在同一表中以不同頻率顯示數據。

(二) 建立一個數據表

要建立一個數據表，首先建立一個包含序列的組，選「View/ Dated data table」目錄。

(三) 表的設定

單擊「Taboption」按鈕，顯示「Table options」對話框，對話框的上半部分控制表一般形式。左邊的選項允許操作者在兩種顯示模式中轉換：第一種顯示模式每行顯示 n 年的數據；第二種模式允許操作者指定從工作文件樣本區間的末尾取出的觀測值的數目，這些觀察值以年頻率之外的一種頻率顯示。

對話框右上部「First Column」描述組的第一列的顯示頻率,「Second Column」控制組的第二列的顯示。

五、圖

以圖形的形式顯示組中的序列,可以通過 freeze 創造圖形對象。

(一)圖(Graph)

圖(Graph)將所有序列顯示在一個圖內。

1.曲線圖和直方圖(Curve and Histogram)

此項用曲線圖或直方圖表示組中的序列。

2.散點圖(Scatter Plot)

序列的散點圖有五個選項:simple scatter、scatter with regression、scatter with nearest neighbor fit、scatter with kernel fit、XY Pairs。

3.XY 線(XY Line)

XY 線是顯示組中序列的 XY 線圖。X 軸方向顯示第一個序列,Y 軸方向顯示其餘的序列。

4.差距條狀圖(Error Bar)

此項以豎線顯示組中前兩個或三個序列的差距。第一個序列作為高值,第二個作為低值。高、低值之間用豎線連接。第三個序列用一個小圓圈表示。

5.高低點圖[High-low(Open-Close)]

第一個序列是高值,第二個序列是低值,高值和低值之間由一條豎線連接。如果高點值低於低點值,就以線段上的空白來表示。如果使用三個序列,第三個序列作為高-低-收盤圖的 close 值,以豎線右邊的橫線表示。如果使用四個序列,第三個序列代表開盤價,以左邊的橫線表示。第四個序列代表收盤價,以右邊的橫線表示。

6.圓餅圖(Pie Chart)

圓餅圖是以圓餅圖的形式顯示觀測值,以餅中的扇形表示每一序列在組中所占的百分比。

(二)複合圖(Multiple graphs)

圖(Graph)用一張圖顯示所有序列,複合圖(Multiple graphs)則為每個序列顯示一張圖。複合圖主要有:曲線圖和直方圖、散點圖、XY 線、分佈圖。

六、描述統計量

顯示組內序列的簡單統計量。Common Sample 用於在組中序列無缺失值的情形下計算統計量(去掉包含缺失項所在時期的樣本)。Individual Samples 用每一個序列有值的觀測值進行統計量計算(去掉缺失項)。

七、相等檢驗

這一部分的原假設是組內所有的序列具有相同的均值、中位數或方差。只有在組中數據都不存在缺失項時才能選 Common Sample 項。

八、相關、協方差及相關圖

相關和協方差顯示了組中序列的相關及協方差矩陣。Common Sample 會去掉序列丟失項所在時期的觀察值,Pairwise Sample 僅去掉丟失的值。

九、交叉相關

顯示組中頭兩個序列的交叉相關。交叉相關不必圍繞滯後期對稱。交叉相關圖中的虛線是 2 倍的標準差,近似計算 $\pm 2\sqrt{T}$。

十、Granger 因果檢驗

Granger 因果檢驗主要看現在的 y 能夠在多大程度上被過去的 y 解釋,然後再加入 x 的滯後值是否使解釋程度提高。如果 x 在 y 的預測中有幫助,那就是說 y 是由 x Granger-caused。具體操作為:選擇 Granger Causality,在對話框輸入滯後階數。一般要使用大一些的滯後階數,操作時需要指定滯後期長度 i。EViews 採用二元迴歸形式對所有組內可能的對 (x,y),F 統計量為具有聯合假設的 Wald 統計量,聯合假設為 $\beta_1 = \beta_2 = \cdots = \beta_l$。對每個方程,原假設為在第一個迴歸中 x 不 Granger-cause y,第二個迴歸中 y 不 Granger-cause x。對其他外生變量(如季節 dummy 變量或線性趨勢)進行 Granger Causalilty 檢驗可以直接用方程進行檢驗迴歸。

十一、標籤

標籤顯示對組的描述。除了 Last Update,標籤中的任何項都可以編輯。Name 是組在工作文件中顯示的名字,編輯這一項可以給組重命名。如果在 Display Name 區中填入字符,EViews 將用這個名字在組中顯示某些圖和表。

十二、組過程

組中可以得到三個過程:

(1)建立方程(Make Equation):打開一個確定方程的對話框,組中的第一個序列作為因變量,其餘的序列作為自變量,包含常數項 C。操作者可以隨意改變方程的表達式。

(2)建立向量自迴歸模型(Make Vector Autoregression):打開一個無限制的「vector

autoregression」對話框。組中所有的序列在 VAR 中都為內生變量。

(3)重置樣本(Resample):可以改變組中所有序列的樣本區間。

十三、命令

利用命令也可對組進行操作。一般規則是:組名後加點、視圖或過程的命令名,括號中是指定選項。比如,grp1.scat 可以得到一個組(grp1)的散點圖;gp_wage.testbet(med)可以檢驗組(gp_wage)中各序列的均值是否相等;grp_macro.cross(12)可以得到兩個序列到 12 階的交叉相關係數。

第七節　應用於序列和組的統計圖

在本節中,列出了幾種散點圖且允許我們可以用有參數或無參數過程來做擬合曲線圖。

一、序列的圖目錄

(一)CDF-Surivor-Quantile 圖

這個圖描繪出帶有加或減兩個標準誤差帶的經驗累積分佈函數、殘存函數和分位數函數。操作過程為:依次選擇「View/Distribution Graphs/CDF-Surivor-Quantile」。

CDF 是來自於序列中觀測值 r 的概率,$F_x(r) = prob(x \leq r)$。

Surivor(殘存)操作用來描繪序列的經驗殘存函數,$S_x(r) = prob(x > r) = 1 - F_x(r)$。

Quantile(分位數)操作用來描繪序列的經驗分位數。對 $0 \leq q \leq 1$,X 的分位數 $x_{(q)}$ 滿足:$prob(x \leq x_{(q)}) \leq q$ 且 $prob(x > x_{(q)}) \leq 1 - q$。

All 選項包括 CDF、Survivor 和 Quantile 函數。

Saved matrix name 可以允許將結果保存在一個矩陣內。

Iclude standard errors(包括標準誤差)操作標繪接近 95% 的置信區間的經驗分佈函數。

(二)Quantile-Quantile 圖

Quantile-Quantile(QQ 圖)對於比較兩個分佈是一種簡單但重要的工具。如果這兩個分佈是相同的,則 QQ 圖將在一條直線上。如果 QQ 圖不在一條直線上,則這兩個分佈是不同的常見分佈。常見的分佈有 Normal(正態)分佈、Uniform(一致)分佈、Exponential(指數)分佈、Logistic(螺線)分佈、Extreme value(極值)分佈。

(三)Kernel Density(核密度)

這個視圖標繪出序列分佈的核密度估計。核密度估計用「衝擊」代替了直方圖中

的「框」所以它是平滑的。平滑是通過給遠離被估計的點的觀測值以小的權重來達到的。

一個序列 X 在點 x 的核密度估計式：

$$f(x) = \frac{1}{Nh} \sum_{i=1}^{N} K(\frac{x - X_i}{h})$$

這裡，N 是觀測值的數目，h 是帶寬或平滑參數，K 是合併為一體的核函數。

操作方法為：選擇「View/Astribution Graphs/Kernel Density…」。

二、帶有擬合線的散點圖

通過「View/Graph/Scatter」打開一個組的視圖目錄包括四種散點圖。

(一)簡單散點圖(Simple Scatter)

其第一個序列在水準軸上，其餘的在縱軸上。

(二)迴歸散點圖(Scatter with Regression)

這就是在組中對第一個序列及第二個序列進行總體變換來進行二元迴歸，選擇 Regression Robustness Iterations(穩健迭代)。

最小二乘法對一些無關觀測值的存在非常敏感，穩健迭代操作就是產生一種對殘差平方的加權形式，使無關的觀測值在估計參數時被加最小的權數。選擇迭代次數應是一個整數。

(三)最鄰近擬合散點圖(Scatter with Nearest Neighbor Fit)

這就是一種帶寬基於最鄰近點的局部迴歸。對樣本中的每一數據點，它擬合出一條局部的並經加權的迴歸線。

1. Method 操作

操作者可以選擇在樣本中的每一個數據點作局部迴歸或在數據點的子集中作局部迴歸。

(1) Exact(full sample)在樣本中的每一數據點都作局部迴歸。

(2) Cleveland subsampling 在選取的子樣本中進行迴歸，操作者可以在編輯框中鍵入子樣本的大小。

2. Specification 操作

操作者可以靠子樣本點周圍的點來進行局部迴歸，並求擬合值。

(1)帶寬範圍(Bandwidth span)。

(2)多項式次數(Polynomial degree)。

3. 其他操作

(1)局部加權[Local weighting (Tricube)]。給每個局部迴歸的觀測值加權，加權迴歸使殘差方最小。

(2)穩健迭代(Robustness Iterations)。通過調整權數去降低外離的觀測值的權重

來迭代局部迴歸。

(3) Symmetric Neighbors(對稱鄰近)使被估計點的兩側有相同數目的觀測值。

(四) Scatter with Kernel Fit(核擬合分佈)

核擬合則固定帶寬且局部的觀測值通過核函數來加權。局部核迴歸擬合通過選取參數 β 使總體二乘殘差最小。

Method 則與核分佈中介紹相一致,也分為精確和線性單元兩種方式。

Fitted series 可以在編輯框中給擬合後序列起名,然後存起來。

Bracket Bandwidth 即為 0.5α、α、1.5α,還是分別以_L、_M、_H 做後綴。

函數命令:

$$lwage.cdfplot(a)$$

表示對序列 LWAGE 做 CDF,quantile 和 survive 函數。

$$lwage.kdensity(k=n)$$

表示對序列 LWAGE 做核密度估計,核函數用正態,帶寬自動選取。

$$Lwage.kdensity(k=e,b=.25)$$

表示對序列做核密度估計,核函數操作選缺省項,帶寬為 0.25,並且為加括號帶寬。

$$group\ aa\ lwage\ age$$
$$aa.linefit(yl,xl)$$

表示建立一個組包括序列 LWAGE 和 AGE,再經過對兩個序列的對數變換然後進行迴歸。

$$aa.linefit(yl,d=3)$$

對 Y 軸上的序列經對數變換,且次數取 3 來擬合 X 軸上的序列。

$$aa.nnfit$$

表示在組 aa 中進行最鄰近點擬合。

$$aa.kerfit$$

表示在組 aa 中進行核擬合。

三、圖、表和文本對象的製作

EViews 的對象(序列、組、方程等)可以用圖、表、文件等形式表現出來。在 EViews 中可以通過 freezing(固化)將當前的視圖保護起來。固化一個視圖將產生一個對象。本書描述了製作圖、表和文本對象的表現形式的方法。

(一)創建圖

通常,我們依靠固化一個視圖來創建圖對象。操作方法為單擊對象窗口的 Freeze 鍵。在一個序列的目錄中選擇「View/Graph/line」,可以顯示該序列的線形圖。單擊「Freeze」鍵,可將該圖保留下來。EViews 將創建一個包含該視圖的瞬象的 Untitled

第二章　EViews 基礎

圖。要將 Untitled 圖保存在工作文件中，必須先為這個圖對象命名；按「Name」鍵，並鍵入一個名字。

借助 EViews 軟件還可以創建一個包括兩個或更多已命名的圖對象的組合對象。只要選擇所有需要的圖，然後雙擊。另一個組合圖的方法是選擇「Quick/Show…」然後鍵入這些圖的名字。

(二)修改圖

選定圖對象的一個元素，雙擊，彈出「Graph Option」對話框，就可以對該元素進行編輯。

(1)改變圖的類型。「Type」允許改變圖的類型。如果選擇了「Line & amp」「Symbol」和「Spike & amp」「Symbol」類型，用「Line & amp」「Symbols」鍵來控制線的模式和/或代表模式。對於柱狀圖和餅狀圖，使用「Bars & amp」「Pies」鍵來控制它們的外型。「Error Bar」類型顯示具有標準誤差的統計。「High-Low(Open-Close)」類型顯示了四個序列。「Stack lines & amp」「bar」選項可以繪製序列組中所有序列之和的序列。

(2)改變圖的大小、軸、尺度和說明。General 鍵控制圖的基本的顯示屬性。「Axe & amp」和「Scaling」鍵，改變或編輯軸。「Legend」鍵，編輯圖的說明。注意，如果將文本和說明放在用戶特定(絕對)位置上，改變圖框架的大小時，它們的相對位置也會改變。

(3)制定「Lines & amp」「Symbol / Bars & amp」「Pies Lines & amp」「Symbols」鍵用來控制與圖中的數據相關的所有的線和圖例的繪製。「Bars & amp」「Pies」鍵控制柱狀和餅狀圖的顯示屬性。

(4)添加和編輯文本。添加新的文本，只需點擊工具欄中的「AddText」鍵或選擇「Procs/Add text…」。修改一個已有文本，只需雙擊該文本。會彈出文本標籤對話框，在編輯框中鍵入想要顯示的文本。「Justification」選項決定相對於每一條線，多條線如何排列。「Text in Box」給標籤加一個框。「Font」可以用來從標籤中選擇字體。「Position」確定文本的位置。可以通過選擇文本框並把它拖到選定的位置上來改變圖中的文本位置。

(5)繪製線和陰影。在一個圖對象中，點擊工具欄中的「Shade/Lined」鍵或選擇「Procs/Add shading…Line&amp」「Shading」，就可以繪製線或在圖中加上一塊陰影。

(6)刪除圖中的元素。圖的工具欄中的「Remove」鍵可以刪除一個被固化的圖中的元素。

(7)圖的模板。首先，為將要製作成模板的圖對象命名。其次，單擊你想使用模板的工具欄中的「Template」鍵，並輸入這個圖對象的名字。

(三)多個圖

由多個圖構成的視圖組也可以通過 Freeze 將其變成圖對象。對多個圖進行操作的方法有兩種。

1.對多個圖進行操作

從圖目錄中選擇「Prcos」，EViews 就會顯示一個含有選項的目錄。「Options on allgraphs」指給所有圖設置一個統一的屬性。「Position and align graphs」指對所有圖進行整體排列並控制圖之間的所有間距。「Add shading to all graphs」指為對象中的每個圖繪製線或添加陰影。「Add text」指允許為多個圖的組合作註解。

2.對單個圖進行操作

點擊目標圖,選擇「Procs」或點擊滑鼠右鍵,就會出現一個目錄,它允許操作者設置選項,添加陰影或刪除所選圖。還可以通過按圖工具欄中的「Remove」鍵對所選圖進行刪除。

(四)打印圖

點擊視圖或圖對象窗口的工具欄上的「Print」按鈕來列印圖,並可以使用主目錄上「File/Print Setup」來控制打印操作。如果想使用彩色打印機打印彩色的圖,一定要檢查「Print in color」框以確保圖中的線用彩色來代替。如果打印黑白圖則不必。

用 PostScript 文件打印圖,應從任務欄中選擇「Start/Settings/Printers」。雙擊「Add Printer」,單擊「Next」「Local」,選擇「PostScript」打印機,然後選擇 FILE:命令 Windows 打印文件,告訴 Windows 你是否想用缺省打印機。

(五)將圖對象拷貝到其他的 Windows 程序中

EViews 圖可以直接並入 Windows 文字處理程序中的文檔。先擊活這個圖的對象窗口,然後點擊 EVie ws 目錄單上「Edit/Copy」,就會出現「Copy Graph as Metafile」對話框。

(六)表

表選項可以從「Procs」目錄或者工具欄中的按鈕中獲得。「Font (字體)」允許選擇在表中使用的字體。「Insert－－Delete (InsDel)」在指定位置進行插入刪除操作。「Column Width (Width)」用來改變列的寬度。

「Number Cell Format (Number)」用來設置數字的格式。「Fixed characters」用來指定所有數值的位數。「Fixed decimal」只規定小數點後的位數。「Column Width」增加欄寬。「Justification (Justify)」進行數字和文本的排列整理。

「Horizontal Lines (Lines)」在指定區域添加或移動水準線。「Grid +/-」設置格欄的開關。「Title」在表頂部的中間加標題。「Edit +/-」打開或關閉編輯狀態,這決定是否可以在表中編輯文本或數字。

(七)拷貝表對象到其他 Windows 程序

可以將一個表剪切粘貼到電子表格或文字處理軟件中。激活表中要拷貝的部分,然後從主目錄中選「Edit/Copy」,就會彈出一個對話框,該對話框提供複製表中數字的選項。選「Edit/Paste」在指定位置進行粘貼。一些文字處理程序提供了將內容作為非格式化文件粘貼到剪切板中的選項。如果想將表粘貼為非格式化的文本,可以選「Edit/Paste Special」。

(八)文本對象

可以通過選擇「Objects/New object/Text」或在命令框中鍵入「text」來建立一個空白文本對象。

(九)命令

freeze 命令固化了已命名對象具體的視圖。在固化命令後，在括號中為已固化的對象提供了一個名字。例如，被固化的序列的直方圖的名字為 LWAGE，而它的圖形對象的名字為 LW_HIST，鍵入「freeze（lw_hist）lwage.hist」，將組 GRP1 的散點圖 freeze 重命名為一個名稱為 GRA1 的圖對象，鍵入「freeze（gra1）grp1.scat」，合併名稱為 GRA1 和 GRA2 的兩個圖對象並命名為一個圖對象 BIGGRA，鍵入「freeze（biggra）gra1 gra2」，詳細內容請參見命令與程序說明。

第三章　基本迴歸模型

本章介紹 EViews 中基本迴歸技術的使用。

第一節　方程對象

創建方程對象的方法為：從主目錄選擇「Object/New Object/Equation」「Quick/Estimation Equation…」或者在命令窗口中輸入關鍵詞「equation」，如圖 3-1 所示。

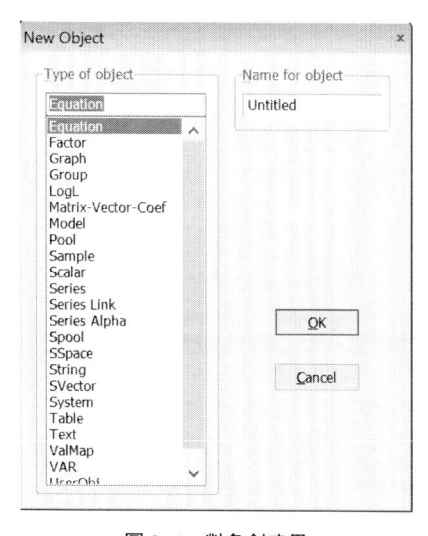

圖 3-1　對象創建界

第三章 基本迴歸模型

● 第二節　在 EViews 中對方程進行說明

一、列表法

列表法即列出在方程中要使用的變量列表(因變量、表達式和自變量)。EViews 在迴歸中不會自動包括一個常數,因此必須明確列出作為迴歸變量的常數。EViews 創建說明列表的操作步驟為:先選定因變量和自變量,然後雙擊,再選「Open/Equation」,帶有變量名的說明對話框就會出現。

二、公式法

EViews 中的公式是一個包括迴歸變量和系數的數學表達式。EViews 會在方程中添加一個隨機附加擾動項並用最小二乘法估計模型中的參數。要創建新的系數向量,選擇「Object/New Object⋯」並從主目錄中選擇「Matrix/Vector/Coef」,為系數向量輸入一個名字。在「New Matrix」對話框中,選擇「Coefficient Vector」並說明向量中應有多少行。

● 第三節　在 EViews 中估計方程

一、估計方法

單擊「Method」進入對話框,下拉目錄中的顯示了估計方法列表,如圖 3-2 所示。

二、估計樣本

EViews 會用當前工作文檔樣本來填充對話框,使用者可以通過在編輯框改變樣本。如果估計中使用的任何一個序列的數據丟失了,EViews 會臨時調整觀測值的估計樣本以排除掉這些觀測值。

三、估計選項

EViews 提供很多估計選項,如圖 3-2 所示。這些選項支持以下操作:對估計方程加權,計算異方差性等,控制估計算法的各種特徵。

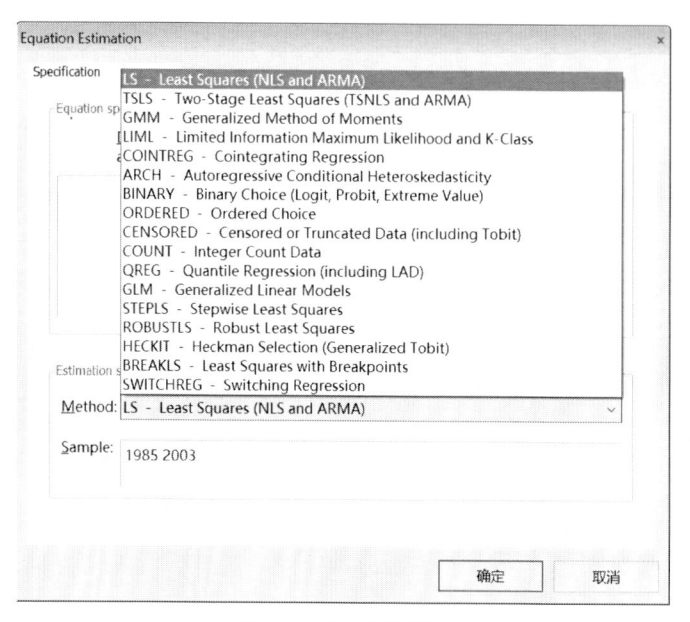

圖 3-2　方程估計界面

第四節　方程輸出

根據矩陣的概念，標準的迴歸方程可以寫作：$Y = X\beta + \varepsilon$。

一、系數結果

(一)迴歸系數

最小二乘估計的系數 β 是由以下的公式計算得到的：

$$\hat{\beta} = (X'X)^{-1}X'Y$$

(二)標準差

標準差項列出了系數估計的標準差。估計系數的協方差矩陣是由以下公式計算得到的：

$$\text{Cov}(\hat{\beta}) = \sigma^2 (X'X)^{-1}, \hat{\sigma}^2 = \frac{e'e}{n-k-1}, e = y - X\hat{\beta}$$

可以通過選擇「View/Covariance Matrix」項來察看整個協方差矩陣。

(三)t-統計量

t 統計量是通過系數估計值和標準差之間的比率來計算，它是用來檢驗系數為零的假設的。

第三章 基本迴歸模型

(四)概率

結果的最後一項是在誤差項為正態分佈或系數估計值為漸近正態分佈的假設下，指出 t 統計量與實際觀測值一致的概率。這個概率稱為邊際顯著性水準或 p 值。

二、統計量總結

(一) R^2 統計量

R^2 統計量衡量在樣本內預測因變量值的迴歸是否成功。EViews 計算 R^2 的公式為：

$$R^2 = 1 - \frac{\hat{\varepsilon}'\hat{\varepsilon}}{(y - \bar{y})'(y - \bar{y})}$$

(二)調整 R^2

使用 R^2 作為衡量工具存在的一個問題是在增加新的自變量時 R^2 不會減少。調整後的 R^2 通常解釋為 $\bar{R}^2$，消除 R^2 中對模型沒有解釋力的新增變量。計算方法如下：

$$\bar{R}^2 = 1 - (1 - R^2)\frac{n - 1}{n - k - 1}$$

(三)迴歸標準差

迴歸標準差是在殘差的方差的估計值基礎之上的一個總結。計算方法如下：

$$s = \sqrt{\frac{e'e}{n - k - 1}}$$

(四)殘差平方和

殘差平方和可以用於很多統計計算中：

$$e'e = \sum_{i=1}^{T} (y_i - X_i\beta)^2$$

(五)對數似然函數值

對數似然計算如下：

$$l = -\frac{T}{2}[1 + \log(2\pi) + \log(\hat{\varepsilon}'\hat{\varepsilon}/T)]$$

(六)Durbin-Watson 統計量

D-W 統計量衡量殘差的序列相關性，計算方法如下：

$$d = \frac{\sum_{t=2}^{n}(e_t - e_{t-1})^2}{\sum_{t=1}^{n}e_t^2}$$

作為一個規則，如果 DW 值小於 2，證明存在正序列相關。

(七)因變量均值和標準差

y 的均值和標準差由下面標準公式算出：

$$S_y = \sqrt{\sum_{t=1}^{T}(y_t - \bar{y})^2/(T-1)}$$

(八) AIC 準則

計算公式如下：

$$AIC = -2l/T + 2k/T$$

(九) Schwarz 準則

Schwarz 準則是 AIC 準則的替代方法，它引入了對增加係數的更大的懲罰：

$$SC = -2l/T + (k\log T)/T$$

(十) F 統計量和邊際顯著性水準

F 統計量檢驗迴歸中所有的係數是否為零(除了常數或截距)。對於普通最小二乘模型，F 統計量由下式計算：

$$F = \frac{R^2/(k-1)}{(1-R^2)/(T-k)}$$

F 統計量下的 P 值，即 Prob(F-statistic)，是 F 檢驗的邊際顯著性水準。

三、迴歸統計

估計結果中的迴歸統計存儲在方程中，通過特殊的@函數可以得到。操作者可以使用函數的各種表達形式得到任何統計量以深入分析。@函數有兩種：返回標量和返回矩陣或向量。EViews 中迴歸統計中的方程界面如圖 3-3 所示。

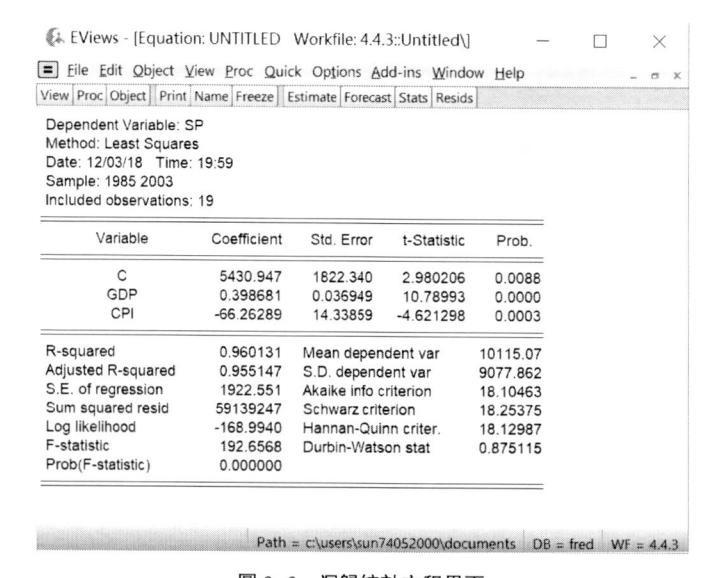

圖 3-3　迴歸統計方程界面

第三章　基本迴歸模型

● 第五節　方程操作

一、方程視圖

方程對象窗口中的視圖目錄中的選項分別是方程顯示（有三種形式）：顯示方程結果、因變量的實際值和擬合值及殘差、描述目標函數的梯度和迴歸函數的導數計算的信息、顯示系數估計值。

二、方程過程

過程目錄中的選項分別是修改說明、用估計方程預測、創建一個與被估計方程有關的未命名模型、把方程系數的估計值放在系數向量中、創建一個包含方程中使用的所有變量的未命名組、在工作文檔中以序列形式保存迴歸中的殘差。

三、缺省方程

我們可以把方程的結果儲存起來以便在以後的大量計算中使用。未命名方程不能儲存在工作文檔中。你可以使用方程工具欄中的「Name」按鈕來命名方程。工作文檔被存儲時，方程也會被存儲。

四、方程的殘差

缺省方程的殘差存儲於 RESID 的序列對象中。RESID 可以像普通序列一樣直接使用。

五、迴歸統計量

@ 函數可以指向前面描述的各種迴歸統計量。

六、存儲和獲取一個方程

方程可以和其他對象一起以數據或數據庫文件形式存放在磁盤中。操作者也可以從這些文件中取出方程。方程也可以從文檔或數據庫中拷貝粘貼出來或拷貝粘貼到數據庫或文檔中。

七、使用系數的估計值

方程系數列在說明窗口中。缺省時，EViews 會使用系數變量 C。

第四章　其他迴歸方法

本章討論加權最小二乘法估計、異方差性和自相關一致協方差估計、兩階段最小二乘法估計（TSLS）、非線性最小二乘法估計和廣義矩估計（GMM）。

第一節　加權最小二乘法估計

假設有已知形式的異方差性，並且有序列 W，其值與誤差標準差的倒數成比例。這時可以採用權數序列為 W 的加權最小二乘法估計來修正異方差性。加權最小二乘法估計量為：

$$b_{wls} = (X^t W^t W X)^{-1} X^t W^t W_y$$

要使用加權最小二乘法估計方程，先在主目錄中選擇「Quick/Estimate Equation…」，然後選擇「LS-Least Squares（NLS and ARMA）」（見圖 4-1），然後按「Options」按鈕。接著，單擊「Weighted LS/TSLS」選項在「Weighted」項後填寫權數序列名，單擊「確定」，再選「確定」接受對話框並估計方程（見圖 4-2）。

第四章　其他迴歸方法

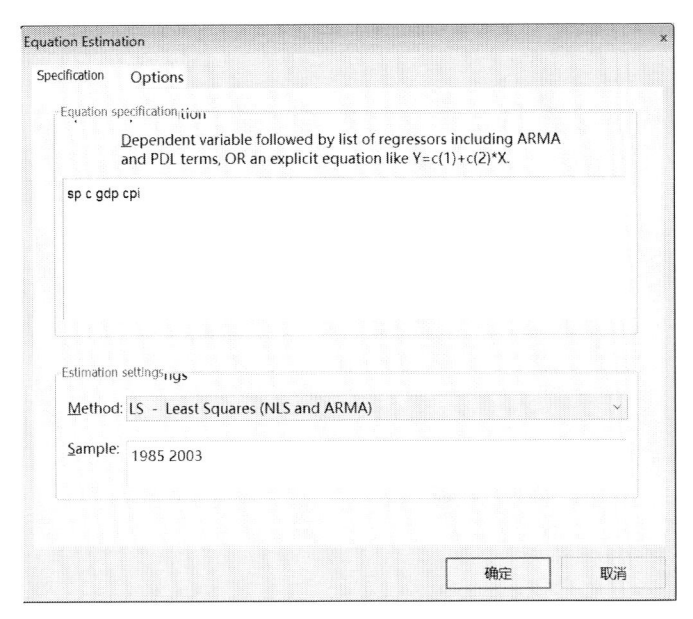

圖 4-1　方程估計界面

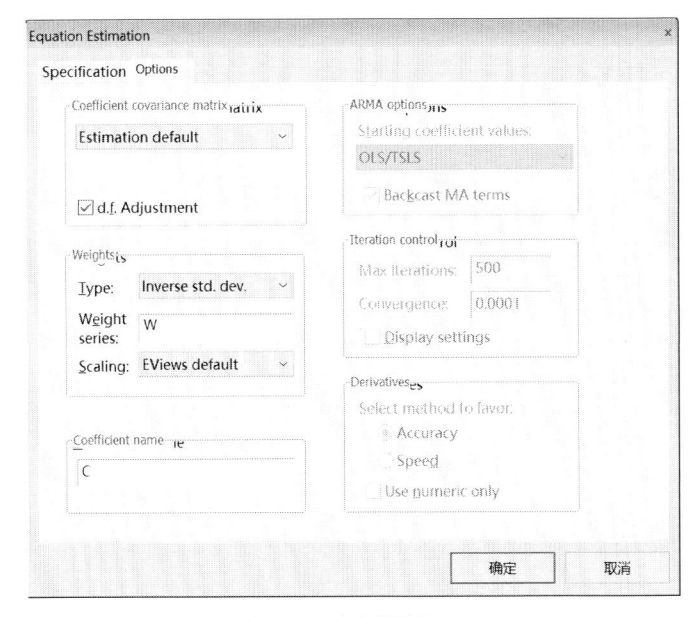

圖 4-2　方程估計界面

第二節　異方差性和自相關一致協方差(HAC)

當異方差性形式未知時，使用加權最小二乘法不能得到參數的有效估計。使用「White」異方差一致協方差或「Newey-West HAC」一致協方差估計不會改變參數的點估計，只改變參數的估計標準差。可以把加權最小二乘法估計與「White」或「Newey-West」協方差矩陣估計相結合來計算異方差和序列相關。

一、異方差一致協方差估計(White)

White 協方差矩陣假設被估計方程的殘差是序列不相關的。

$$\hat{\Sigma}_w = \frac{T}{T-k}(X'X)^{-1}\left(\sum_{t=1}^{T} u_t^2 x_t x_t'\right)(X'X)^{-1}$$

EViews 在標準 OLS 公式中提供「White」協方差估計選項。打開方程對話框，說明方程，然後點擊「Options」按鈕。接著，單擊異方差一致協方差(Heteroskedasticity Consistent Covariance)，選擇「White」按鈕，接受選項估計方程。

在輸出結果中，EViews 會包含一行文字說明使用了 White 估計量。

二、HAC 一致協方差估計(Newey-West)

Newey 和 West (1987) 提出了一個更一般的估計量，在有未知形式的異方差和自相關存在時仍保持一致。Newey-West 估計量為：

$$\hat{\Sigma} = \frac{T}{T-k}(X'X)^{-1}\hat{\Omega}(X'X)^{-1}$$

其中

$$\hat{\Omega} = \frac{T}{T-k}\left\{\sum_{t=1}^{T}\mu_t^2 x_t x_t' + \sum_{v=1}^{q}\left(\left(1-\frac{v}{q+1}\right)\sum_{t=v+1}^{r}(x_t\mu_t\mu_{t-v}x_{t-v}' + x_{t-v}\mu_{t-v}\mu_t x_t')\right)\right\}$$

要使用「Newey-West」方法，在估計對話框中按「Options」按鈕。在異方差一致協方差項中選「Newey-West」按鈕。

第三節　二階段最小二乘法估計

一、EViews 中進行 TSLS 估計

二階段最小二乘法(TSLS)是工具變量迴歸的特例。在二階段最小二乘法估計中有兩個獨立的階段。在第一個階段中，TSLS 找到可用於工具變量的內生和外生變量。

第四章 其他迴歸方法

這個階段包括估計模型中每個變量關於工具變量的最小二乘法迴歸。第二個階段是對原始方程的迴歸，所有變量用第一個階段迴歸得到的擬合值來代替。這個迴歸的系數就是 TSLS 估計。兩階段最小二乘法估計的系數由下式計算出來：

$$b_{TSLS} = (X'Z(Z'Z)^{-1}Z'X)^{-1}X'Z(Z'Z)^{-1}Z'y$$

要使用兩階段最小二乘法估計，打開方程說明對話框，選擇「Object/New Object/Equation…」或「Quick/Estimate Equation…」然後選擇「Method」中的 TSLS 估計。

第四節 非線性最小二乘法估計

假設迴歸方程為：

$$y_t = f(x_t, \beta) + \varepsilon_t$$

其中 f 是解釋變量 x_t 和參數 β 的非線性函數。

對於任何系數非線性的方程 EViews 自動應用非線性最小二乘法估計。只要選擇「Object/New Object/Equation」，然後輸入方程並單擊「OK」。EViews 會使用迭代算法估計模型。

迭代估計要求模型系數有初始值。選擇參數初始值沒有通用的法則。越接近於真值越好。開始迭代估計時，EViews 使用系數向量中的值，很容易檢查並改變系數的初始值。要察看初始值，雙擊系數向量。如果想改變初始值，先確定系數表使處於編輯狀態，然後輸入系數值，也可以從命令窗口使用 PARAM 命令設定初始系數值。只需輸入關鍵詞「PARAM」，然後是每個系數和想要的初值：

param c(1) 153 c(2).68 c(3) .15

第五節 廣義矩方法

廣義矩方法（GMM）估計的初始值是參數應滿足的一種理論關係。其思想是選擇參數估計盡可能接近理論上關係。把理論關係用樣本近似值代替，並且估計量的選擇就是要最小化理論值和實際值之間加權距離。參數要滿足的理論關係通常是參數函數 $f(\theta)$ 與工具變量 z_t 之間的正則條件：

$$E[f(\theta)'Z] = 0, \theta \text{ 是被估計參數}$$

GMM 估計量選擇參數估計的標準是使工具變量與函數 f 之間的樣本相關性越接近於 0 越好。用函數表示為：

$$J(\theta) = [m(\theta)]'A[m(\theta)]$$

其中 $m(\theta) = f(\theta)'Z$，A 是加權矩陣；任何對陣正定陣 A 都是 θ 的一致估計。

要用 GMM 法估計方程,或者用「Object/New Object/Equation」創建新方程,或者在已有的方程基礎上選「Estimate」按鈕。從說明對話框中選擇估計方法 GMM。要得到 GMM 估計,應該寫出矩條件作為參數表達式和工具變量之間的正交條件。

第六節　對數極大似然估計

為了能解決一些特殊的問題,EViews 提供了對數極大似然估計這一工具來估計各種不同類型的模型。對數極大似然估計提供了一個一般的、開放的工具,可以通過這個工具極大化相關參數的似然函數對一大類模型進行估計。

使用對數極大似然估計時,我們用 EViews 的序列生成器,將樣本中各個觀測值的對數似然貢獻描述為一個未知參數的函數。可以給出似然函數中一個或多個參數的解析微分,也可以讓 EViews 自動計算數值微分。EViews 將尋找使得指定的似然函數最大化的參數值,並給出這些參數估計的估計標準差。下面我們將詳細論述對數極大似然估計,並說明其一般特徵。

一、概論

用對數極大似然估計來估計一個模型,主要的工作是建立一個用來求解似然函數的說明文本。似然函數的說明只是一系列對序列的賦值語句,這些賦值語句在極大化的過程中被反覆的計算。我們所要做的是寫下一組語句,在計算時,這些語句將描述一個包含每個觀測值對似然函數貢獻的序列。

我們簡單地回顧一下線性迴歸模型的對數極大似然估計方法。多元線性迴歸模型的一般形式為:

$$y_t = \beta_0 + \beta_1 x_{1t} + \beta_2 x_{2t} + \cdots + \beta_k x_{kt} + \varepsilon_t \quad t = 1, 2, \cdots\cdots, T$$

其中,k 是解釋變量個數,T 是觀測值個數,隨機擾動項 $\varepsilon_t \sim N(0, \sigma^2)$,設模型的參數估計量已經求得為 $\hat{\beta}_0, \hat{\beta}_1, \cdots, \hat{\beta}_k$,那麼 y_t 服從如下的正態分佈:

$$y_t \sim N(\mu_t, \sigma^2)$$

其中 $\mu_t = \beta_0 + \beta_1 x_{1t} + \beta_2 x_{2t} + \cdots + \beta_k x_{kt}$

Y 的隨機抽取的 T 個樣本觀測值的聯合概率為:

$$L(\beta) = P(y_1, y_2, \cdots, y_T)$$

$$= \frac{1}{(2\pi)^{T/2} \sigma^T} e^{-\frac{1}{2\sigma^2} \sum_{t=1}^{T}(y_t - \mu_t)^2}$$

這就是變量 Y 的似然函數。對似然函數求極大值和對對數似然函數求極大值是等價的,對數似然函數為:

第四章　其他迴歸方法

$$\log L = -\frac{T}{2}\log(2\pi\sigma^2) - \frac{1}{2\sigma^2}\sum_{t=1}^{T}(y_t - \mu_t)^2$$

以只含一個解釋變量的方程為例。假定知道模型參數的真實值，並且想用EViews產生一個包含每個觀測值的貢獻的序列。可以將已知的參數賦值給系數向量的c(1)到c(3)元素，然後把下面的賦值語句作為EViews的命令或程序來執行：

Series res＝y－c(1)－c(2)＊x

Series var＝c(3)

Series logL1＝－log(2＊3.141,59＊var)/2－(res^2/var)/2

前面兩行語句描述了用來存儲計算時的中間結果的序列。第一個語句創建了殘差序列res，而第二個語句創建了方差序列var。而序列logL1包含了每個觀測值的對數似然貢獻的集合。EViews將對不同參數值重複執行說明中的賦值語句，使用迭代法來求使得對數似然貢獻最大的一組參數值。當EViews再不能提高全部的似然貢獻時，它將停止迭代並在估計輸出中報告最終參數值和估計標準差。

二、似然說明

創建似然對象的操作過程為：選擇「Objects/New Object…/LogL」或者在命令窗口輸入「logL」。似然窗口將打開一個空白說明視圖。說明視圖是一個文本窗口，在這個窗口裡可以輸入描述統計模型的說明語句，還可以設置控制估計程序各個方面的選項。

(一)似然的定義

正如概論中所描述的那樣，似然說明的主線是一系列賦值語句，在計算時，這些賦值語句將產生一個包含樣本中每個觀測值的對數似然貢獻的序列。賦值語句的多少可以由自己決定。

每個似然說明都必須包含一個控制語句，該語句命名了保存似然貢獻的序列。語句的格式為：

@logL series_name

這裡「series_name」是保存似然貢獻的序列的名字，可以寫在似然說明的任何位置。

如果想在估計完成後刪除說明中的一個或多個序列，可以使用@temp語句：

@temp series_name1 sereis_name2 …

這個語句告訴EViews在對說明的計算完成後，刪除列表中的序列。

(二)參數名

在上面的例子中，我們使用了系數c(1)到c(3)作為未知參數的名稱。更一般的，出現在說明中一個已命名的系數向量中的每一個元素都將被視為待估參數。可以使用不同的系數向量，用命令創建命名的系數向量，如coef(4) beta，則定義了beta

(1)、beta(2)、beta(3)、beta(4)四個待估計系數。例如,似然說明可寫為:

@ logL logL1

res=y-beta(1)-beta(2)*x-beta(3)*z

var=beta(4)

logL1=log(@ dnorm(res/@ sqrt(var)))-log(var)/2

由於說明中的已命名的系數向量的所有元素都將被視為待估參數,必須確定所有的系數確實影響了一個或多個似然貢獻的值。如果一個參數對似然沒有影響,那麼在試圖進行參數估計時,將遇到一個奇異錯誤。注意除了系數元素外所有的對象在估計過程中都將被視為固定的,不可改變的。例如,假定 omega 是工作文件中一個已命名的標量,如果將子表達式 var 定義如下:var=omega,EViews 將不會估計 omega,omega 的值將被固定在估計的開始值上。

(三)估計的順序

logL 說明包含了一個或多個能夠產生包含似然貢獻的序列的賦值語句。在執行這些賦值語句的時候,EViews 總是從頂部到底部執行,所以後面計算要用到的表達式應放在前面。

EViews 對整個樣本重複地計算每個表達式。EViews 將對模型進行重複計算時採用方程順序和樣本觀測值順序兩種不同方式,要用方程順序來計算,僅加一行關鍵字「@ byeqn」,則 EViews 將先用所有的觀測值來計算第一個賦值語句,然後用所有的觀測值計算第二個賦值語句,……。要用樣本順序來計算,可以用關鍵字「@ byobs」,EViews 用觀測值順序來計算模型,此種方式是先用第一個觀測值來計算所有的賦值語句,接下來是用第二個觀測值來計算所有的賦值語句,如此往復,直到估計樣本中所有觀測值都使用過。如果沒有給出計算順序關鍵字,那麼系統默認為「@ byobs」。

(四)解析導數

默認情形下,當極大化似然函數和形成標準差的估計時,EViews 計算似然函數關於參數的數值微分。可以用@ deriv 語句為一個或多個導數指定解析表達式,該語句格式為:

@ deriv pname1 sname1 pname2 sname2…

其中,pname 是模型中的一個參數名稱,而 sname 是由模型產生的對應的導數序列的名稱。

(五)導數步長

如果模型的參數沒有指定解析微分,EViews 將用數值方法來計算似然函數關於這些參數的導數。

@ derivstep 可以用來控制步長和在每次迭代時計算導數的方法。關鍵字 @ derivstep 後面必須設置三項:被設置的參數名(或用關鍵字@ all 代替)、相對步長、最小步長。默認的最小步長被設置為機器 ε 的平方根(1.49e^{-8}),而最小步長為 m = 10^{10}。

第四章 其他迴歸方法

三、估計

定義了一個似然對象後，可以在似然窗口工具欄中單擊「Estimate」，打開估計對話框。

(一)初值

默認情況下，EViews 使用儲存在系數向量或已估計的其他系數向量中的值。如果在說明中用了@param 語句，那麼就使用該語句指定的值來代替。

(二)估計樣本

在估計對數似然函數的參數時，EViews 在「Estimation Option」對話框裡指定當前工作文件的觀測值樣本，需根據滯後次數重新確定樣本區間。

四、LogL 視圖

(1) likelihood Specification：顯示定義和編輯似然說明的窗口。

(2) Estimation Output：顯示通過最大化似然函數得到的估計結果。

(3) Covariance Matrix：顯示參數估計的協方差矩陣。這是通過計算在最優參數值下一階導數的外積的和的逆求得的。可以用@cov 這個函數將其保存為(SYM)矩陣。

(4) Wald Coefficient Test：執行 Wald 系數限制檢驗。

(5) Gradients：如果模型沒有被估計，顯示當前參數值下 logL 的梯度(一階導數)視圖，若模型已經被估計，則顯示收斂的參數值下 logL 的梯度視圖。處理收斂問題時，這些圖將成為有用的鑑別工具。

(6) Check Derivatives：如果使用了@param 語句，顯示在初值下數值微分和解析微分(如果可獲得)的值，如果沒有使用@param 語句，則給出在當前值下數值微分和解析微分的值。

五、LogL 過程

(1) Estimate：彈出一個設置估計選項的對話框，並估計對數似然函數的參數。

(2) Make Model：建立一個估計對數似然函數說明的未命名的模型對象。

(3) Make Gradient Group：在參數估計值下創建一個未命名的對數似然函數的梯度組(一階導數)。這些梯度常用來構造拉格朗日乘數檢驗。

(4) Update Coefs from LogL：用似然函數對象得出的估計值來更新系數向量。通過該過程，極大似然估計結果可以作為其他估計問題的初始值。

這些過程大多數和 EViews 的其他估計對象相似。本書著重介紹 LogL 對象所獨有的特徵。

(一)估計輸出

LogL 對象的標準輸出除了包含系數和標準差估計外，還描述了估計的方法、估計

使用的樣本、估計的日期和時間、計算順序以及估計過程收斂的信息。

(二)梯度

梯度概要、圖表、表格視圖可以檢查似然函數的梯度。如果模型尚未估計，那麼就在當前參數值下計算梯度，若模型已經估計出來了，就在收斂的參數值下計算。

第七節　系統估計

本節講述的內容是估計聯立方程組參數的方法，包括最小二乘法 LS、加權最小二乘法 WLS、似乎不相關迴歸法 SUR、二階段最小二乘法 TSLS、加權二階段最小二乘法 W2LS、三階段最小二乘法 3LS、完全信息極大似然法 FIML 和廣義矩法 GMM 等估計方法。

一、理論背景

模型系統就是一組包含未知數的方程組。以一個由國內生產總值(Y)、居民消費總額(C)、投資總額(I)、政府消費額(G)和短期利率(r)等變量構成的簡單的宏觀經濟系統為例：

$$\begin{cases} \log C_t = \alpha_0 + \alpha_1 \log Y_t + \alpha_2 \log C_{t-1} + \alpha_3 \log r_{t-1} + \varepsilon_{1t} \\ \log I_t = \beta_0 + \beta_1 \log Y_t + \beta_2 \log I_{t-1} + \beta_3 \log r_{t-2} + \varepsilon_{2t} \\ Y_t = C_t + I_t + G_t \end{cases}$$

其中，前兩個方程是行為方程，第三個方程表示國內生產總值在假定進出口平衡的情況下，由居民消費、投資和政府消費共同決定，是一個衡等方程，也稱為定義方程。這就是一個簡單的描述宏觀經濟的聯立方程模型。在聯立方程模型中，對於其中每個方程，其變量仍然有被解釋變量與解釋變量之分。但是對於模型系統而言，已經不能用被解釋變量與解釋變量來劃分變量。對於同一個變量，在這個方程中作為被解釋變量，在另一個方程中則可能作為解釋變量。對於聯立方程系統而言，將變量分為內生變量和外生變量兩大類，外生變量與滯後內生變量又被統稱為前定變量。一般的聯立方程系統形式是：

$$f(y_t, x_t, \beta) = \varepsilon_t$$

這裡 y_t 是一個內生變量向量，x_t 是外生變量向量，ε_t 可以是序列相關的擾動項向量。估計的任務是尋找參數向量 β 的估計量。

EViews 提供了估計系統參數的兩類方法。一類方法是使用單方程法對系統中的每個方程分別進行估計。第二類方法是同時估計系統方程中的所有參數，這種同步方法允許對相關方程的係數進行約束並且使用能解決不同方程殘差相關的方法。這裡，應該區分系統和模型的差別。模型是一組描述內生變量關係的已知方程組，給定了模

第四章 其他迴歸方法

型中外生變量的值可以使用模型對內生變量求值。

二、系統估計方法

下面的討論是以線性方程組成的平衡系統為對象的,但是這些分析也適合於包含非線性方程的非平衡系統。若一個系統,含有 M 個方程,用分塊矩陣形式表示如下:

$$\begin{bmatrix} y_1 \\ y_2 \\ \vdots \\ y_M \end{bmatrix} = \begin{bmatrix} X_1 & 0 & \cdots & 0 \\ 0 & X_2 & \cdots & 0 \\ \vdots & \vdots & & \vdots \\ 0 & 0 & \cdots & X_M \end{bmatrix} \begin{bmatrix} \beta_0 \\ \beta_1 \\ \vdots \\ \beta_M \end{bmatrix} + \begin{bmatrix} \varepsilon_1 \\ \varepsilon_2 \\ \vdots \\ \varepsilon_M \end{bmatrix}:$$

這裡 y_m 是 T 維向量,x_m 是 $T \times km$ 矩陣,β_m 是 km 維的系數向量,誤差項 ε 的協方差矩陣是 $MT \times MT$ 的方陣 V。我們簡單地將其表示為:

$$y = X\beta + \varepsilon$$

在標準假設下,系統殘差的協方差陣為:

$$V = E\varepsilon\varepsilon' = \sigma^2 I_M \otimes I_T$$

公式中算子 $\otimes$ 表示克羅內克積(Kronecker Product),簡稱叉積。還有一些殘差方差的結構不滿足標準假設。首先,不同方程的殘差可能是異方差的;其次,它們除了異方差還可能是同期相關的。我們可以定義不同的 $M \times M$ 的同期相關矩陣 Σ 來對這兩種情況進行區分。Σ 的第 i 行第 j 列的元素是 $\sigma_{ij} = E\varepsilon_{it}\varepsilon_{jt}$,對所有 t 都成立。如果殘差是同期不相關的,若 $i \neq j$,則 $\sigma_{ij} = 0$,V 可以寫成:

$$V = diag(\sigma_1^2, \sigma_2^2, \cdots \sigma_M^2) \otimes I_T$$

更普遍的是,如果殘差是異方差且同期相關的,則 V 可以寫成:

$$V = \Sigma \otimes I_T$$

最一般的情況是存在異方差、同期相關的同時,殘差是自相關的,殘差的方差矩陣應寫成:

$$V = \begin{bmatrix} \sigma_{11}\Omega_{11} & \sigma_{12}\Omega_{12} & \cdots & \sigma_{1M}\Omega_{1M} \\ \sigma_{21}\Omega_{21} & \sigma_{22}\Omega_{22} & \cdots & \sigma_{2M}\Omega_{2M} \\ \vdots & \vdots & & \vdots \\ \sigma_{M1}\Omega_{M1} & \sigma_{M2}\Omega_{M2} & \cdots & \sigma_{MM}\Omega_{MM} \end{bmatrix}$$

這裡,Ω_{ij} 是第 i 個方程和第 j 個方程的自相關矩陣。系統中方程可以是線性的也可以是非線性的,還可以包含自迴歸誤差項。下面是各種估計方法。

(一)普通最小二乘法(Ordinary Least Squares, LS)

這種方法是在聯立方程中服從關於系統參數的約束條件的情況下,使每個方程的殘差平方和最小。如果沒有這樣的參數約束,這種方法和使用單方程普通最小二乘法估計每個方程式一樣的。

(二)加權最小二乘法(Weighted Least Squares, WLS)

這種方法通過使加權的殘差平方和最小來解決聯立方程的異方差性,方程的權重是被估計的方程的方差的倒數,來自未加權的系統參數的估計值。如果方程組沒有聯立約束(參數、異方差),該方法與未加權單方程最小二乘法產生相同的結果。

(三)似乎不相關迴歸(Seemingly Unrelated Regression, SUR)

該方法也稱作多元迴歸法或 Zellner 法,既考慮到異方差性也考慮到不同方程的誤差項的相關性。對聯立方程協方差陣的估計是建立在對未加權系統的參數估計基礎上的。注意到因為 EViews 考慮了聯立方程間的約束,所以可以估計更為廣泛的形式。

(四)二階段最小二乘法(Two-Stage Least Squares, TSLS)

二階段最小二乘法是前面描述的單方程二階段最小二乘估計的系統形式。當方程右邊變量與誤差項相關,但既不存在異方差,誤差項之間又不相關時,STSLS 是一種比較合適的方法。EViews 在實施聯立方程約束同時,對未加權系統的每個方程進行二階段最小二乘法估計,如果沒有聯立方程的約束,得到的結果與未加權單方程的二階段最小二乘法結果相同。

(五)加權二階段最小二乘法(Weighted Two-Stage Least Squares, WTSLS)

該方法是加權最小二乘法的二階段方法。當方程右邊變量與誤差項相關並且存在異方差但誤差項之間不相關時,WTSLS 是一種比較合適的方法。EViews 先對未加權系統進行二階段最小二乘,根據估計出來的方程的方差求出方程的權重,如果沒有聯立方程的約束,得到的一階段的結果與未加權單方程的最小二乘結果相同。

(六)三階段最小二乘法(Three-Stage Least Squares, 3SLS)

該方法是 SUR 的二階段最小二乘法。當方程右邊變量與誤差項相關並且存在異方差,同時殘差項相關時,3LSL 是有效方法。EViews 對未加權系統進行二階段最小二乘法,並實施任何聯立方程參數的約束。得到的估計結果被用來形成完全聯立方程的協方差矩陣估計,用估計的協差矩陣轉換方程,以消除聯立方程誤差項之間的相關。最後 TSLS 被用於轉換後的模型。

(七)完全信息極大似然法(Full Information Maximum Likelihood, FIML)

在同期誤差項假定為聯合正態分佈的情況下,FIML 估計出似然函數,如果似然函數能準確描述,該方法非常有效。FIML 是一種系統估計方法,同時處理所有的方程和所有的參數。

(八)廣義矩法(Generalized Method of Moments, GMM)

該方法是 M-估計法的一種,即使判別函數最小化。因為不需要知道擾動項的確切分佈信息,所以該方法很實用。GMM 估計基於假設方程組中的擾動項和一組工具變量不相關。GMM 估計是將準則函數定義為工具變量與擾動項的相關函數,使其最小化得到的參數為估計值。如果在準則函數中選取適當的權數矩陣,廣義矩法可用於解決方程間存在異方差和未知分佈的殘差相關。

第四章　其他迴歸方法

三、建立和說明系統

(一)建立系統

建立了工作文件後,單擊「Object/New Object/system」或者在命令窗口輸入「system」,系統對象窗口就會出現,如果是第一次建立系統,窗口是空白的,在指定窗口輸入方程。

規則1:方程組中,變量和系數可以是非線性的。通過在不同方程組中使用相同的系數進行約束。

規則2:系統方程可以包含自迴歸誤差項(注意不是MA、SAR或SMA誤差項),用系數來說明每一個AR項(方括號、等號、系數、逗號)。

規則3:方程中的等號可以出現在方程的任意位置。

規則4:如果方程沒有誤差項,則該方程就是恒等式,系統中不應該含有這樣的方程,如果必須有的話,應該先解出恒等式將其代入行為方程。

規則5:應該確信系統中所有擾動項之間沒有衡等的聯繫,即應該避免聯立方程系統中某些方程的線性組合可能構成與某個方程相同的形式。

(二)工具變量

如果用2LS、3LS或者GMM來估計參數,必須對工具變量做出說明。說明工具變量有兩種方法:若要在所有的方程中使用同樣的工具,說明方法是以inst開頭,後面輸入所有被用作工具變量的外生變量。例如:

inst gdp(-1 to-4) x　gov

如果系統估計不需要使用工具,則這行將被忽略。若要對每個方程指定不同的工具,應該在每個方程的後面附加「@」並且後面輸入這個方程需要的工具變量。例如:

cs=c(1)+c(2)*gdp+c(3)*cs(-1) @ cs(-1) inv(-1) gov

inv=c(4)+c(5)gdp(-1)+c(6)*gov @ gdp(-1) gov

(三)附加說明

不管是否說明,常數總是被作為每個方程的工具變量,方程右邊的所有外生變量都應該被列出來作為工具變量,方程右邊的變量至少要與所列的工具變量一樣多。

(四)初始值

如果系統中包括非線性方程,可以為部分或所有的參數指定初始值,可以用param開頭的語句來設定。例如:param c(1) .15　b(3).5是為c(1)和b(3)設定初值。如果不提供初值,EViews使用當前系數向量的值。

(五)系統估計

創建和說明了系統後,單擊工具條的「Estimate」鍵,在彈出的對話框中選擇估計方法和各個選項。

(六)迭代控制

對於WLS、SUR、W2LS、3LS、GMM估計法和非線性方程的系統,有附加的估計問

題，包括估計 GLS 加權矩陣和系數向量。

1.一次確定加權矩陣

（1）選項「Iterate coefs to convergence」是缺省選項，EViews 使用一階段迭代得到的殘差形成一個加權矩陣，並保持不變。在過程的第二階段，EViews 使用估計的加權矩陣估計新的系數。如果模型是非線性的，EViews 迭代系數估計直到收斂。

（2）選項「Update coefs once」，在第一階段估計系數並構成加權矩陣的估計量。在第二階段，只進行系數的一步迭代。

2.迭代權數和系數選擇（Iterate Weights and Codfs）

（1）選項「Simultaneous」，每次迭代都更新系數和加權矩陣，直到系數和加權矩陣都收斂。

（2）選項「Sequential」，反覆執行上述 1.(1) 中的缺省方法，直到系數和加權矩陣都收斂。

3.2SLS Estimates/GMM S.E

異方差或殘差相關同時存在時能估計有效的協方差和標準誤差。

4.GMM-Time series(HAC)項

如果選擇了「GMM-Time series(HAC)」項，對話框將會增加選項來說明加權矩陣：

選項「Prewhitening」，在估計之前運行一個初步的 VAR(1) 從而「吸收」矩條件中的相關性。

選項「Kernel Option」，計算加權矩陣時自協方差的權重由 Kernel 函數決定。

選項「Bandwidth selection」，自協方差的權重給定後，權重如何隨著自協方差的滯後而變化由該選項決定。如果選擇「Fixed」項，可以輸入帶寬值或輸入 nw 從而使用 Newey 和 West 的固定帶寬選擇準則。

5.Option 選項

在「Option」選項中，可以設定估計的選項，包括收斂標準，最大的迭代次數和導數計算的設定。

(七)估計結果輸出

系統估計輸出的結果包括系統參數估計值、標準差和每個系數的 t 統計值。另外，EViews 還給出了殘差的協方差矩陣的行列式的值；對於 FIML 估計法，還提供它的極大似然值。除此之外，EViews 還給出了每個方程的簡要的統計量，如 R^2、Durbin-Wstson 統計值、迴歸標準差、殘差平方和等。

四、系統的應用

得到估計結果後，系統對象提供了檢查結果的工具，依次進行參考和詳細討論。

1.系統的查看（View）

系統的查看與單方程的查看相類似。

第四章　其他迴歸方法

View/System Specification：顯示系統說明窗口，也可以通過直接單擊目錄中的Spec來顯示。

Views/Estimation Output：顯示系統的估計值和統計量，也可以直接單擊目錄中的Stats來顯示。

Views/Residuals/Graph：顯示系統中每個方程的殘差圖形。

Views/Residuals/Correlation Matrix：計算每個方程殘差的同步相關係數。

Views/Residuals/Covariance Matrix：計算每個方程殘差的同步協方差。

View/Coefficient Covariance Matrix：查看估計得到的協方差矩陣。

View/Wald Coefficient Tests…：做系數假設檢驗。

Views/Endognous Table：列出系統中所有的內生變量。

Views/Endognous Table：列出系統中所有的內生變量的圖形。

2.系統的過程(Procs)

系統與單方程的顯著區別是系統的 Procs 內沒有預測，如果要進行模擬或預測，必須使用模型對象。

Procs/Make Model：EViews 將打開由已估計系統轉化的模型(參數已知)，然後可以用這個模型進行模擬和預測。

Procs/Estimate…：打開估計系統的對話框，也可以通過直接單擊 Estimate 進行估計。

Procs/Make Residuals：顯示系統中每個方程的殘差項序列。

Procs/Make Endogenous Group：建立包含內生變量的未命名的組對象。

五、命令

如要建立一個系統，在 system 後面輸入系統名：system demand1。這樣就建立一個名為 demand1 的系統，如果要對系統進行估計，在系統名後輸入一個點並輸入估計系統所需要的估計方法如輸入：sys1.fiml，就可以對系統 sys1 用完全信息極大似然法進行估計。如要獲得建立系統對象所需的完整命令表和選項請參考命令和語法參考。

第五章　方程預測

本章介紹用迴歸方法估計的方程對象對一個單方程進行預測或計算擬合值的過程。

第一節　EViews 中的方程預測

為預測方程的因變量，在方程對象的工具欄中單擊「Forecast」按鈕或選擇「Procs/Forecast…」。

然後應提供以下信息：

(1)序列名(Sequence name)：將所要預測的因變量名填入編輯框中。EViews 默認了一個名字，但可以將它變為任意別的有效序列名。注意序列名應不同於因變量名。

(2)S.E.(Optional)用於是否將預測標準差項保存。

(3)預測方法(Prediction method)：動態法、靜態法。

(4)結構(Structural)用於是否忽略方程中的任何 ARMA 項。

(5)樣本區間(Sample range)：缺省時，為工作文件樣本，可自行輸入。

(6)輸出(Output)：可以選擇以表輸出或數值輸出，或兩者同時都輸出預測或擬合值。

第五章 方程預測

第二節 預測基礎

一、計算預測值

在做出方程估計後,單擊「Forecast」按鈕,給定預測期,然後單擊「OK」。對預測期內的所有觀測值,應該確保等號右邊外生變量值有效。如果預測樣本中有數據丟失,對應的預測值將為 NA。

二、缺失項調整

對於存在缺失項的預測,如果是靜態預測,則對預測沒有很大影響;但對於動態預測而言,缺失項的存在將導致其後的所有值都為 NA。

三、預測的誤差和方差

預測的誤差就是實際值和預測值之差:$e_t = y_t - x_t'\hat{\beta}$。

四、殘差不確定性

測量誤差的標準形式是迴歸標準差(在輸出方程中用「S.E. of regression」表示),殘差的不確定性是預測誤差的主要來源。

五、系數不確定

系數不確定是誤差的又一來源。系數的不確定的影響程度由外生變量決定,外生變量超出它們的均值越多,預測的不確定性越大。

六、預測可變性

預測的可變性由預測標準差來衡量:

$$\text{forecast } se = s\sqrt{1 + x_t'(X'X)^{-1}x_t} \quad (\text{不含滯後因變量或 ARMA 項})$$

其中,s 為迴歸標準差。如果賦給預測標準差一個名字,EViews 將在相關的工作文件中計算並保存一個預測標準差序列。

七、預測效果評估

這裡介紹幾個主要的統計指標:

(1)均方根誤差:$\sqrt{\dfrac{1}{h+1}\sum_{t=s}^{S+k}(\hat{y}_t - y_t)^2}$

(2) 平均絕對誤差：$\dfrac{1}{h+1}\sum_{t=S}^{S+k}|\hat{y}_t - y_t|$

(3) 平均相對誤差：$\dfrac{1}{h+1}\sum_{t=S}^{S+k}\left|\dfrac{\hat{y}_t - y_t}{y_t}\right|$

(4) 泰勒不等系數：$\dfrac{\sqrt{\dfrac{1}{h+1}\sum_{t=S}^{S+k}(\hat{y}_t - y_t)^2}}{\sqrt{\dfrac{1}{h+1}\sum_{t=S}^{S+k}y_t^2} + \sqrt{\dfrac{1}{h+1}\sum_{t=S}^{S+k}\hat{y}_t^2}}$

(1)和(2)預測誤差值由因變量規模決定。它們應該被作為相對指標來比較同樣的序列在不同模型中的預測結果。誤差越小，該模型的預測能力越強。

預測均方差可以為：

$$\sum(y_t - \bar{y})^2 = (\bar{\hat{y}}_t - \bar{y})^2 + (s_{\hat{y}} - s_y)^2 + 2(1-r)s_{\hat{y}}s_y$$

其中，$\bar{\hat{y}}_t, \bar{y}, s_{\hat{y}}, s_y$ 分別為 $\hat{y}$ 和 y 的平均值和標準差，r 為 $\hat{y}$ 和 y 的相關係數。該比值被定義為：

(1) 偏差比：$\dfrac{(\bar{\hat{y}}_t - \bar{y})^2}{\sum(y_t - \bar{y})^2/h}$，表明預測均值與序列實際值的偏差程度。

(2) 方差比：$\dfrac{(s_{\hat{y}} - s_y)^2}{\sum(y_t - \bar{y})^2/h}$，表明預測方差與序列實際方差的偏離程度。

(3) 協方差比：$\dfrac{2(1-r)s_{\hat{y}}s_y}{\sum(y_t - \bar{y})^2/h}$，衡量非系統誤差的大小。

第三節　含有滯後因變量的預測

對於含有滯後因變量的預測，EViews 提供了兩種方法：動態預測和靜態預測。

一、動態預測

預測樣本的初始值將使用滯後變量 Y 的實際值，而在隨後的預測中將使用 Y 的預測值。在動態預測中，預測樣本初值的選擇非常重要。動態預測是真正的多步預測（從第一個預測樣本開始），因為它們重複使用滯後因變量的預測值。這些預測可能被解釋為利用預測樣本開始時的已知信息計算的隨後各期的預測值。動態預測要求預測樣本中外生變量的各個觀測值已知，並且任何滯後因變量預測樣本的初值已知。

第五章　方程預測

解釋變量如有缺失項,通過滯後因變量的動態預測,將使對應期觀測值及以後觀測值為 NA。

二、靜態預測

EViews 採用滯後因變量的實際值來計算預測值。靜態預測要求外生變量和任何滯後內生變量在預測樣本中的觀測值可以獲得。

對比這兩種方法在多期預測中生成的第一期結果相同。只有在存在滯後因變量或 ARMA 項時,兩種方法以後各期的值才不同。

● 第四節　含有 ARMA 誤差項的預測

一、結構預測

EViews 以默認的方式利用估計出的 ARMA 結構預測殘差值。如果希望 ARMA 誤差項總為零,那麼單擊「Structural(ignore ARMA)」,選擇結構預測,EViews 在計算預測值時將假設誤差總為零。如果被估計方程沒有 ARMA 項,該選項對預測沒有影響。

二、含有 AR 誤差項的預測

對包含 AR 誤差項的方程,EViews 將把該方程的殘差預測加至基於右邊變量的結構模型預測中。為計算殘差預測,EViews 需要滯後殘差值的估計或實際值。對預測樣本的第一個觀測值,EViews 將利用前樣本數據計算滯後殘差。如果沒有用來計算滯後殘差的前樣本數據,EViews 將調整預測樣本,把實際值賦給預測序列。

三、含有 MA 誤差項的預測

利用 MA 計算預測值的第一步是求得前期預測樣本中隨機誤差項的擬合值。為了計算預測前期的隨機誤差項,EViews 將自動指定估計樣本的前 q 個隨機誤差項的初值。給定初始值後,EViews 將利用向前遞歸擬合隨後各隨機誤差項的值。

● 第五節　含有公式的預測方程

EViews 可以估計並預測等式左邊是由某個公式定義的變量的方程。在對左邊是公式的方程進行預測時,三個因素決定預測過程和可以利用的選項:公式是否為線性

或非線性，公式中是否包括滯後變量，公式中是否包括估計系數。

對方程左邊的因變量是某個表達式的情況，EViews 提供預測其中的第一個變量的功能。如果對公式中的第一個序列能從表達式求解出來，那麼 EViews 還可以預測公式中的第一個序列。

第六節　命令

為得到靜態（一步向前）預測，在命令窗口中輸入待估方程名，後面加「1.」和命令「fit」，接著輸入擬合序列名，然後隨意輸入一個標準差的擬合值名，如下：

eq1.fit　yhat yhat_se

為得到動態預測，在待估方程名後加「1.」和命令「forecast」，接著是要預測的序列名，最後隨意給預測標準差輸一個名：

eq1.forecast yh yh_se

在命令和程序參考（Command and Programming Reference）中，可以查到預測可用的所有命令和選項。

第六章　診斷檢驗

　　本章主要介紹每一檢驗過程包括假設檢驗的原假設定義。檢驗指令輸出包括一個或多個檢驗統計量樣本值和它們的聯合概率值(p 值)。p 值說明在原假設為真的情況下，樣本統計量絕對值的檢驗統計量大於或等於臨界值的概率。這樣，低的 p 值就拒絕原假設。對每一檢驗都有不同假設和分佈結果。

　　方程對象目錄的 View 中給出三種檢驗類型選擇來檢驗方程定義，包括系數檢驗、殘差檢驗和穩定性檢驗。

● 第一節　系數檢驗

一、Wald 檢驗──系數約束條件檢驗

　　Wald 檢驗沒有把原假設定義的系數限制加入迴歸，通過估計這一無限制迴歸來計算檢驗統計量。Wald 統計量計算無約束估計量如何滿足原假設下的約束。如果約束為真，無約束估計量應接近於滿足約束條件。

　　考慮一個線性迴歸模型：$y = X\beta + \varepsilon$ 和一個線性約束：$H_0 : R\beta - r = 0$，R 是一個已知的 $q \times k$ 階矩陣，r 是 q 維向量。Wald 統計量在 H_0 下服從漸近分佈 $\chi^2_{(q)}$，可簡寫為：

$$W = (R\beta - r)' \left[(s^2) R (X'X)^{-1} R' \right]^{-1} (R\beta - r)$$

　　進一步假設誤差 ε 獨立同時服從正態分佈，我們就有一確定的、有限的樣本 F-統計量：

$$F = \frac{(\tilde{e}'\tilde{e} - e'e)/q}{e'e/(T-k)} = W/q$$

$\tilde{e}$ 是約束迴歸的殘差向量。F 統計量比較有約束和沒有約束計算出的殘差平方和。如果約束有效,這兩個殘差平方和差異很小,F 統計量值也應很小。EViews 顯示 χ^2 和 F 統計量以及相應的 p 值。

假設 Cobb-Douglas 生產函數估計形式如下:

$$\log Q = A + \alpha \log L + \beta \log K + \varepsilon$$

Q 為產出增加量,K 為資本投入,L 為勞動力投入。

系數假設檢驗時,加入約束 $\alpha + \beta = 1$。

為進行 Wald 檢驗,選擇「View/Coefficient Tests/Wald-Coefficient Restrictions」,在編輯對話框中輸入約束條件,多個系數約束條件用逗號隔開。約束條件應表示為含有估計參數和常數(不可以含有序列名)的方程,系數應表示為 c(1)、c(2) 等,除非在估計中已使用過一個不同的系數向量。

為檢驗規模報酬不變的假設,在對話框中輸入下列約束:

$$c(2)+c(3)=1$$

二、遺漏變量檢驗

這一檢驗能給現有方程添加變量,而且詢問添加的變量對解釋因變量變動是否有顯著作用。原假設 H_0 是添加變量不顯著。選擇「View/Coefficient Tests/Omitted Variables—Likehood Ration」,在打開的對話框中,列出檢驗統計量名,用至少一個空格相互隔開。例如:原始迴歸為 LS log(q) c log(L) log(k),輸入「K L」,EViews 將顯示含有這兩個附加解釋變量的無約束迴歸結果,而且顯示假定新變量系數為 0 的檢驗統計量。

三、冗餘變量

冗餘變量檢驗可以檢驗方程中一部分變量的統計顯著性。冗餘變量檢驗更正式,可以確定方程中一部分變量系數是否為 0,從而可以從方程中剔出去。只有以列出迴歸因子形式,而不是公式定義方程,檢驗才可以進行。

選擇「View/Coefficient Tests/Redundant Variable-likelihood Ratio」,在對話框中,輸入每一檢驗的變量名,相互間至少用一空格隔開。例如,原始迴歸為:Ls log(Q) c log(L) log(K) K L,如果輸入 K L,EViews 顯示去掉這兩個迴歸因子的約束迴歸結果,以及檢驗原假設(這兩個變量系數為0)的統計量。

第六章　診斷檢驗

第二節　殘差檢驗

一、相關圖和 Q 統計量

在方程對象目錄中，選擇「View/Residual Test/Correlogram-Q-Statistics」，將顯示直到定義滯後階數的殘差自相關性、偏自相關圖和 Q 統計量，如圖 6-1 所示。在滯後定義對話框中，定義計算相關圖時所使用的滯後數。如果殘差不存在序列相關，在各階滯後的自相關和偏自相關值都接近於零。所有的 Q 統計量不顯著，並且有大的 P 值。

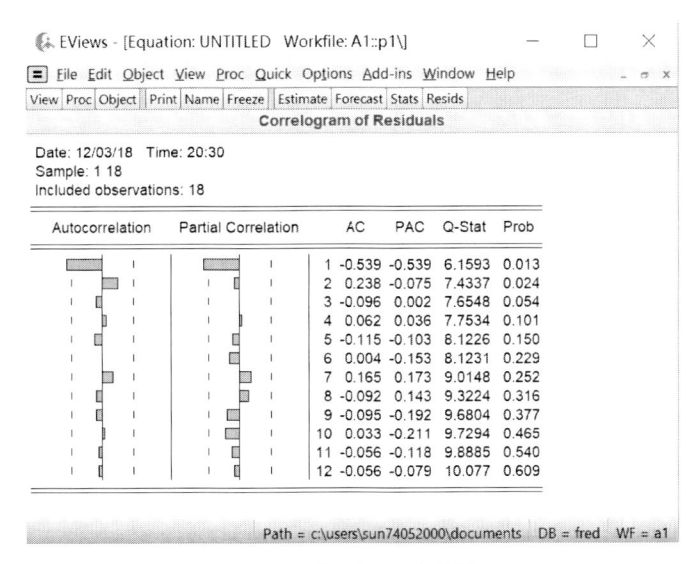

圖 6-1　殘差序列自相關圖

二、平方殘差相關圖

選擇「View/Residual Tests/Correlogram Squared Residual」，在打開的滯後定義對話框定義計算相關圖的滯後數，將顯示直到任何定義的滯後階數的平方殘差的自相關性和偏自相關性，且計算出相應滯後階數的 Q 統計量。平方殘差相關圖（見圖 6-2）可以用來檢查殘差自迴歸條件異方差性（ARCH）。如果殘差中不存在 ARCH，在各階滯後自相關和偏自相關應為 0，且 Q 統計量應不顯著。

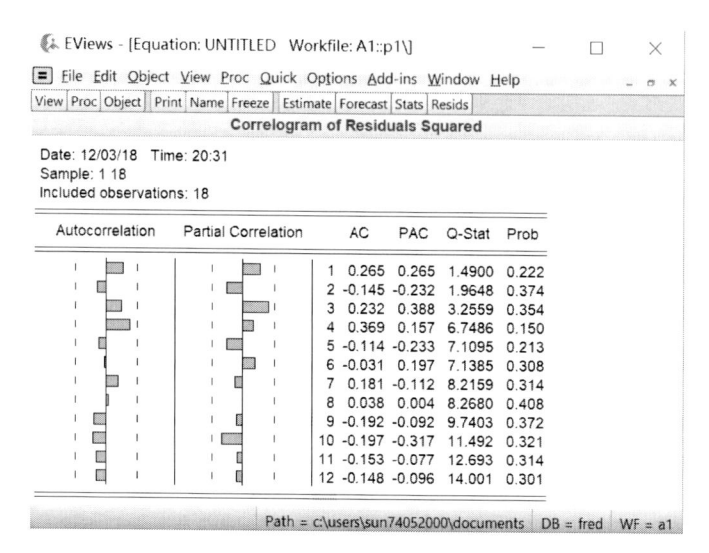

圖 6-2　平方殘差序列自相關圖

三、直方圖和正態檢驗

選擇「View/Residual Tests/Histogram Normality」，將顯示直方圖和殘差的描述統計量，包括檢驗正態性的 Jarque-Bera 統計量（見圖 6-3）。如果殘差服從正態分佈，直方圖應呈鐘型，J-B 統計量應不顯著。

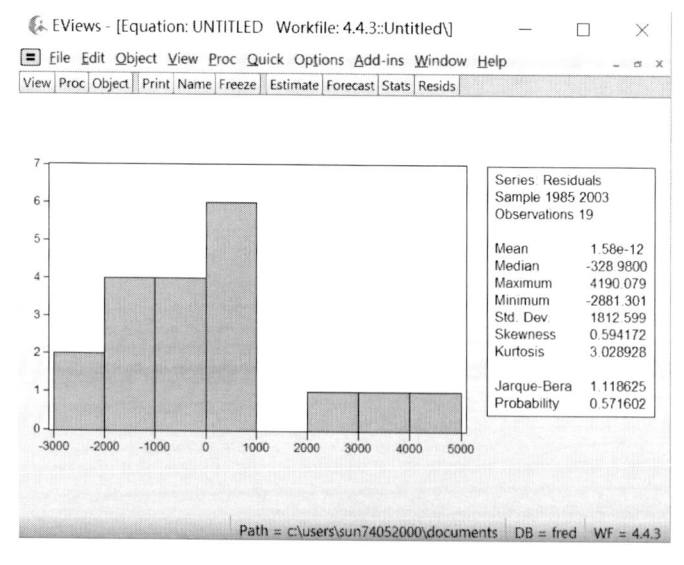

圖 6-3　殘差直方圖

第六章 診斷檢驗

四、序列相關 LM 檢驗

選擇「View/Residual Tests /Serial correlation LM Test」定義 AR 或 MA 最高階數。這一檢驗可以替代 Q 統計量檢驗序列相關,屬於漸近檢驗(大樣本)一類,被稱為拉格朗日乘數(LM)檢驗。與 D-W 統計量僅檢驗 AR(1)誤差不同,LM 檢驗可應用於檢驗高階 ARMA 誤差,而且不管是否有滯後因變量均可。因此,當我們認為誤差可能存在序列相關時,更願意用它來進行檢驗。LM 檢驗原假設為:直到 p 階滯後,不存在序列相關。序列相關 LM 檢驗的操作界面如圖 6-4 所示。

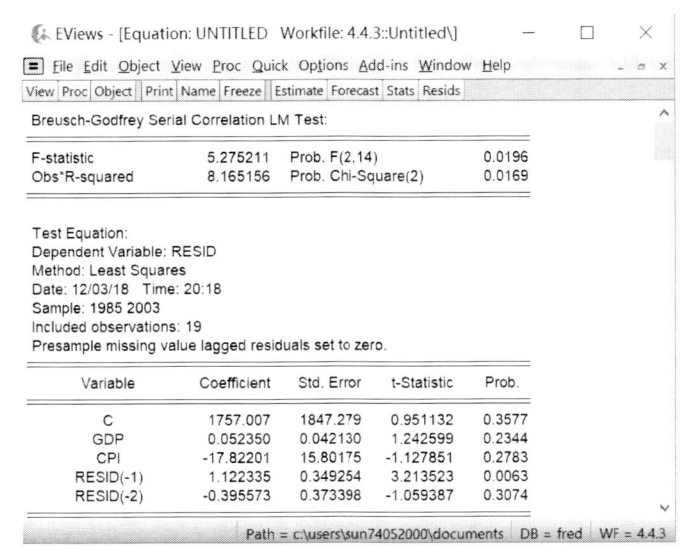

圖 6-4　序列相關 LM 檢驗圖

五、ARCH LM 檢驗

Engle(1982)提出對殘差中自迴歸條件異方差(Autoregressive Conditional Heteroskedasticity, ARCH)進行拉格朗日乘數檢驗(Lagrange multiplier test),即 LM 檢驗。選擇「View/Residual Tests/ARCH LM Tests」進行檢驗,定義要檢驗的 ARCH 階數。ARCH LM 檢驗統計量由一個輔助檢驗迴歸計算。為檢驗原假設:殘差中直到 q 階都沒有 ARCH,運行如下迴歸:

$$e_t^2 = \alpha_0 + \alpha_1 e_{t-1}^2 + \cdots + \alpha_p e_{t-p}^2 + v_t$$

公式中 e 是殘差。這是一個對常數和直到 q 階的滯後平方殘差所做的迴歸。F 統計量是對所有滯後平方殘差聯合顯著性所做的檢驗。$Obs * R^2$ 統計量是 LM 檢驗統計量,它是觀測值數乘以檢驗迴歸 R^2。序列相關 ARCH LM 檢驗的操作界面如圖 6-5 所示。

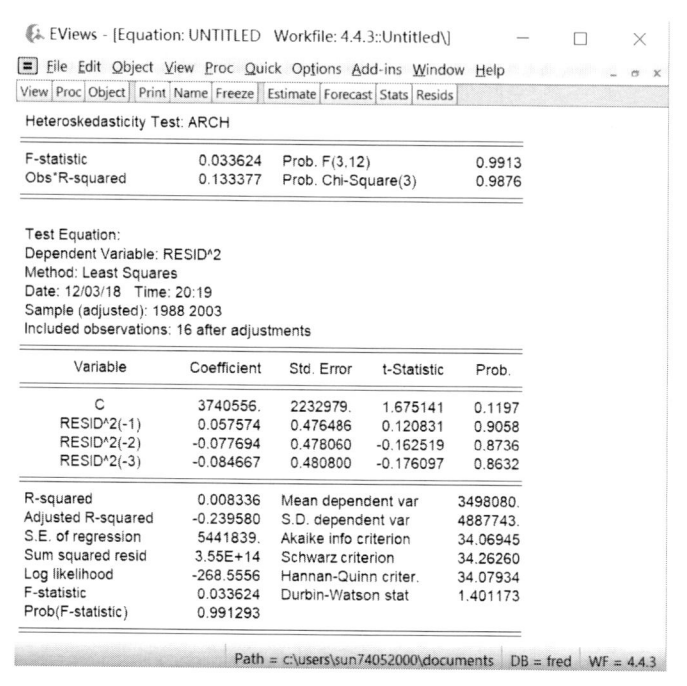

```
EViews - [Equation: UNTITLED  Workfile: 4.4.3::Untitled\]
File Edit Object View Proc Quick Options Add-ins Window Help
View Proc Object Print Name Freeze Estimate Forecast Stats Resids

Heteroskedasticity Test: ARCH

F-statistic        0.033624    Prob. F(3,12)         0.9913
Obs*R-squared      0.133377    Prob. Chi-Square(3)   0.9876

Test Equation:
Dependent Variable: RESID^2
Method: Least Squares
Date: 12/03/18   Time: 20:19
Sample (adjusted): 1988 2003
Included observations: 16 after adjustments

Variable        Coefficient   Std. Error    t-Statistic   Prob.

C               3740556.      2232979.      1.675141      0.1197
RESID^2(-1)     0.057574      0.476486      0.120831      0.9058
RESID^2(-2)     -0.077694     0.478060      -0.162519     0.8736
RESID^2(-3)     -0.084667     0.480800      -0.176097     0.8632

R-squared           0.008336    Mean dependent var    3498080.
Adjusted R-squared  -0.239580   S.D. dependent var    4887743.
S.E. of regression  5441839.    Akaike info criterion 34.06945
Sum squared resid   3.55E+14    Schwarz criterion     34.26260
Log likelihood      -268.5556   Hannan-Quinn criter.  34.07934
F-statistic         0.033624    Durbin-Watson stat    1.401173
Prob(F-statistic)   0.991293
```

圖 6-5　序列相關 ARCH LM 檢驗圖

六、White 異方差性檢驗

White（1980）提出了對最小二乘迴歸中殘差的異方差性的檢驗，包括有交叉項和無交叉項兩種檢驗。White 異方差性檢驗是檢驗原假設不存在異方差性。檢驗統計量通過一個輔助迴歸來計算，利用迴歸因子所有可能的交叉乘積對殘差做迴歸。例如，假設估計如下方程：

$$y_t = \beta_0 + \beta_1 X_{1t} + \beta_2 X_{2t} + u_t$$

公式中 β 估計系數，e 是殘差。檢驗統計量基於輔助迴歸：

$$e_t^2 = \hat{\alpha}_0 + \hat{\alpha}_1 X_{1t} + \hat{\alpha}_2 X_{2t} + \hat{\alpha}_3 X_{2t}^2 + \hat{\alpha}_4 X_{2t}^2 + \hat{\alpha}_5 X_{1t} X_{2t}$$

F 統計量是對所有交叉作用（包括常數）聯合顯著性的檢驗。

如圖 6-6，選擇「View/Residual test/White Heteroskedasticity」進行 White 異方差檢驗。EViews 對檢驗有兩個選項：交叉項和無交叉項。交叉項包括所有交叉作用項。如果迴歸右邊有許多變量，交叉項的個數就會很多，所以把它們全包括在內不實用。無交叉項選項僅使用迴歸因子平方進行檢驗迴歸。

第六章 診斷檢驗

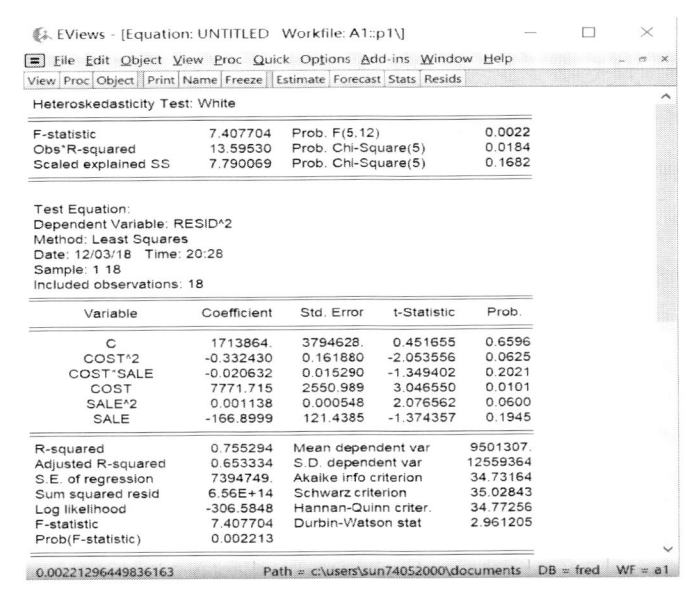

```
EViews - [Equation: UNTITLED   Workfile: A1::p1\]
File Edit Object View Proc Quick Options Add-ins Window Help
View Proc Object Print Name Freeze Estimate Forecast Stats Resids

Heteroskedasticity Test: White

F-statistic              7.407704    Prob. F(5,12)         0.0022
Obs*R-squared           13.59530    Prob. Chi-Square(5)    0.0184
Scaled explained SS      7.790069    Prob. Chi-Square(5)    0.1682

Test Equation:
Dependent Variable: RESID^2
Method: Least Squares
Date: 12/03/18   Time: 20:28
Sample: 1 18
Included observations: 18

Variable       Coefficient   Std. Error    t-Statistic    Prob.

C              1713864.      3794628.      0.451655       0.6596
COST^2         -0.332430     0.161880     -2.053556       0.0625
COST*SALE      -0.020632     0.015290     -1.349402       0.2021
COST           7771.715      2550.989      3.046550       0.0101
SALE^2         0.001138      0.000548      2.076562       0.0600
SALE           -166.8999     121.4385     -1.374357       0.1945

R-squared             0.755294    Mean dependent var    9501307.
Adjusted R-squared    0.653334    S.D. dependent var    12559364
S.E. of regression    7394749.    Akaike info criterion  34.73164
Sum squared resid     6.56E+14    Schwarz criterion      35.02843
Log likelihood       -306.5848    Hannan-Quinn criter.   34.77256
F-statistic           7.407704    Durbin-Watson stat     2.961205
Prob(F-statistic)     0.002213

0.00221296449836163         Path = c:\users\sun74052000\documents   DB = fred   WF = a1
```

圖 6-6　殘差的異方差 White 檢驗圖

● 第三節　定義和穩定性檢驗

　　EViews 提供了一些檢驗統計量選項，它們檢查模型參數在數據的不同子區間是否平穩。一個推薦的經驗方法是把觀測值區間 T 分為 T_1 和 T_2 兩部分。T_1 個觀測值用於估計，T_2 個觀測值用於檢驗和評價。把所有樣本數據用於估計，有利於形成最好的擬合，但沒有考慮到模型檢驗，也無法檢驗參數不變性，估計關係的穩定性。檢驗預測效果要用估計時未用到的數據，建模時常用 T_1 區間估計模型，用 T_2 區間檢驗和評價效果。例如居民收入、企業的銷售或其他指標，留下一部分樣本進行檢驗。對於子區間 T_1 和 T_2 的相對大小，沒有太明確的規則。有時可能會出現明顯的結構變化的轉折點，如戰爭、石油危機等。當看不出有轉折點時，常用的經驗方法是用 85%～90% 的數據作估計，剩餘的數據作檢驗。EViews 提供了現成方法，進行這類分析很方便。

一、Chow 分割點檢驗

　　分割點 Chow 檢驗的思想是把方程應用於每一個子樣本區間，看看估計方程中是否存在顯著差異。顯著差異說明關係中有結構變化。為了進行 Chow 間斷點檢驗，選擇「View/Stability Tests/Chow Breakpoint Test…」出現對話框以後，填入間斷點的日期。原假設：不存在結構變化。

二、Chow 預測檢驗

Chow 預測檢驗先估計了包括 T_1 區間子樣本的模型，然後用估計的模型去預測在剩餘的 T_2 區間樣本的因變量的值。如果真實值和預測值差異很大，就說明模型可能不穩定。檢驗適用於最小二乘法和二階段最小二乘法。原假設為無結構變化。選擇「View/Stability Test/Chow Forecast Test」進行 Chow 預測檢驗。對預測樣本開始時期或觀測值數進行定義。數據應在當前觀測值區間內。

三、RESET 檢驗

Ramsey(1969)提出 RESET 檢驗，即迴歸定義錯誤檢驗(Regression Specification Error Test)。古典正態線性迴歸模型定義如下：$y = X\beta + \varepsilon$。擾動項 ε 服從多元正態分佈 $N(0, \sigma^2 I)$。序列相關，異方差性，ε 非正態分佈都違反了擾動項 ε 服從多元正態分佈 $N(0, \sigma^2 I)$ 的假設。存在以上這樣的定義錯誤，LS 估計量會是有偏的且不一致，一般推斷方法也將不適用。Ramsey 說明：任一或所有上述定義錯誤對產生一個非零均值向量。因此，RESET 檢驗原假設和被選假設為：

$$H_0: \varepsilon \sim N(0, \sigma^2 I); H_1: \varepsilon \sim N(\mu, \sigma^2 I)(\mu \neq 0)$$

檢驗基於一個擴展迴歸方程：$y = X\beta + z\gamma + \varepsilon$。建立檢驗的關鍵問題是決定什麼變量應記入 z 矩陣。Ramsey 建議把因變量預測值的乘方(這是解釋變量乘方和互乘項的線性組合)計入 z，特別的，建議：$z = [\hat{y}_2, \cdots]$。$\hat{y}$ 是 y 對 X 迴歸的擬合值向量。上標說明乘方階數。一階沒有包括在內，因為它與 X 矩陣完全共線性。

選擇「View/stability tests/Ramsey RESET test」進行檢驗，定義檢驗迴歸中要包括的擬合項數。擬合項是原始迴歸方程擬合值的乘方。如果定義一個很大的擬合項數，EViews 將顯示一個近似奇異矩陣誤差信息，這是因為擬合項的乘方很可能高度共線。RESET 檢驗僅應用於 LS 估計的方程。

四、遞歸最小二乘法

在遞歸最小二乘法中，方程使用樣本數據大子區間進行重複估計。如果在向量 b 中有 k 個系數要估計，那麼前 k 個觀測值就被用於形成對 b 的第一次估計。這一估計重複進行，直到 T 個樣本點都被使用，產生對 b 向量的 $T - k + 1$ 個估計值。在每一步中，b 的最後一個估計值可以用來預測因變量的下一個值。這一預測過程的一步超前預測誤差，被定義為遞歸誤差。選擇「View/stability tests/Recursive Estimate (OLS only)」計算遞歸殘差，遞歸估計僅適用於沒有 AR 和 MA 項的 OLS 估計方程。如果模型有效，遞歸殘差將獨立且服從零均值，常數方差的正態分佈。

第七章 時間序列/截面數據模型

經典計量經濟學模型所利用的數據(樣本觀測值)的一個特徵是只利用時間序列數據或者截面數據。我們經常遇到在同一時間包含不同截面成員信息的數據或在若干時間區間觀測到相關的一些截面成員的數據，例如許多歐洲國家的 GDP 時間序列數據或者是一段時間不同地區的失業狀態數據。我們稱這些數據為聯合利用時間序列/截面數據(Pooled time series/cross section)。有的書中也稱這類數據為面板數據(panel data)，指在時間序列上取多個截面，在這些截面上同時選取樣本觀測值所構成的樣本數據。

處理時間序列/截面數據的 EViews 對象稱為一個 Pool。EViews 提供了許多專用工具處理 Pool 數據，包括數據管理，選擇時間序列長度和截面成員的多少，以及進行數據估計。

本章將主要介紹怎樣建立 Pool 數據以及定義和處理 Pool 對象。

第一節 Pool 對象

Pool 對象的核心是建立用來表示截面成員的名稱表。為明顯起見，名稱要相對較短。例如，國家作為截面成員時，可以使用 USA 代表美國，CAN 代表加拿大，UK 代表英國。

定義了 Pool 的截面成員名稱就等於告訴了 EViews 模型的數據結構。在上面的例子中，EViews 會自動把這個 Pool 理解成對每個國家使用單獨的時間序列。

必須注意，Pool 對象本身不包含序列或數據。一個 Pool 對象只是對基本數據結

構的一種描述。因此,刪除一個 Pool 並不會同時刪除它所使用的序列,但修改 Pool 使用的原序列會同時改變 Pool 中的數據。

一、創建 Pool 對象

在本章中,使用的是一個研究投資需求的例子,包括了 5 家企業和 3 個變量的 20 個年度觀測值的時間序列:

5 家企業:
GM:通用汽車公司
CH:克萊斯勒公司
GE:通用電氣公司
WE:西屋公司
US:美國鋼鐵公司

3 個變量:
I:總投資
F:前一年企業的市場價值
S:前一年末工廠存貨和設備的價值

要創建 Pool 對象,選擇「Objects/New Object/Pool…」並在編輯窗口中輸入截面成員的識別名稱,如圖 7-1 所示。

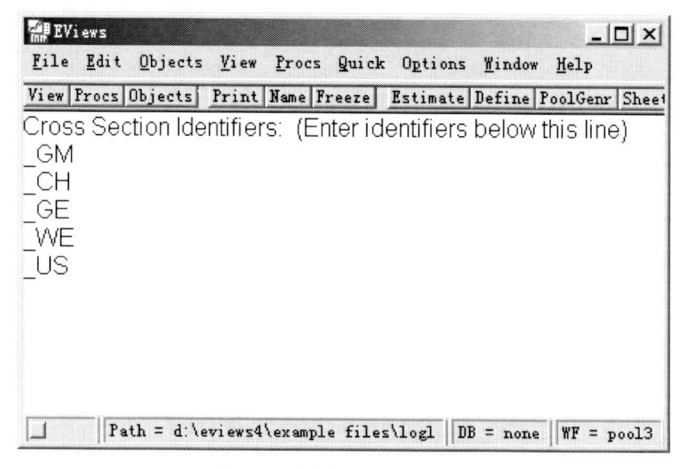

圖 7-1　創建 Pool 對象界面

對截面成員的識別名稱沒有特別要求,但必須能使用這些識別名稱建立合法的 EViews 序列名稱。此處推薦在每個識別名中使用「_」字符,它不是必需的,但把它作為序列名的一部分,可以很容易找到識別名稱。

二、觀察或編輯 Pool 定義

要顯示 Pool 中的截面成員識別名稱,單擊工具條的 Define 按鈕,或選擇 View—Cross-Section Identifiers。如果需要,也可以對識別名稱列進行編輯。

第七章　時間序列/截面數據模型

三、使用 Pool 和序列

Pool 中使用的數據都存在普通 EViews 序列中。這些序列可以按通常方式使用：可以列表顯示、圖形顯示、產生新序列或用於估計，也可以使用 Pool 對象來處理各單獨序列。

四、序列命名

在 Pool 中使用序列的關鍵是序列命名：使用基本名和截面識別名稱組合命名。截面識別名稱可以放在序列名中的任意位置，只要保持一致即可。

例如，現有一個 Pool 對象含有識別名「_JPN,_USA,_UK」，想建立每個截面成員的「GDP」的時間序列，我們就使用「GDP」作為序列的基本名。

可以把識別名稱放在基本名的後面，此時序列名為「GDP_JPN,GDP_USA,GDP_UK」；或者把識別名稱放在基本名的前面，此時序列名為「JPN_GDP,USA_GDP,UK_GDP」。

把識別名稱放在序列名的前面、中間或後面並沒什麼關係，只要易於識別就行了。但是必須注意要保持一致，不能以「JPNGDP,GDPUSA,UKGDP1」命名序列，因為 EViews 無法在 Pool 對象中識別這些序列。

五、Pool 序列

一旦選定的序列名和 Pool 中的截面成員識別名稱相對應，就可以利用這些序列使用 Pool 了。其中關鍵是要理解 Pool 序列的概念。

一個 Pool 序列實際就是一組序列，序列名是由基本名和所有截面識別名構成的。Pool 序列名使用基本名和「？」占位符，其中「？」代表截面識別名。如果序列名為「GDPJPN,GDPUSA,GDPUK」，相應的 Pool 序列為「GDP？」。如果序列名為「JPNGDP,USAGDP,UKGDP」，相應的 Pool 序列為「？GDP」。

當使用一個 Pool 序列名時，EViews 認為將準備使用 Pool 序列中的所有序列。EViews 會自動循環查找所有截面識別名稱並用識別名稱替代「？」，然後會按指令使用這些替代後的名稱。Pool 序列必須通過 Pool 對象來定義，因為如果沒有截面識別名稱，占位符「？」就沒有意義。

● 第二節　輸入 Pool 數據

有很多種輸入數據的方法，在介紹這些方法之前，首先要理解時間序列/截面數據的結構，區別堆積數據和非堆積數據形式。

時間序列/截面數據的數據信息用三維表示：時期，截面成員，變量。例如，1950年，通用汽車公司，投資數據。

使用三維數據比較困難，一般要轉化成二維數據。將三維數據轉化為二維數據常用的方法有以下幾種。

一、非堆積數據

存在工作文件的數據都是這種非堆積數據，在這種形式中，給定截面成員、給定變量的觀測值放在一起，但和其他變量、其他截面成員的數據分開。例如，假定數據文件的形式如圖 7-2 所示。

obs	I_GM	I_CH	I_GE	I_WE	I_US	F_GM
1935	317.6000	40.29000	33.10000	12.93000	209.9000	3078.500
1936	391.8000	72.76000	45.00000	25.90000	355.3000	4661.700
1937	410.6000	66.26000	77.20000	35.05000	469.9000	5387.100
1938	257.7000	51.60000	44.60000	22.89000	262.3000	2792.200
1939	330.8000	52.41000	48.10000	18.84000	230.4000	4313.200
1940	461.2000	69.41000	74.40000	28.57000	261.6000	4643.900
1941	512.0000	68.35000	113.0000	48.51000	472.8000	4551.200
1942	448.0000	46.80000	91.90000	43.34000	445.6000	3244.100
1943	499.6000	47.40000	61.30000	37.02000	361.6000	4053.700
1944	547.5000	59.57000	56.80000	37.81000	288.2000	4379.300
1945	561.2000	88.78000	93.60000	39.27000	258.7000	4840.900
1946	688.1000	74.12000	159.9000	53.46000	420.3000	4900.900

圖 7-2　堆積數據圖

其中，基本名 I 代表企業總投資、F 代表前一年企業的市場價值、S 代表前一年末工廠存貨和設備的價值。每個企業都有單獨的 I、F、S 數據。

EViews 會自動按標準輸入程序讀取非堆積數據。並把每個截面變量看作一個單獨序列。注意要按照上述的 Pool 命名規則命名。

二、堆積數據

選擇「View/Spreadsheet(stacked data)」，EViews 會要求輸入序列名列表，確認後 EViews 會打開新建序列的堆積式數據表。圖 7-3 顯示的是按截面成員堆積的序列，Pool 序列名在每列表頭，截面成員/年代識別符標示每行。

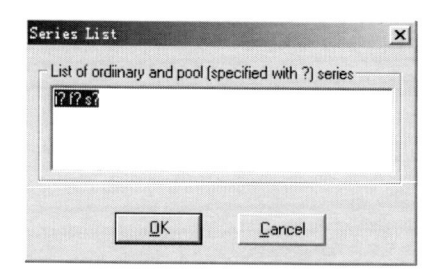

圖 7-3　創建 Pool 對象堆積數據界面（一）

Pool 數據排列成堆積形式,一個變量的所有數據放在一起,和其他變量的數據分開。大多數情況下,不同截面成員的數據從上到下依次堆積,每一列代表一個變量。

我們稱圖 7-4 的數據是以截面成員堆積的,單擊「Order+/-」實現堆積方式轉換。我們也可以按日期堆積數據,如圖 7-5 所示。

obs	I?	F?	S?
GM-1935	317.6000	3078.500	2.800000
CH-1935	40.29000	417.5000	10.50000
GE-1935	33.10000	1170.600	97.80000
WE-1935	12.93000	191.5000	1.800000
US-1935	209.9000	1362.400	53.60000
GM-1936	391.8000	4661.700	52.60000
CH-1936	72.76000	837.8000	10.20000
GE-1936	45.00000	2015.800	104.4000
WE-1936	25.90000	516.0000	0.800000
US-1936	355.3000	1807.100	50.50000
GM-1937	410.6000	5387.100	156.9000
CH-1937	66.26000	883.9000	34.70000
GE-1937	77.20000	2803.300	118.0000
WE-1937	35.05000	729.0000	7.400000
US-1937	469.9000	2676.300	118.1000
GM-1938			

圖 7-4　創建 Pool 對象堆積數據界面(二)

obs	I?	F?	S?
GM-1935	317.6000	3078.500	2.800000
GM-1936	391.8000	4661.700	52.60000
GM-1937	410.6000	5387.100	156.9000
GM-1938	257.7000	2792.200	209.2000
GM-1939	330.8000	4313.200	203.4000
GM-1940	461.2000	4643.900	207.2000
GM-1941	512.0000	4551.200	255.2000
GM-1942	448.0000	3244.100	303.7000
GM-1943	499.6000	4053.700	264.1000
GM-1944	547.5000	4379.300	201.6000
GM-1945	561.2000	4840.900	265.0000
GM-1946	688.1000	4900.900	402.2000
GM-1947	568.9000	3526.500	761.5000
GM-1948	529.2000	3254.700	922.4000
GM-1949	555.1000	3700.200	1020.100
GM-1950			

圖 7-5　創建 Pool 對象堆積數據界面(三)

每一列代表一個變量,每一列內數據都是按年排列的。如果數據按年排列,要確保各年內截面成員的排列順序保持一致。

三、手工輸入/剪切和粘貼

可以通過手工輸入數據,也可以使用剪切和粘貼工具輸入:

(1)通過確定工作文件樣本來指定堆積數據表中要包含哪些時間序列觀測值。

(2)打開 Pool,選擇「View/Spreadsheet(stacked data)」,EViews 會要求輸入序列名列表,可以輸入普通序列名或 Pool 序列名。如果是已有序列,EViews 會顯示序列數據;如果這個序列不存在,EViews 會使用已說明的 Pool 序列的截面成員識別名稱建立

新序列或序列組。

（3）打開 Pool 序列的堆積式數據表。需要的話還可以單擊 Order+/-按鈕進行按截面成員堆積和按日期堆積之間的轉換。

（4）單擊 Edit+/-按鈕打開數據編輯模式輸入數據。

如果有一個 Pool 包含識別名「_GM,_CH,_GE,_WE,_US」，通過輸入：「I? F? S?」，指示 EViews 來創建序列「I_GM,I_CH,I_GE,I_WE,I_US;F_GM,F_CH,F_GE, F_WE,F_US;S_GM,S_CH,S_GE,S_WE,S_US」。

四、文件輸入

可以使用 Pool 對象從文件輸入堆積數據到各單獨序列。當文件數據按截面成員或時期堆積成時，EViews 要求：

（1）堆積數據是平衡的。

（2）截面成員在文件中和在 Pool 中的排列順序相同。

平衡的意思是，如果按截面成員堆積數據，每個截面成員應包括正好相同的時期；如果按日期堆積數據，每個日期應包含相同數量的截面成員觀測值，並按相同順序排列。

特別要指出的是，基礎數據並不一定是平衡的，只要在輸入文件中有表示即可。如果觀測值中有缺失數據，一定要保證文件中給這些缺失值留有位置。

要使用 Pool 對象從文件讀取數據，先打開 Pool，然後選擇「Procs/Import Pool Data (ASCII,.XLS,.WK?)…」，要使用與 Pool 對象對應的輸入程序。

圖 7-6 所示為文件輸入對話框，這個對話框的填寫說明如下：

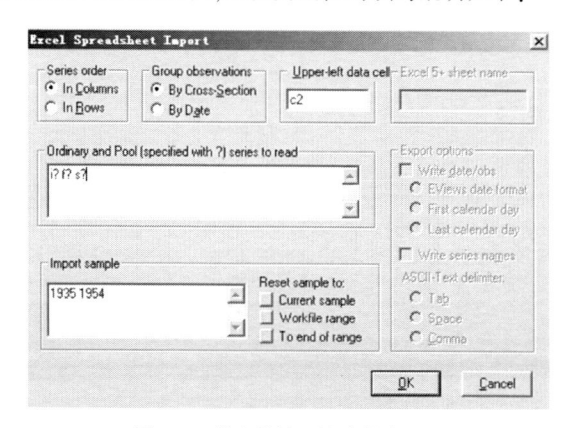

圖 7-6 從文件輸入堆積數據界面

註明 Pool 序列是按行還是按列排列，數據是按截面成員堆積還是按日期堆積。

在編輯框輸入序列的名稱。這些序列名應該是普通序列名或者是 Pool 名。

填入樣本信息，起始格位置和表單名(可選項)。

第七章 時間序列/截面數據模型

如果輸入序列用 Pool 序列名，EViews 會用截面成員識別名創建和命名序列。如果用普通序列名，EViews 會創建單個序列。

EViews 會使用樣本信息讀入文件到說明變量中。如果輸入的是普通序列名，EViews 會把多個數據值輸入到序列中，直到從文件中讀入的最後一組數據。

從 ASCII 文件中輸入數據基本類似，但相應的對話框包括許多附加選項處理 ASCII 文件的複雜問題。

五、輸出 Pool 數據

按照和上面數據輸入相反的程序可進行數據輸出。EViews 可以輸入輸出非堆積數據，按截面成員堆積和按日期堆積數據，因此可以利用 EViews 按照需要調整數據結構，如圖 7-7 所示。

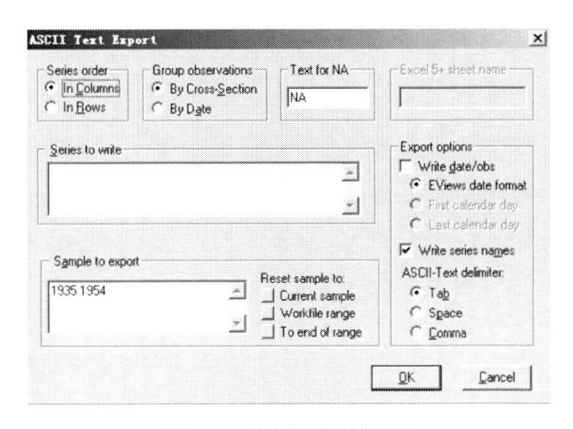

圖 7-7 輸出堆積數據界面

第三節 使用 Pool 數據

每個截面成員的基礎序列都是普通序列，因此 EViews 中對各單個截面成員序列適用的工具都可使用。另外，EViews 還有專門適用於 Pool 數據的專用工具，可以使用 EViews 對與一特定變量對應的所有序列進行類似操作。

一、檢查數據

用數據表形式查看堆積數據。選擇「View/Spreadsheet（stacked data）」，然後列出要顯示的序列。序列名包括普通序列名和 Pool 序列名。單擊「Order+/-」按鈕進行數據堆積方式的轉換。

二、描述數據

可以使用 Pool 對象計算序列的描述統計量。在 Pool 工具欄選擇「View/Descriptive Statistics…」，EViews 會打開對話框，如圖 7-8 所示。

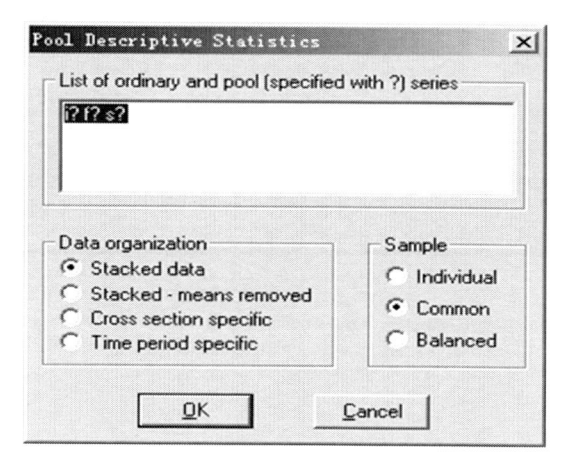

圖 7-8　使用 Pool 對象計算序列的描述統計量界面圖

在編輯框內輸入計算描述統計量的序列。EViews 可以計算序列的平均值、中位數、最小值、最大值、標準差、偏度、峰度和 Jarque-Bera 統計量。

下一步選擇樣本選項：

（1）Individual：利用所有的有效觀測值。即使某一變量的觀測值是針對某一截面成員的，也應計算在內。

（2）Common：使用的有效觀測值必須是某一截面成員的數據，在同一期對所有變量都有數值，而不管同期其他截面成員的變量是否有值。

（3）Balanced：使用的有效觀測值必須是對所有截面成員，所有變量在同一期都有數值。

最後還必須選擇與計算方法相對應的數據結構：

（1）Stacked data：計算表中每一變量所有截面成員，所有時期的統計量。如果忽略數據的 pool 性質，得到的就是變量的描述統計量。

（2）Stacked-means removed：計算除去截面平均值之後的描述統計量值。

（3）Cross-section specific：計算每個截面變量所有時期的描述統計量，是通過對各單獨序列計算統計量而得到的。

（4）Time period specific：計算時期特性描述統計量。對每一時期，使用 pool 中所有截面成員的變量數據計算的統計量。

注意：後面兩種方法可能產生很多輸出結果。截面成員描述計算會對每一變量/截面成員組合產生一系列結果。如果有 3 個 Pool 變量，20 個截面成員，EViews 就會

第七章　時間序列/截面數據模型

計算 60 個序列的描述統計量。

可以把時期特性統計量存儲為序列對象。從 Pool 窗口選擇「Procs/Make Period Stat Series…」出現以下對話框,見圖 7-9,在編輯窗口輸入想計算的時期統計量的序列名。然後選擇計算統計量和樣本選擇。

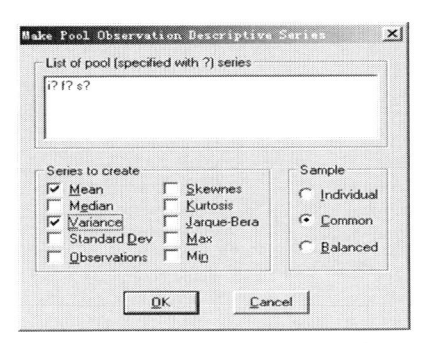

圖 7-9　使用 Pool 對象計算序列的描述統計量界面

三、生成數據

(1)可以使用 PoolGenr(panelgenr)程序生成或者修改 Pool 序列。點擊 Pool 工具欄的 Poolgenr 並輸入要生成的方程式,使用正確的 Pool 名稱。例如上面的例子,輸入:r? =I? /I_US,相當於輸入以下五個命令:

r_CM=I_CM/I_US

r_CH=I_CH/I_US

r_GE=I_GE/I_US

r_WE=I_WE/I_US

r_US=I_US/I_US

PoolGenr 按照輸入的方程在各截面成員間進行循環計算,生成新的序列或修改已有序列。

(2)可聯合使用 PoolGenr 和 Genr 生成新的變量。

(3)使用 Pool 修改序列,選擇 PoolGenr 然後輸入新 Pool 序列表達式:

dum? =dum? *(I? >S?)

(4)利用數據的內在循環特性進行給定時期的截面成員間的計算。例如,建立一普通序列 sum,初始值設為 0,然後選 PoolGenr 並輸入:

sum=sum+I?

相當於對普通序列從 Genr 輸入下列計算:

sum=I_GM+I_CH+I_GE+I_WE+I_US

四、生成 Pool 組

如果希望使用 EViews 的組對象工具處理一系列 Pool 序列,選擇「Procs/Make

Group…」輸入普通序列和 Pool 序列名稱，EViews 就會生成一個包含這些序列的未命名組對象。

五、刪除和存取數據

Pool 可用來刪除和存取序列。只需選擇「Procs/Delete pool series…」「Procs/Store pool series(DB)…」「Procs/Fetch pool series(DB)…」，輸入普通序列和 Pool 序列名稱即可。

第四節 時間序列/截面數據模型估計方法

使用時間序列/截面數據模型數據結構信息，有很多種方法進行方程估計。可以估計固定截距模型、隨機截距模型或者模型變量對各截面成員的系數不同，以及估計單獨的 AR(1) 系數，也可以為各個截面成員分別估計一個方程。

EViews 的 Pool 對象估計模型使用的方法有：最小二乘法，估計截面權重的加權最小二乘法或似乎不相關迴歸。這些方法的使用都不改變原數據的排序。

下面將介紹怎樣使用 Pool 和系統估計更一般和複雜的模型，包括二階段最小二乘法估計和非線性模型，以及有複雜截面系數限制的模型。

Pool 對象估計的方程模型形式為：

$$y_{it} = \alpha_{it} + x'_{it}\beta_i + \varepsilon_{it} \qquad (7\text{-}1)$$

其中 y_{it} 是因變量，x_{it} 和 β_i 分別是對應於 $i = 1, 2, \cdots, N$ 的截面成員的解釋變量 k 維向量和 k 維參數。每個截面成員的觀測期為 $t = 1, 2, \cdots, T$。

我們可以把這些數據看作一系列截面說明迴歸量，因此有 N 個截面方程：

$$y_i = \alpha_i + x'_i\beta_i + \varepsilon_i \qquad (7\text{-}2)$$

模型(7-2)常用的有如下三種情形：

情形 1：$\alpha_i = \alpha_j, \beta_i = \beta_j$

情形 2：$\alpha_i \neq \alpha_j, \beta_i = \beta_j$

情形 3：$\alpha_i \neq \alpha_j, \beta_i \neq \beta_j$

對於情形 1，在橫截面上無個體影響、無結構變化，則普通最小二乘法估計給出了 α 和 β 的一致有效估計。相當於將多個時期的截面數據放在一起作為樣本數據。對於情形 2，稱為變截距模型，在橫截面上個體影響不同，個體影響表現為模型中被忽略的反應個體差異的變量的影響，又分為固定影響和隨機影響兩種情況。對於情形 3，稱為變系數模型，除了存在個體影響外，在橫截面上還存在變化的經濟結構，因而結構參數在不同橫截面上是不同的。

有 T 個觀測值互相堆積。為討論方便，我們將堆積方程表示為：

第七章 時間序列/截面數據模型

$$Y = \alpha + X\beta + \varepsilon$$

其中，$Y = \alpha + X\beta + \varepsilon$ 和 X 分別包含了截面成員間對參數的所有限制。用分塊矩陣形式表示如下：

$$\begin{bmatrix} y_1 \\ y_2 \\ \vdots \\ y_N \end{bmatrix} = \begin{bmatrix} \alpha_1 \\ \alpha_2 \\ \vdots \\ \alpha_N \end{bmatrix} + \begin{bmatrix} X_1 & 0 & \cdots & 0 \\ 0 & X_2 & \cdots & 0 \\ \cdots & \cdots & \ddots & \cdots \\ 0 & 0 & \cdots & X_N \end{bmatrix} \begin{bmatrix} \beta_1 \\ \beta_2 \\ \vdots \\ \beta_N \end{bmatrix} + \begin{bmatrix} \varepsilon_1 \\ \varepsilon_2 \\ \vdots \\ \varepsilon_N \end{bmatrix}$$

並且方程的殘差協方差矩陣為：

$$\Omega = E(\varepsilon \varepsilon') = E \begin{bmatrix} \varepsilon_1 \varepsilon_1' & \varepsilon_1 \varepsilon_2' & \cdots & \varepsilon_1 \varepsilon_N' \\ \varepsilon_2 \varepsilon_1' & \varepsilon_2 \varepsilon_2' & \cdots & \varepsilon_2 \varepsilon_N' \\ \vdots & \vdots & \ddots & \vdots \\ \varepsilon_N \varepsilon_1' & \varepsilon_N \varepsilon_2' & \cdots & \varepsilon_N \varepsilon_N' \end{bmatrix}$$

基本說明把 Pool 說明作為聯立方程系統並使用系統最小二乘法估計模型。當殘差同期不相關，並且時期和截面同方差時，

$$\Omega = \sigma^2 I_N \otimes I_T$$

對堆積數據模型使用普通最小二乘法估計系數和協方差。

第五節 如何估計 Pool 方程

單擊 Pool 工具欄的 Estimate 選項打開如下對話框（見圖 7-10）。

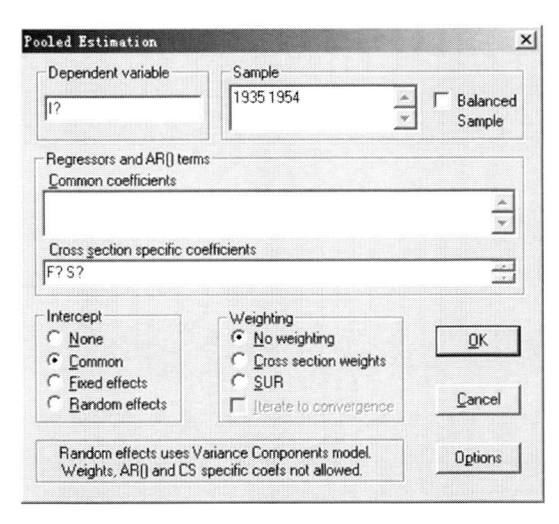

圖 7-10 估計 Pool 方程界面

1. 因變量

在因變量對話框中輸入 Pool 變量或 Pool 變量表達式。

2. 樣本

在右上角的編輯窗口中輸入樣本說明。樣本的缺省值是各截面成員中的最大樣本值。如果得不到某時期截面成員的解釋變量或因變量的值，那麼此觀測值會被排除掉。

復選框「Balanced Sample」說明在各截面成員間進行數據排除。只要某一時期數據對任何一個截面成員無效，此時期就被排除。這種排除保證得到的樣本區間對所有截面成員都是有效的。

如果某截面成員的所有觀測值都沒有，那麼 Pool 在進行估計時就會排除這個截面成員，同時 EViews 會在輸出中告訴漏掉的截面成員。

3. 解釋變量

在兩個編輯框中輸入解釋變量。

（1）Common coefficients。此欄中輸入的變量對所有截面成員有相同的系數，而各變量的系數則不同，並用一般名稱或 Pool 名稱輸出結果。

（2）Cross-section specific coefficients。此欄中輸入的變量對 Pool 中每個截面成員的系數不同。EViews 會對每個截面成員估計不同的系數，並使用截面成員識別名後跟一般序列名，中間用「_」連接進行標示。

例如，如果在共同系數編輯框中輸入一般變量「F?」和「S?」，會輸出「F?」和「S?」的估計系數。如果在特定系數編輯框中輸入這兩個變量，會輸出如下形式的系數：_GM--F_GM, _CH--F_CH, _GE--F_GE, _WE--F_WE, _US--F_US 和_GM--S_GM, _CH--S_CH, _GE--S_GE, _WE--S_WE, _US--S_US 等。

注意，使用截面成員特定系數法估計模型會生成很多系數——等於 Pool 中截面成員數和所列變量數的乘積。

4. 截距

在 Intercept 標示區對截距進行選擇說明。

5. 權重

在 Pool 方程估計中，缺省值為沒有加權，但是可以選擇加權項。有三種權重選擇。

如果選擇「Cross section weights」，EViews 會假設出現截面異方差性進行廣義最小二乘估計。如果選擇「SUR」，EViews 會進行廣義最小二乘估計修正截面異方差性和同期相關性。

EViews 不能估計這樣的模型：很少的時期或者龐大的截面成員。所用的時期數平均應至少不小於截面成員數。即使有足夠的觀測值，估計的殘差相關矩陣還必須是非奇異的。如果有一條不滿足 EViews 的要求，EViews 會顯示錯誤信息「Near Singular Matrix」。

第七章 時間序列/截面數據模型

復選框「Iterate to convergence」控制可行 GLS 程序。如果選擇，EViews 就一直迭代權重和系數直到收斂。如果模型中包括 AR 項，這個選擇就沒有意義，因為在 AR 估計中，EViews 會一直迭代直至收斂。

6. 選項

(1) Iteration and Convergence Options(迭代和收斂選擇)。如果選擇加權估計和迭代至收斂，可以通過規定收斂準則和最大迭代次數控制迭代過程。點擊方程對話框的 Options 按鈕並輸入要求值即可。

(2) White Heteroskedasticity Covariance(White 異方差協方差)。EViews 能估計那些廣義異方差性的強的協方差。這種形式的異方差性比上面介紹的截面異方差性更普遍，因為一個截面成員內的方差可以隨時間不同。要得到懷特標準差和協方差，點「Options」按鈕，選擇「White heteroskedasticity Consistent Covariance」。注意此選項不適用於 SUR 和隨機影響估計。

7. Pool 方程舉例

我們以前述的 5 個企業、3 個變量數據作為例子：通用汽車、克萊斯勒、通用電氣、西屋和美國鋼鐵。相應的 Pool 識別名稱為「_GM,_CH,_GE,_WE,_US」。

首先，我們估計一個總投資「I?」的迴歸模型，解釋變量是投資的滯後「I?(-1)」(注意『?』必須放在滯後符前面)、前一年企業的市場價值「F?」，存貨和設備價值「S?」。所有系數限定為對所有截面成員是一樣的，這等價於對堆積數據忽略截面信息進行模型估計，如圖 7-11 所示。

```
Dependent Variable: I?
Method: Pooled Least Squares
Date: 08/30/02   Time: 15:06
Sample: 1935 1954
Included observations: 20
Number of cross-sections used: 5
Total panel (balanced) observations: 100
```

Variable	Coefficient	Std. Error	t-Statistic	Prob.
C	-30.76885	29.47040	-1.044060	0.2993
_GM--F_GM	0.091410	0.008518	10.73162	0.0000
_CH--F_CH	0.112263	0.051631	2.174331	0.0323
_GE--F_GE	0.036097	0.019029	1.896948	0.0611
_WE--F_WE	0.104490	0.069266	1.508533	0.1350
_US--F_US	0.156761	0.021152	7.411314	0.0000
_GM--S_GM	0.381079	0.024836	15.34376	0.0000
_CH--S_CH	0.312446	0.136290	2.292511	0.0242
_GE--S_GE	0.155342	0.056883	2.730913	0.0076
_WE--S_WE	0.012849	0.329465	0.038999	0.9690
_US--S_US	0.423923	0.094533	4.484403	0.0000

R-squared	0.950420	Mean dependent var		248.9570
Adjusted R-squared	0.944850	S.D. dependent var		267.8654
S.E. of regression	62.90577	Sum squared resid		352185.1
Log likelihood	-550.2310	F-statistic		170.6096
Durbin-Watson stat	0.869758	Prob(F-statistic)		0.000000

圖 7-11 Pool 方程界面圖

第二部分　　操作

第八章　一元線性迴歸模型的估計與統計檢驗

一、實驗目的與要求

實驗目的：

能使用軟件 EViews 進行一元迴歸模型的參數估計和統計檢驗。

實驗要求：

(1)選擇方程進行一元線性迴歸估計；

(2)進行擬合優度、參數顯著性和方程顯著檢驗。

二、實驗原理

普通最小二乘法、可決系數、t 檢驗。

三、理論教學內容

(一)迴歸分析概述

1. 迴歸分析的基本概念

(1)變量間的相互關係：確定性變量關係或函數關係、統計依賴或相關關係。

(2)相關分析與迴歸分析：不線性相關並不意味著不相關；有相關關係並不意味著一定有因果關係；迴歸分析/相關分析研究一個變量對另一個(些)變量的統計依賴關係，但它們並不意味著一定有因果關係；迴歸分析對變量的處理方法存在不對稱性，即區分因變量(被解釋變量)和自變量(解釋變量)：前者是隨機變量，後者不是；相關

分析則對稱地對待任何(兩個)變量,兩個變量都被看作是隨機的。

迴歸分析是研究一個變量關於另一個(些)變量的依賴關係的計算方法和理論。其用意在於通過後者的已知或設定值,去估計和(或)預測前者的(總體)均值。前一個變量被稱為被解釋變量(Explained Variable)或因變量(Dependent Variable)後一個變量被稱為解釋變量(Explanatory Variable)或自變量(Independent Variable)。

2. 總體迴歸函數(PRF)(略)

3. 隨機干擾項

未知影響因素、無法獲取數據的影響因素、眾多細小影響因素、觀測誤差、模型設定誤差、變量的內在隨機性。

4. 樣本迴歸函數(SRF)(略)

(二)一元線性迴歸模型的基本假設

1. 對模型設定的假設(略)

2. 對解釋變量的假設

x_i 是非隨機的。

3. 對隨機干擾項的假設

在對迴歸函數進行估計之前應該對隨機誤差項 u_t 做出如下假定。

(1) u_t 是一個隨機變量,u_t 的取值服從概率分佈。

(2) $E(u_t) = ? \ 0$。

(3) $E[u_t - E(u_t)]^2 = E(u_t)^2 = \sigma^2$,稱 u_t 具有同方差性。

(4) u_t 為正態分佈(根據中心極限定理)。

以上四個假定可表達為:$u_t \sim N(0, \sigma^2)$。

(5) $Cov(u_i, u_j) = E[(u_i - E(u_i))(u_j - E(u_j))] = E(u_i, u_j) = 0, i \neq j$。

含義是不同觀測值所對應的隨機項相互獨立,稱為 u_t 的非自相關性。

(三)一元線性迴歸模型的參數估計

1. 參數估計的普通最小二乘法

(1) OLS 基本原則:殘差平方和最小化。

① 用「殘差和最小」確定直線位置是一個途徑,但很快你會發現計算「殘差和」存在相互抵消的問題。

② 用「殘差絕對值和最小」確定直線位置也是一個途徑,但絕對值的計算比較麻煩。

③ 最小二乘法的原則是以「殘差平方和最小」確定直線位置。用最小二乘法除了計算比較方便外,得到的估計量還具有優良特性(這種方法對異常值非常敏感)。設殘差平方和用 Q 表示,

$$Q = \sum_{i=1}^{T} \hat{u}_t^2 = \sum_{i=1}^{T} (y_t - \hat{y}_t)^2 = \sum_{i=1}^{T} (y_t - \hat{\beta}_0 - \hat{\beta}_1 x_t)^2$$

第八章 一元線性迴歸模型的估計與統計檢驗

$$\begin{cases} \dfrac{\partial Q}{\partial \hat{\beta}_0} = 2 \sum_{i=1}^{T} (y_t - \hat{\beta}_0 - \hat{\beta}_1 x_t)(-1) = 0 & (8-1) \\[2mm] \dfrac{\partial Q}{\partial \hat{\beta}_1} = 2 \sum_{i=1}^{T} (y_t - \hat{\beta}_0 - \hat{\beta}_1 x_t)(-x_t) = 0 & (8-2) \end{cases}$$

下面用代數和矩陣兩種形式推導計算結果。首先用代數形式推導,由公式(8-1)、公式(8-2)得,

$$\begin{cases} \sum_{i=1}^{T} (y_t - \hat{\beta}_0 - \hat{\beta}_1 x_t) = 0 & (8-3) \\[2mm] \sum_{i=1}^{T} (y_t - \hat{\beta}_0 - \hat{\beta}_1 x_t) x_t = 0 & (8-4) \end{cases}$$

公式(8-3)兩側用 T 除,並整理得:

$$\hat{\beta}_0 = \bar{y} - \hat{\beta}_1 \bar{x} \tag{8-5}$$

把公式(8-5)代入公式(8-4)並整理,得:

$$\sum_{i=1}^{T} [(y_t - \bar{y}) - \hat{\beta}_1 (x_t - \bar{x})] x_t = 0 \tag{8-6}$$

$$\sum_{i=1}^{T} (y_t - \bar{y}) x_t - \hat{\beta}_1 \sum_{i=1}^{T} (x_t - \bar{x}) x_t = 0 \tag{8-7}$$

$$\hat{\beta}_1 = \dfrac{\sum_{i=1}^{T} x_t (y_t - \bar{y})}{\sum_{i=1}^{T} (x_t - \bar{x}) x_t} \tag{8-8}$$

因為 $\sum_{i=1}^{T} \bar{x}(y_t - \bar{y}) = 0$,$\sum_{i=1}^{T} \bar{x}(x_t - \bar{x}) = 0$,分別在公式(8-8)的分子和分母上減 $\sum_{i=1}^{T} \bar{x}(y_t - \bar{y})$ 和 $\sum_{i=1}^{T} \bar{x}(x_t - \bar{x})$ 得,

$$\hat{\beta}_1 = \dfrac{\sum x_t (y_t - \bar{y}) - \sum \bar{x}(y_t - \bar{y})}{\sum (x_t - \bar{x}) x_t - \sum \bar{x}(x_t - \bar{x})} \tag{8-9}$$

$$= \dfrac{\sum (x_t - \bar{x})(y_t - \bar{y})}{\sum (x_t - \bar{x})^2} \tag{8-10}$$

下面用矩陣形式推導:

$$\begin{cases} \hat{\beta}_0 T + \hat{\beta}_1 \sum_{i=1}^{T} x_t = \sum_{i=1}^{T} y_t \\[2mm] \hat{\beta}_0 \sum_{i=1}^{T} x_t + \hat{\beta}_1 \sum_{i=1}^{T} x_t^2 = \sum_{i=1}^{T} x_t y_t \end{cases}$$

$$\begin{bmatrix} T & \sum x_t \\ \sum x_t & \sum x_t^2 \end{bmatrix} \begin{bmatrix} \hat{\beta}_0 \\ \hat{\beta}_1 \end{bmatrix} = \begin{bmatrix} \sum y_t \\ \sum x_t y_t \end{bmatrix}$$

$$\begin{bmatrix} \hat{\beta}_0 \\ \hat{\beta}_1 \end{bmatrix} = \begin{bmatrix} T & \sum x_t \\ \sum x_t & \sum x_t^2 \end{bmatrix}^{-1} \begin{bmatrix} \sum y_t \\ \sum x_t y_t \end{bmatrix} = \frac{1}{T\sum x_t^2 - (\sum x_t)^2} \begin{bmatrix} \sum x_t^2 & -\sum x_t \\ -\sum x_t & T \end{bmatrix} \begin{bmatrix} \sum y_t \\ \sum x_t y_t \end{bmatrix}$$

這種形式在單位根檢驗的理論分析中非常有用。

(2) OLS 估計量：$\begin{cases} \hat{\beta}_1 = \dfrac{\sum x_i y_i}{\sum x_i^2} \\ \hat{\beta}_0 = \bar{Y} - \hat{\beta}_1 \bar{X} \end{cases}$

(3) 樣本迴歸線的性質：

① 樣本迴歸線通過 Y 和 X 的樣本均值。

② 估計的 Y 的均值 $\bar{\hat{Y}_i}$ 等於實測的 Y 的均值 $\bar{Y}$。

③ 殘差 e_i 的均值為零。

④ 殘差 e_i 和預測的 Y_i 不相關。

⑤ 殘差 e_i 與 X_i 不相關。

2. 最小二乘法估計的性質

(1) 線性特性。

這裡指 $\hat{\beta}_0$ 和 $\hat{\beta}_1$ 分別是 y_t 的線性函數。

$$\hat{\beta}_1 = \frac{\sum (x_t - \bar{x})(y_t - \bar{y})}{\sum (x_t - \bar{x})^2} = \frac{\sum (x_t - \bar{x})y_t - \bar{y}\sum(x_t - \bar{x})}{\sum (x_t - \bar{x})^2} = \frac{\sum (x_t - \bar{x})y_t}{\sum (x_t - \bar{x})^2}$$

令 $k_t = \dfrac{(x_t - \bar{x})}{\sum (x_t - \bar{x})^2}$，代入上式得：

$$\hat{\beta}_1 = \sum k_t y_t$$

可見 $\hat{\beta}_1$ 是 y_t 的線性函數，是 β_1 的線性估計量。同理 β_0 也具有線性特性。

(2) 無偏性。

利用上式

$$E(\hat{\beta}_1) = E(\sum k_t y_t) = E[\sum k_t (\beta_0 + \beta_1 x_t + u_t)] = E(\beta_0 \sum k_t + \beta_1 \sum k_t x_t + \sum k_t u_t)$$
$$= E[\beta_1 \sum k_t (x_t - \bar{x}) + \sum k_t u_t] = \beta_1 + E(\sum k_t u_t) = \beta_1$$

(3) 有效性。

β_0, β_1 的 OLS 估計量的方差比其他估計量的方差小。

高斯-馬爾可夫定理：在給定經典線形迴歸的假定下，最小二乘估計是具有最小方差的線性無偏估計量。

第八章 一元線性迴歸模型的估計與統計檢驗

3. $\hat{\beta}_0$ 和 $\hat{\beta}_1$ 的概率分佈及隨機誤差項 μ 的方差 σ^2 的估計

(1) $\hat{\beta}_0$ 和 $\hat{\beta}_1$ 的概率分佈：$\hat{\beta}_1 \sim N(\beta_1, \frac{\sigma^2}{\sum x_i^2})$ $\hat{\beta}_0 \sim N(\beta_0, \frac{\sigma^2 \sum X_i^2}{n \sum x_i^2})$

(2) 隨機誤差項 μ 的方差 σ^2 的估計：

$$\hat{\sigma}^2 = \frac{\sum e_i^2}{n-2}$$

其中 2 表示待估參數的個數。可以證明 $E(\hat{\sigma}^2) = \sigma^2$。$\hat{\sigma}^2$ 是 σ^2 的無偏估計量。因為 $\hat{u}_t$ 是殘差，所以 $\hat{\sigma}^2$ 又稱作誤差均方，可用來考察觀測值對迴歸直線的離散程度。

$$S(\hat{\beta}_1) = \hat{\sigma} / \sqrt{\sum x_i^2}$$

$$S(\hat{\beta}_0) = \hat{\sigma} \sqrt{\sum X_i^2 / n \sum x_i^2}$$

(四) 一元線性迴歸模型的統計檢驗

1. 擬合優度檢驗

擬合優度是指迴歸直線對觀測值的擬合程度。顯然若觀測值離迴歸直線近，則擬合程度好；反之，則擬合程度差。

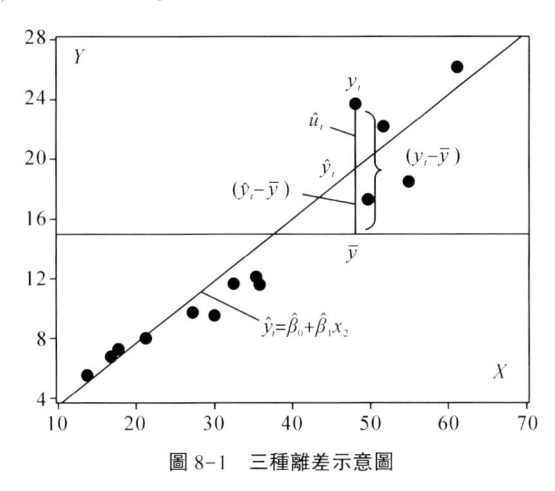

圖 8-1 三種離差示意圖

可以證明 $\sum (y_t - \bar{y})^2 = \sum (\hat{y}_t - \bar{y})^2 + \sum (y_t - \hat{y}_t)^2 = \sum (\hat{y}_t - \bar{y})^2 + \sum (\hat{u}_t)^2$ (見圖 8-1)。

SST(總平方和) = SSR(迴歸平方和) + SSE(殘差平方和)

對樣本迴歸直線與樣本觀測值之間擬合優度的檢驗。

檢驗的基本原理：總離差平方和的分解

度量擬合優度的指標：可決系數 $R^2 = \frac{ESS}{TSS} = 1 - \frac{RSS}{TSS}$

2. 參數顯著性檢驗(t 檢驗)

(1) 提出假設：$H_0: \beta_1 = 0; H_1: \beta_1 \neq 0$

(2) 以原假設 H_0 構造檢驗統計量：$t = \dfrac{\hat{\beta}_1}{S(\hat{\beta}_1)} \sim t(n-2)$

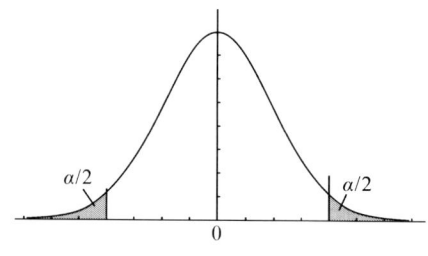

圖 8-2　t 檢驗臨界值圖

(3) 給定顯著水準 α，查自由度為 $n-2$ 的 t 分佈表，得臨界值 $t_{\frac{\alpha}{2}}(n-2)$，確定拒絕域 $|t| > t_{\frac{\alpha}{2}}(n-2)$。

(4) 計量統計量值，若 $|t| > t_{\frac{\alpha}{2}}(n-2)$ 則拒絕 H_0，否則接受 H_0。

3. 迴歸係數的置信區間估計

(1) β_1 的置信區間：$(\hat{\beta}_1 - t_{\frac{\alpha}{2}} \times S(\hat{\beta}_1), \hat{\beta}_1 + t_{\frac{\alpha}{2}} \times S(\hat{\beta}_1))$

由於

$$P\left\{\left|\dfrac{\hat{\beta}_1 - \beta_1}{s_{(\hat{\beta}_1)}}\right| \leq t_{\alpha(T-2)}\right\} = 1 - \alpha$$

由大括號內不等式得 β_1 的置信區間

$$\hat{\beta}_1 - s_{(\hat{\beta}_1)} t_{\alpha(T-2)} \leq \beta_1 \leq \hat{\beta}_1 + s_{(\hat{\beta}_1)} t_{\alpha(T-2)}$$

其中，$s_{(\hat{\beta}_1)}$ 是 $s^2_{(\hat{\beta}_1)} = \dfrac{1}{\sum(x_t - \bar{x})^2} \hat{\sigma}^2$ 的算術根，而其中的 $\hat{\sigma}$ 是 $\hat{\sigma}^2$ 的算術根。

(2) 類似可得 β_0 的置信區間：$(\hat{\beta}_1 - t_{\frac{\alpha}{2}} \times S(\hat{\beta}_0), \hat{\beta}_0 + t_{\frac{\alpha}{2}} \times S(\hat{\beta}_0))$

四、實驗過程

實驗一：一元線性迴歸模型的估計與統計檢驗

【理論依據】絕對收入假說由凱恩斯提出，用於描述居民消費支出和收入之間關係。根據絕對收入假說，考察 2000—2017 年中國居民人均消費支出和人均可支配收入的線性關係。

【模型與數據】$Y = \beta_0 + \beta_1 X$，Y 表示人均消費支出，X 表示人均可支配收入，β_0、β_1 為待估參數。數據來源於《中國統計年鑒》，如表 8-1 所示。

第八章　一元線性迴歸模型的估計與統計檢驗

表 8-1　2000—2017 年中國人均可支配收入和消費支出　　　　單位:元

年份	可支配收入 X	消費支出 Y	年份	可支配收入 X	消費支出 Y
2000	3,721	2,875	2009	10,978	7,992
2001	4,070	3,085	2010	12,520	8,922
2002	4,532	3,474	2011	14,551	10,317
2003	5,007	3,795	2012	16,510	11,568
2004	5,661	4,272	2013	18,311	13,220
2005	6,385	4,871	2014	20,167	14,491
2006	7,229	5,431	2015	21,966	15,712
2007	8,584	6,332	2016	23,821	17,111
2008	9,957	7,224	2017	25,974	18,322

實驗過程分為六個部分:創建 EViews 工作文件和數據文件;數據輸入與顯示;變量描述與相關性分析;模型的參數估計;模型的統計檢驗;模型的預測分析。

1.創建 EViews 工作文件和數據文件

創建 EViews 工作文件有兩種方式:一種是目錄法,利用 EViews 目錄來創建;另一種是指令法,在 EViews 界面的命令窗口中鍵入 CREATE 指令。

(1)目錄法。啓動 EViews 8,主界面如圖 8-3 所示。

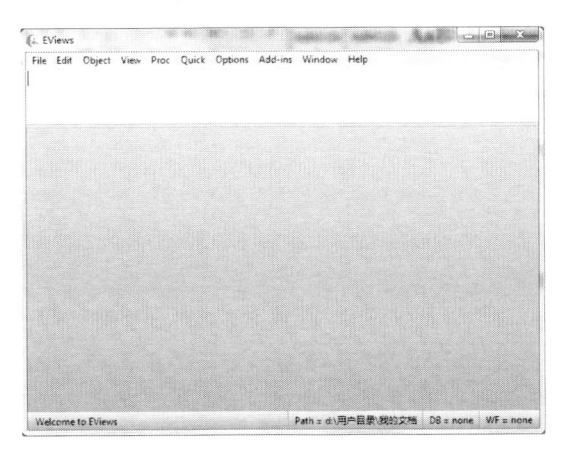

圖 8-3　EViews 8 主界面

主界面頂部是標題欄,標題欄下方是目錄欄,目錄欄下方是命令窗口,命令窗口下方為顯示窗口,最下方是狀態欄。主界面功能介紹如圖 8-4 所示。

標題欄:顯示工作環境或工作文件的名稱。

目錄欄:共有十項子目錄,分別為 :File(文件)、Edit(編輯)、Object(對象)、View(視圖)、Proc(處理)、Quick(快捷)、Options(選項)、Add-ins(添加)、Window(視窗)、

Help(幫助)。

命令窗口:在左起提示符後鍵入 EViews 命令,例如「CREATE」表示創建工作文件,EViews 命令的字母不區分大小寫。

顯示窗口:用於顯示操作過程中產生的子窗口,子窗口不能移出到顯示窗口之外。

狀態欄:「Path」顯示 EViews 的工作路徑,「DB」顯示當前使用的數據庫名稱,「WF」顯示當前使用的工作文件名稱。

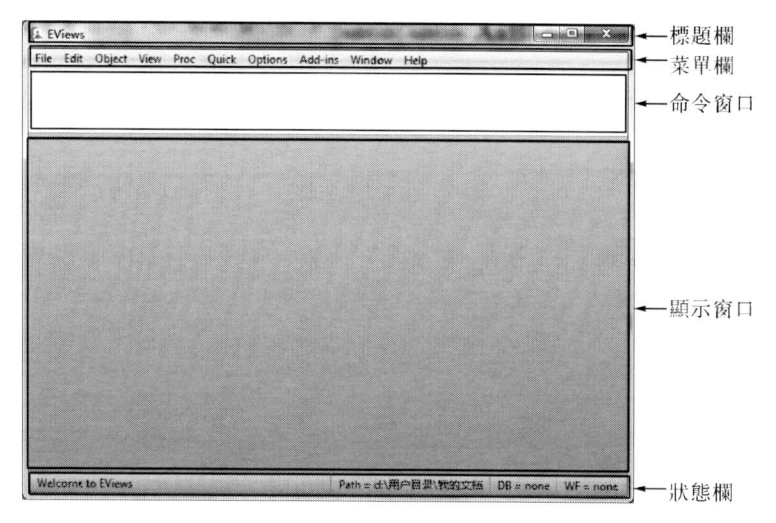

圖 8-4　EViews 8 主界面的區域功能介紹

首先利用 EViews 目錄創建工作文件,依次點擊目錄欄左側的「File → New → Workfile」,會出現工作文件生成界面「Workfile Create」,如圖 8-5 所示。「Workfile Cre-ate」界面分為三個功能區域,左上區域「Workfile structure type」是定義工作文件的類型,右上區域「Date specification」表示數據的時間類型和跨度,左下區域「Workfile names(optional)」用於對工作文件的標題和所處頁面進行命名。

工作文件類型:如圖 8-6 所示,有三種工作文件類型可供選擇,第一種是「Unstructured/Undated」,表示工作文件使用非結構數據,不指定數據的發生時間;第二種是「Dated-regular frequency」,表示工作文件使用具有固定頻率的時間序列數據;第三種是「Balanced Panel」,表示工作文件使用平衡面板數據。根據本實驗要求,創建第二種工作文件類型。

時間類型和跨度:如圖 8-7 所示,時間類型選項位於「Frequency」對話框中,可選類型有間隔年(Muti-year)、年(Annual)、半年(Semi-annual)、季度(Quarterly)、月(Monthly)、雙月(Bimonthly)、雙週或 14 天(Fortnight)、10 天(Ten-day)、週(Week)、天(Daily-5 day Week/Daily-7 day Week/Daily-custom Week)、時分(Intraday)、整數天數(Integer date)。

第八章　一元線性迴歸模型的估計與統計檢驗

文件命名:「WF」是對工作文件進行命名,名稱位於工作文件標題欄;「Page」是對工作文件所處頁面進行命名,名稱位於顯示窗口左下角。

根據本實驗,2000—2017 年中國居民人均消費支出與人均可支配收入的工作文件,輸入方式如圖 8-7 所示,即可成功創建實驗一工作文件,如圖 8-8 所示。

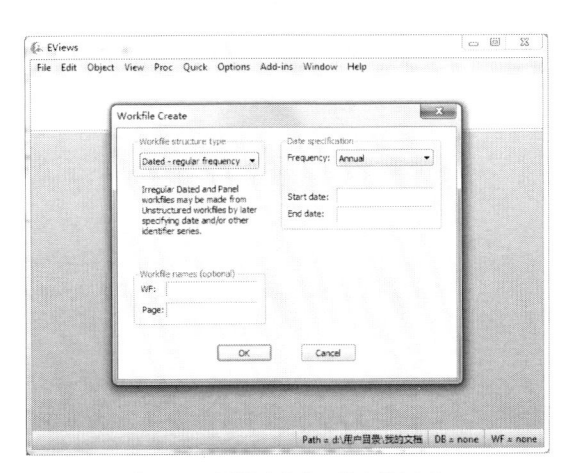

圖 8-5　目錄法生成工作文件界面

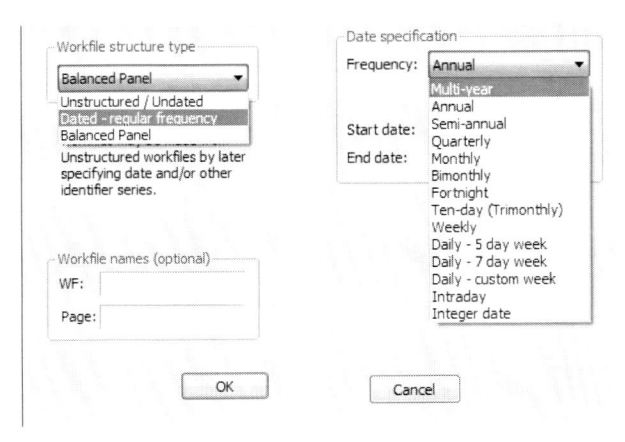

圖 8-6　工作文件類型　　　　圖 8-7　時間類型和跨度

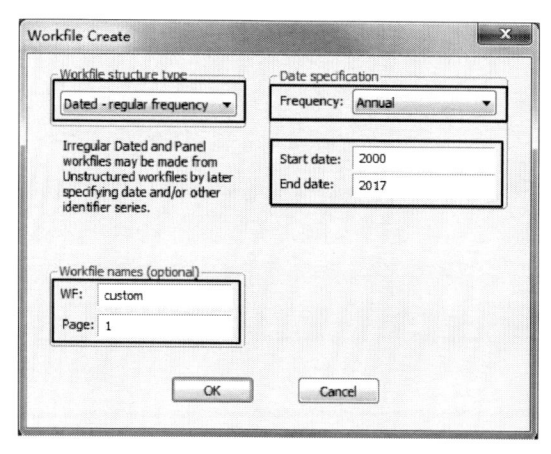

圖 8-8　創建工作文件

（2）指令法。啓動 EViews 8，在命令窗口輸入「create a 2000, 2017」，即可生成與圖 8-8 相同的工作文件，但不定義工作文件及其所處頁面的名稱。指令中，「create」表示創建，「a」表示年份（也可寫作 annual），「2000」「2017」表示時間序列的起止年份。

如圖 8-9 所示，EViews 工作文件創建後，自動生成了參數序列（c）和誤差序列（resid），但數據文件要根據模型實際需要來創建。創建數據文件也可分為目錄法和指令法兩種方法。

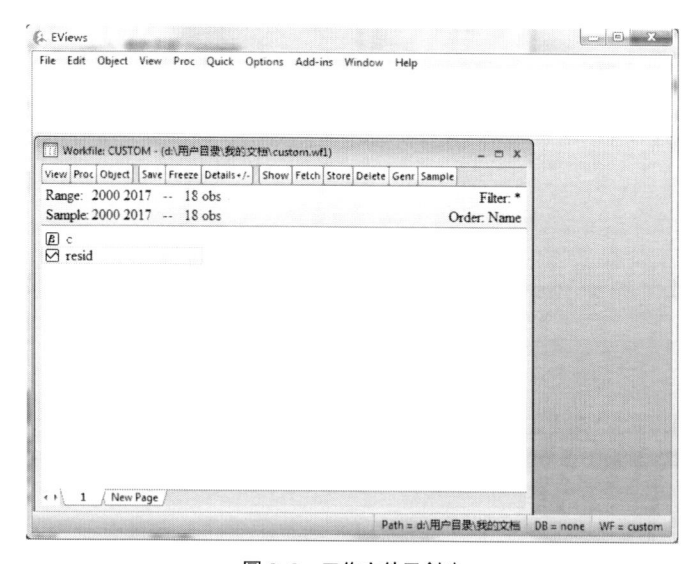

圖 8-9　工作文件已創建

（1）目錄法。在工作文件的目錄欄中依次點擊「Object / New Object」，如圖 8-10。所示 對話框左邊選擇對象類型「Series」，右邊填入變量名稱，點擊「OK」後，工作文

第八章　一元線性迴歸模型的估計與統計檢驗

件中會創建一個名為「X」的新序列；變量 Y 的創建方式與 X 相同，如圖 8-11、圖 8-12 所示。

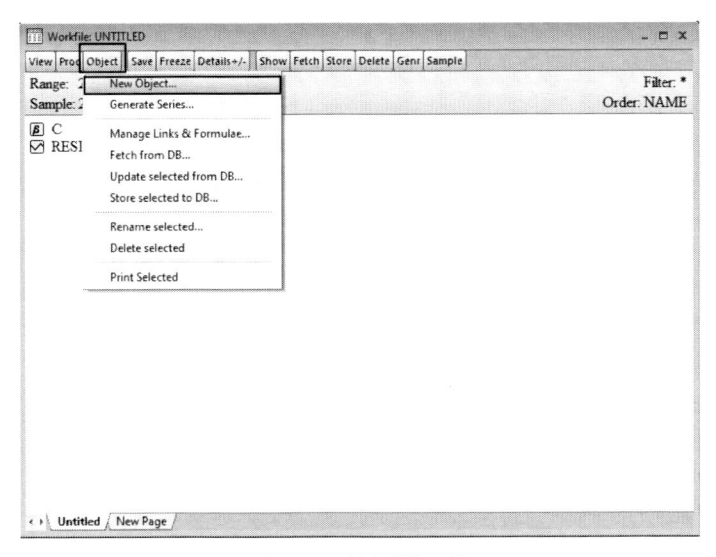

圖 8-10　創建數據文件

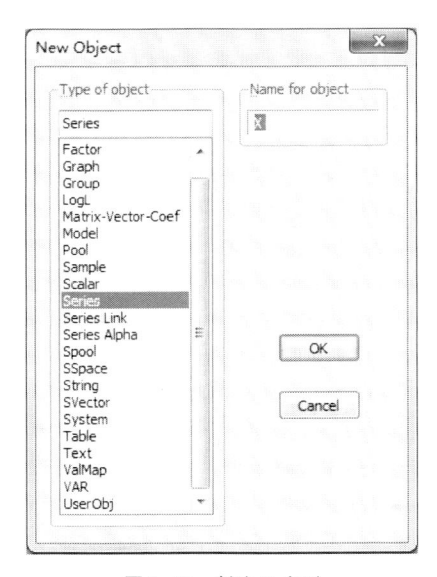

圖 8-11　創建 X 序列

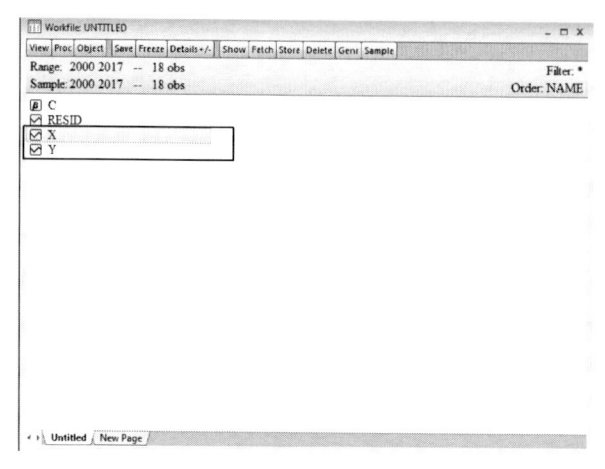

圖 8-12　X、Y 序列已生成

（2）指令法。在 EViews 主界面命令窗口輸入「data X Y」，即可創建 X、Y 序列，並將 X、Y 序列組合在一起，如圖 8-13 所示。

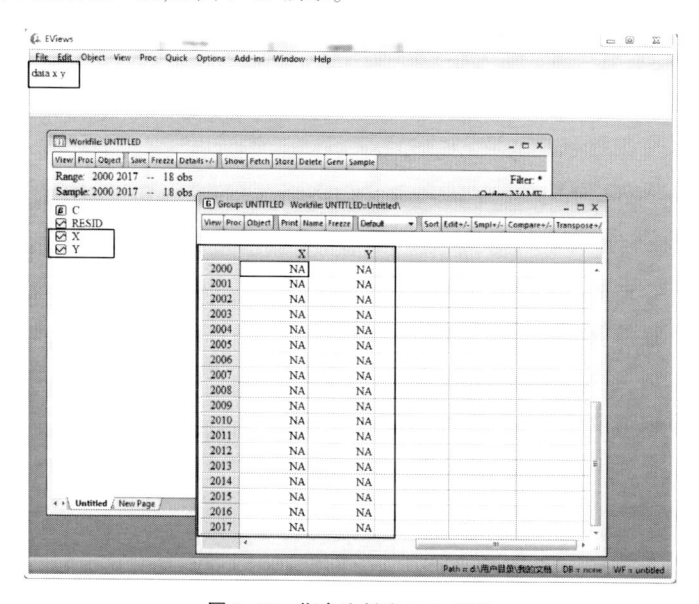

圖 8-13　指令法創建 X、Y 序列

2.數據輸入與顯示

當 X、Y 數據文件創建後，單元格中「NA」表示空值。這時，可在「編輯（Edit+/-）」狀態下手動輸入相應數據，也可先在 Excel 中將變量數據按列整理好，再將數據複製粘貼至 EViews 數據文件中，如圖 8-14、圖 8-15 所示。

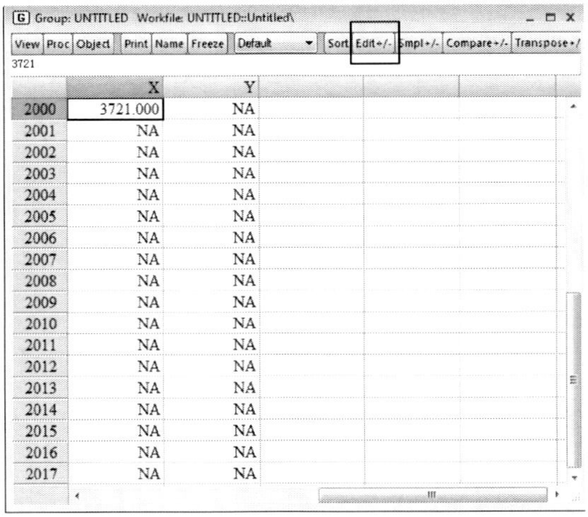

第八章　一元線性迴歸模型的估計與統計檢驗

圖 8-14　手動輸入 X、Y 的數值

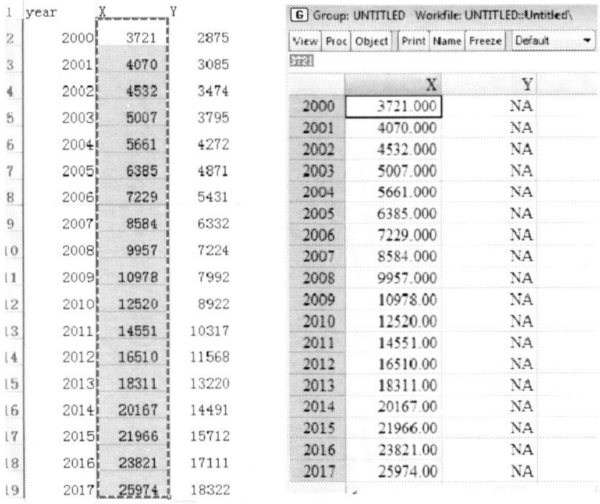

圖 8-15　將 Excel 中數據複製粘貼到 EViews 數據文件中

如果在 Excel 中提前整理好數據,可以利用目錄法直接創建工作文件和數據文件。啓動 EViews,依次點擊「File/Open/Foringn Data as Workfile」,在對話框左側選擇文件路徑,右側選擇文件格式(例如 Excel 電子表格,根據後綴名稱選擇「Excel 97–2003/Excel file」),如圖 8-16 所示。

經濟計量分析實驗

圖 8-16　從 Excel 中導入數據

選中文件並點擊「打開」後，分三步創建工作數據文件：

第一步，確定數據範圍，如圖 8-17 所示。「Predefined range」表示 EViews 軟件的預定義範圍。「Custom range」表示自定義範圍，用戶可根據實際需要對數據進行調整，調整權限有：「sheet」表示數據所處的工作表，「Start」表示從首行或首列調整數據，「End」表示從末行或末列調整數據。

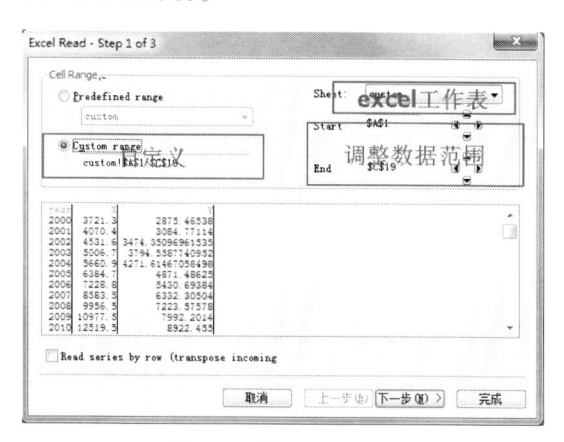

圖 8-17　讀取 Excel 數據

第二步，確定變量名稱並預覽數據，如圖 8-18 所示。在「Column Header」中，「Header」=1；表示將每列第一個單元格內容作為列名稱；「Text Representing NA」表示將文本類型值用「NA」表示；「Column info」表示數據列的信息，可以在此修改列名稱和數據類型，默認為「Number」，表示數值型。對話框中間位置是預覽數據，預覽數據下方是「Read series by row」，表示變量數據按行讀取，用戶可根據實際情況進行勾選，本例數據按列讀取，故不勾選。

第八章　一元線性迴歸模型的估計與統計檢驗

圖 8-18　讀取 Excel 數據第二步:確定變量名稱並預覽數據

第三步,確定數據結構,如圖 8-19 所示。在「Basic structure」的選項框中選擇固定頻率時間序列,「Frequency」中選擇年份(Annual),「Start Date」輸入數據的起始年份。

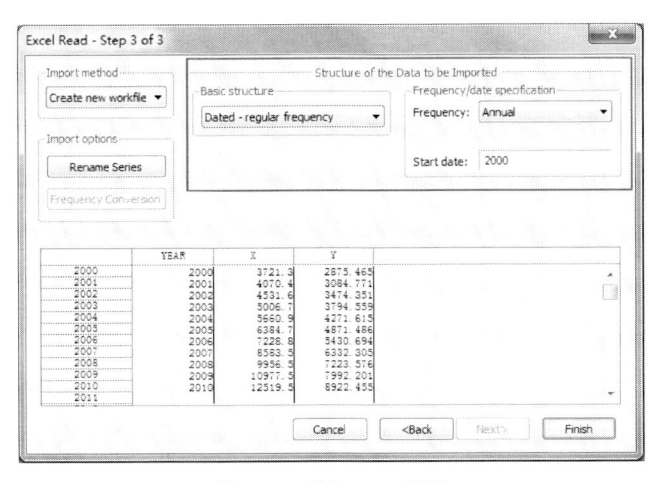

圖 8-19　讀取 Excel 數據

單擊「Finish」,生成數據文件,如圖 8-20 所示。

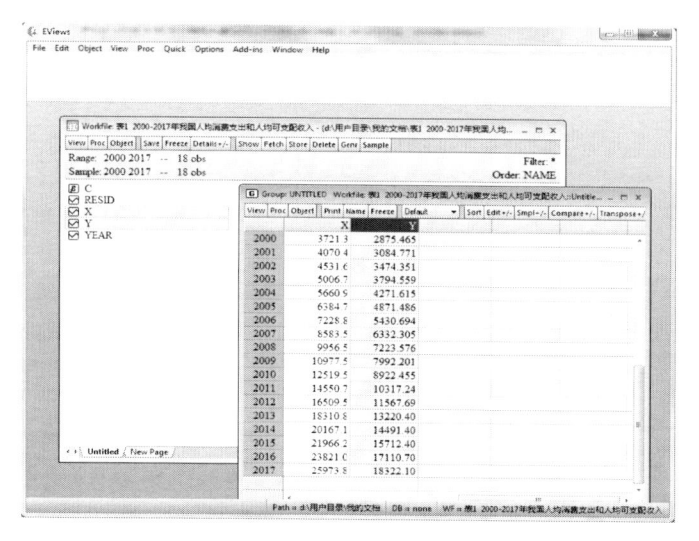

圖 8-20　生成數據文件

3. 變量描述與相關性分析

(1) 變量的描述性統計量。變量的描述性統計量包含均值 (Mean)、中位數 (Median)、最大值 (Maximum)、最小值 (Minimum)、標準差 (Std. Dev.)、偏度 (Skewness)、峰度 (Kurtosis)、JB 統計量 (Jarque-Bera) 及其伴隨概率 (Probability)、總和 (Sum)、離差平方和 (Sum Sq.Dev.)、樣本數 (Observations)。

單個序列的描述性統計量輸出過程如圖 8-21 所示。打開序列 X，依次單擊序列 X 左上角「View/Descriptive Statistics & Tests/Histogram and Stats」。輸出結果如

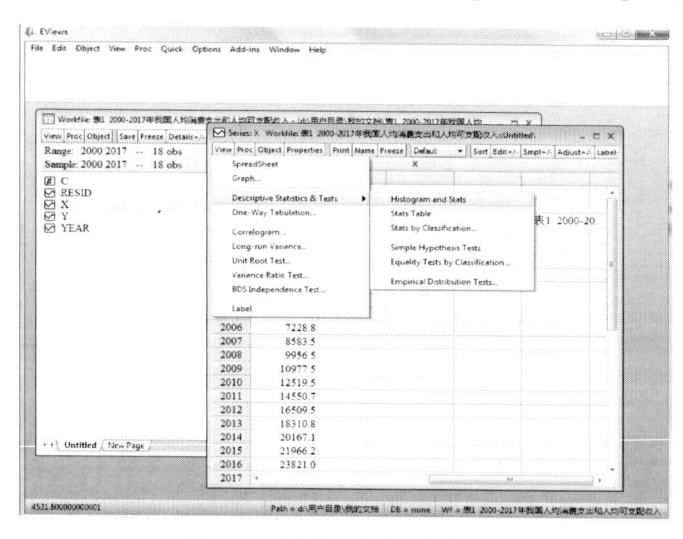

圖 8-21　單個序列的描述性統計量

第八章　一元線性迴歸模型的估計與統計檢驗

圖 8-22 所示，左側是 X 序列的直方圖，右側是 X 序列的描述性統計量。

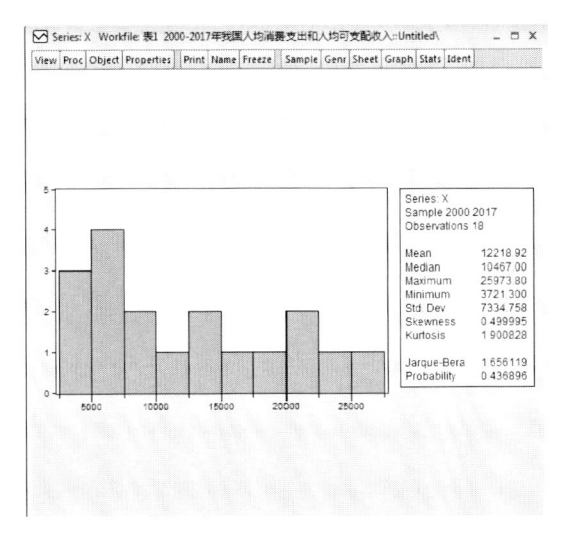

圖 8-22　X 序列直方圖與描述性統計量

通常情況下，變量的個數不止一個，為能一次性輸出所有變量的描述性統計量，需要先建立一個包含多個變量的序列組（group），然後再輸出描述性統計量。

創建序列組。在工作文件中，先滑鼠左鍵單點 X 序列，然後按住「Ctrl」，點擊 Y 序列，放開「Ctrl」，可以看到，X、Y 序列都已經被選中。選中之後單擊滑鼠右鍵，點擊「Open/as Group」，如圖 8-23 所示。

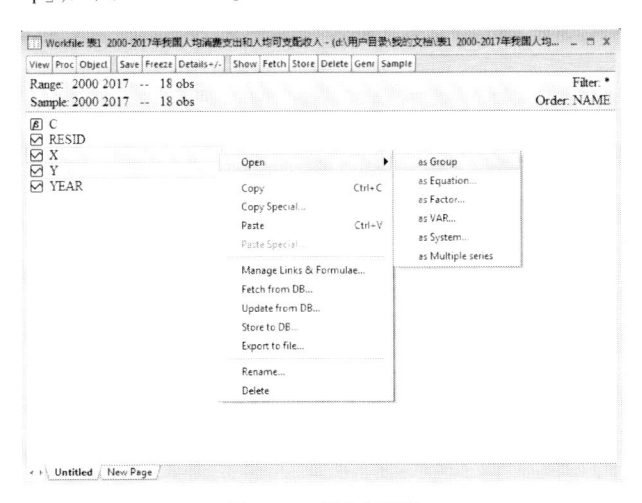

圖 8-23　創建序列組

序列組的描述性統計量輸出過程如圖 8-24 所示。依次點擊：「View/Descriptive Stats/Common Sample」，即可輸出序列組的描述性統計量，如圖 8-25 所示。「Common Sample」與「Individual Sample」的不同之處在於，「Common Sample」要求各個變量的樣本數是相同的(不含 NA)，「Individual Sample」則允許各變量的樣本數不同。在本例中，X、Y 的樣本數相同，因此，選擇「Common Sample」或「Individual Sample」的輸出結果是一樣的。

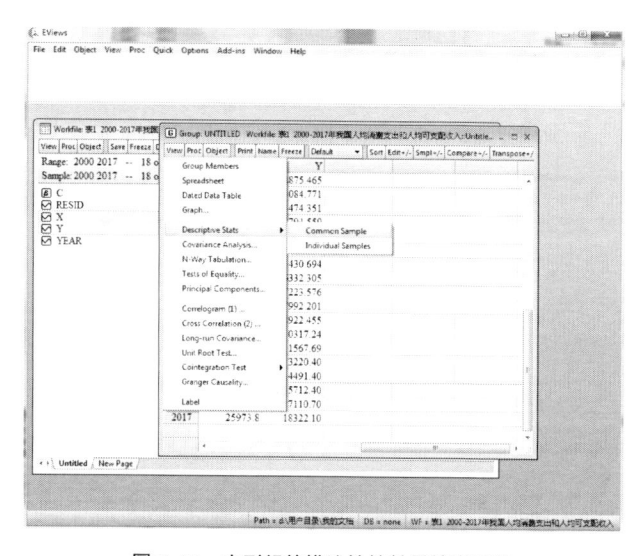

圖 8-24 序列組的描述性統計量輸出過程

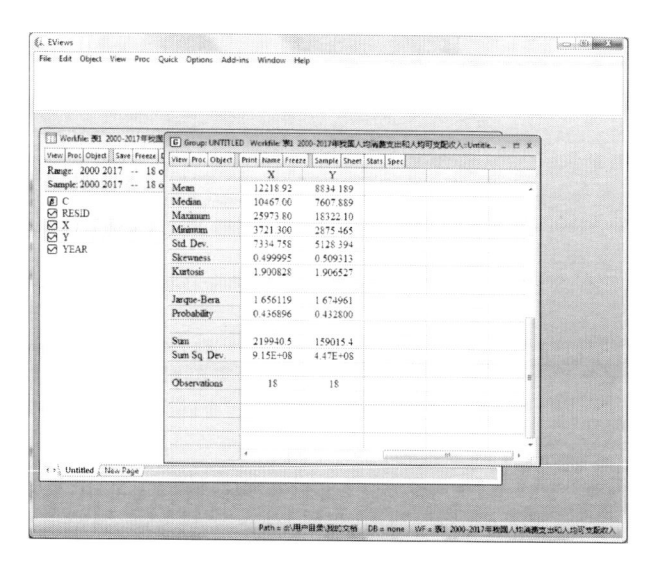

圖 8-25 序列組的描述性統計量

第八章　一元線性迴歸模型的估計與統計檢驗

（2）變量間相關性分析。變量間相關性是指變量間聯繫的緊密程度，分為三種類型：正相關、負相關、不相關。基礎的相關性分析方法主要有兩種：一種是相關係數法，通過相關係數來反應變量間聯繫的緊密程度；另一種是圖示法，構建 X-Y 散點圖來觀察圖中散點的趨勢特徵。

①相關係數法。打開 X-Y 序列組，依次點擊「View/Covariance Analysis」，在彈出的對話框中選中「Covariance」「Correlation」，如圖 8-26 所示。點擊「OK」後，即可輸出 X-Y 的相關係數，如圖 8-27 所示。在圖 8-27 中，每個單元格都有兩行數據，上面一行表示方差或協方差，下面一行表示相關係數，因此，X-Y 的相關係數為 0.999,766，表示 X-Y 存在高度相關性。

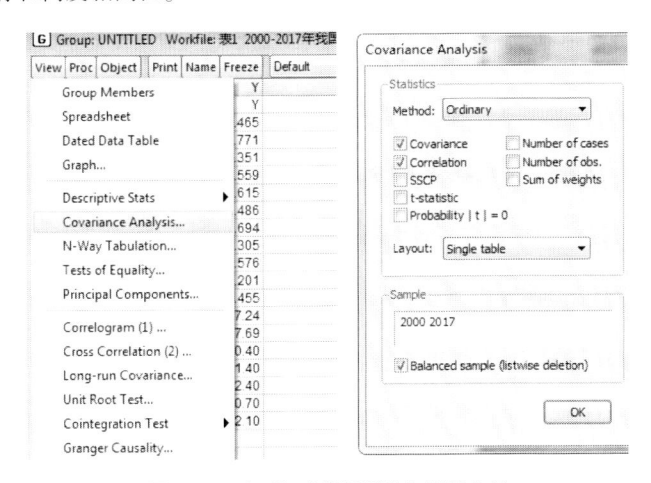

圖 8-26　序列組中變量間的相關性分析

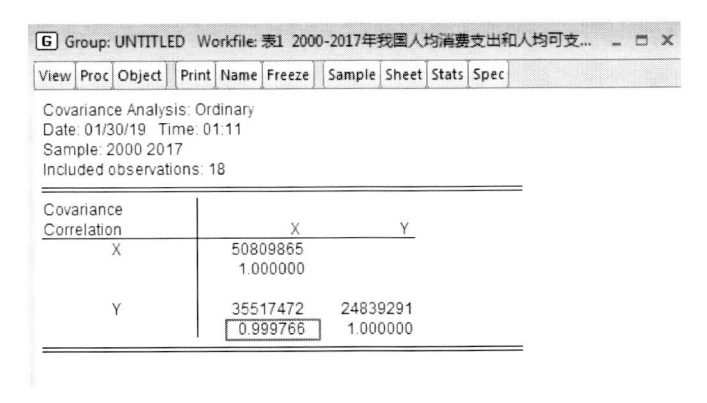

圖 8-27　生成相關係數

②圖示法。打開 X-Y 序列組，如圖 8-28 所示，依次點擊「View/Graph」，在對話框中選擇「Graph Type/Basic type/Scatter」。即可輸出 X-Y 散點圖，如圖 8-29 所示。

從圖 8-29 中可以看出，X-Y 散點圖呈現規律性的上升趨勢，可以預判 X 與 Y 具有較強的相關性。

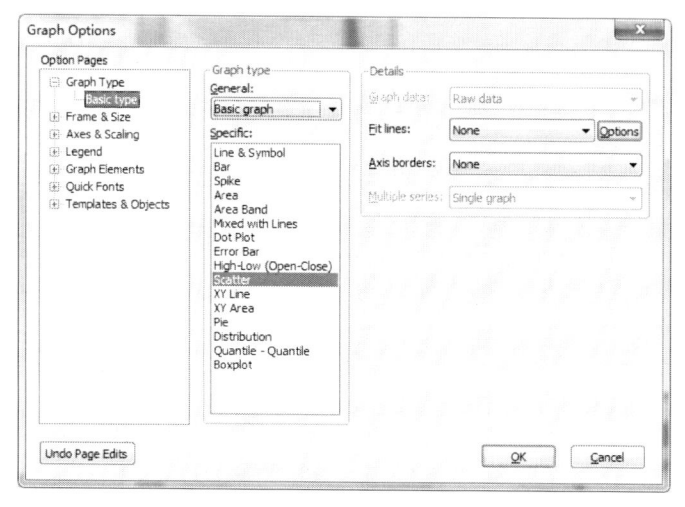

圖 8-28　散點圖操作流程

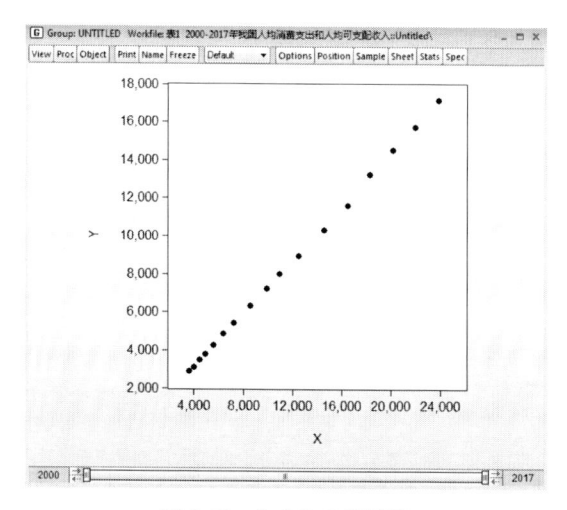

圖 8-29　生成 X-Y 散點圖

散點圖的背景顏色、線條、點類型、磅數、刻度尺等屬性均可在圖 8-30 左側的選項框中調整。例如圖 8-30 中，X 軸數據範圍[2,000,26,000]，Y 軸數據範圍[2,000,18,000]。在 Option Pages 的選項框中依次選擇「Axes & Scaling — Data Scaling」，在「Bottom axis scaling endpoints」的下拉菜單中選中「User Specified」，在「Min」中輸入最小值，在「Max」中輸入最大值，如圖 8-30 所示，設置完成後單擊「OK」，即可生成圖形。

第八章 一元線性迴歸模型的估計與統計檢驗

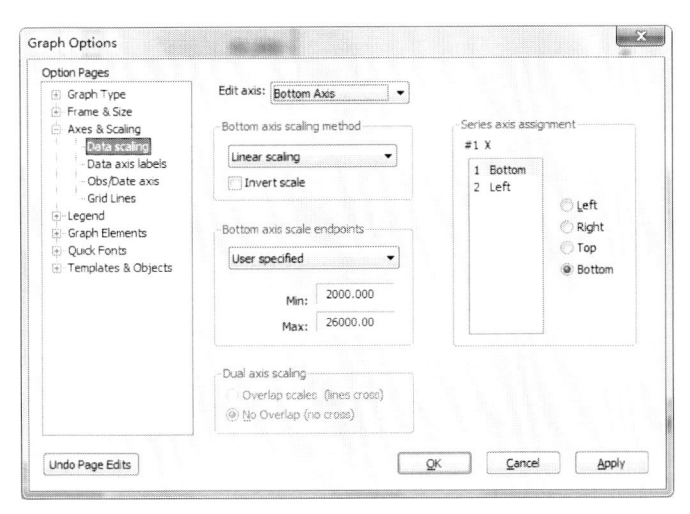

圖 8-30 修改散點圖的屬性

4.模型的參數估計

參數估計是線性模型用於實證分析的關鍵環節，在一元線性迴歸模型中，待估參數為 β_0、β_1，其中 β_0 表示經濟發展的初始水準，β_1 表示變量間的實證關係。在本案例中，參數估計的操作流程如下：

首先，打開 X-Y 序列組，點擊序列組目錄欄「Proc/Make Equation」，如圖 8-31 所示。

圖 8-31 參數估計界面

其次，在對話框中輸入模型信息。模型信息有兩種輸入方式：方式一，在方框內輸入「y c x」，表示變量 y 是關於常數 c 和變量 x 的方程；方式二，在方框內輸入模型「y = c(1)+c(2)*x」，c(1) 表示常數項，c(2) 表示變量 x 的待估參數，如圖 8-32 所示。

107

經濟計量分析實驗

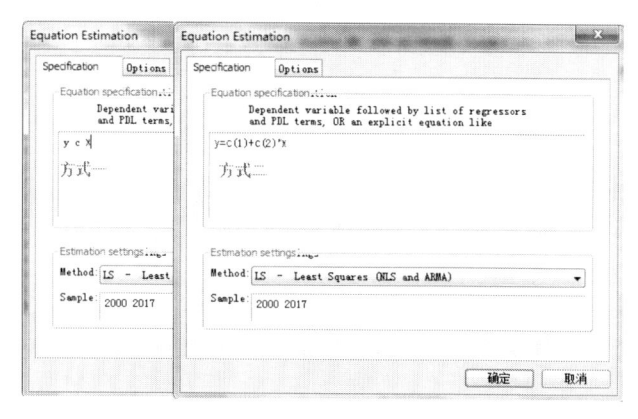

圖 8-32　模型輸入方式

最後,「Method」的選項框中選擇「LS」,表示待估參數採用最小二乘法進行估計。點擊「確定」後,生成輸出結果,如圖 8-33 所示。「Coefficient」表示參數估計值,從結果中看,$\beta_0 = 292.84$, $\beta_1 = 0.70$,模型為 $Y = 292.84 + 0.70X$,表示人均可支配收入每增加 1 元,人均消費支出將增加 0.70 元。

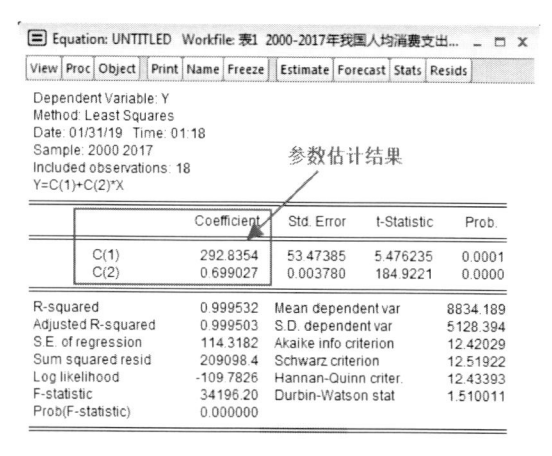

圖 8-33　參數估計結果

5.模型的統計檢驗

模型的統計檢驗分為兩個部分:其一是參數估計值的顯著性檢驗(也稱參數檢驗),其二是模型效果的統計檢驗。

參數估計值的顯著性檢驗是指,在給定的顯著性水準上(如 1%、5%或者 10%的臨界水準),對被解釋變量與解釋變量之間的線性關係是否顯著成立做出判斷。其依據的判斷思想是「小概率事件在一次試驗中幾乎不可能發生」,如果小於臨界水準,則拒絕原假設 H_0,接受備擇假設 H_1。在本例中,需要判斷 β_0、β_1 是否顯著不為零。參數

第八章　一元線性迴歸模型的估計與統計檢驗

檢驗的方法主要有三種：F 檢驗、t 檢驗、z 檢驗，其中以 t 檢驗最為普遍。

模型效果的統計檢驗是指，對被解釋變量與解釋變量之間的擬合效果進行判斷。判斷依據有三類：擬合優度、信息準則、F 檢驗。其中，擬合優度 R^2 或者 R_a^2 越接近於 1，則模型效果越好；信息準則（AIC、SC、HQC）越小，則模型效果越好；F 值越顯著，則模型效果越好。

模型的統計檢驗信息均輸出在圖 8-33 的參數估計結果中，圖 8-33 中的各個項目意義如下：

(1)左上區域是模型的背景信息。

「Dependent Variable：Y」：表示被解釋變量為 Y。

「Method：Least Squares」：表示最小二乘估計法。

「Date：01/31/19 Time：01:18」：表示該模型結果的輸出時間。

「Sample：2000, 2017」：表示樣本的時期。

「Included observations：18」：表示樣本數。

「Y＝C(1)+C(2)＊X」：表示模型的數理形式。

(2)中間區域是模型的參數估計結果及其顯著性信息。

「Coefficient」：表示參數估計值。

「Std.Error」：表示參數估計值的標準誤差。

「t-Statistic」：表示 t 統計量。

「Prob.」：表示 t 統計量的伴隨概率。

(3)下方區域是模型的統計檢驗信息。

「R-squared」：表示可決係數。

「Adjusted R-squared」：表示調整後的可決係數。

「S.E. of regression」：表示迴歸標準差。

「Sum squared resid」：表示殘差平方和。

「Log likelihood」：表示對數似然值。

「F-statistic」：表示 F 統計量。

「Prob(F-statistic)」：表示 F 統計量的伴隨概率。

「Mean dependent var」：表示被解釋變量的均值。

「S.D. dependent var」：表示被解釋變量的樣本標準差。

「Akaike info criterion」：AIC，表示赤池信息準則。

「Schwarz criterion」：SC，表示施瓦茨信息準則。

「Hannan-Quinn criter.」：HQC，表示漢南-昆信息準則。

「Durbin-Watson stat」：DW 統計量，表示杜賓-瓦森檢驗。

在本例的參數檢驗中，先給定一個參數顯著性水準值為 1%（＝0.01），可以看到，β_0 的 t 檢驗值為 5.48，伴隨概率為 0.000,1，小於給定臨界值 0.01，表示 β_0 顯著不為零，拒絕原假設為零；β_1 的 t 檢驗值為 184.92，伴隨概率為 0.000,0（注意 0.000,0 表

示伴隨概率逼近於 0,但並不是等於 0),小於給定臨界值 0.01,表示 β_1 顯著不為零,拒絕原假設為零。從參數檢驗中可以得出結論:$\beta_0 = 292.84$,$\beta_1 = 0.70$,均是顯著成立的。

在統計檢驗中,可以看到 $R^2 = 0.999,53$,$R_a^2 = 0.999,50$,逼近於 1,表明模型的擬合效果較好;AIC、SC、HQC 值主要用於兩個及以上模型效果的比較,在單個模型效果分析中無須列明;$F = 34,196.20$,其伴隨概率為 0.000,0,小於 1% 的顯著水準,表示模型構建是顯著成立的。

需要特別說明的是,統計檢驗上的顯著性並不一定表示被解釋變量與解釋變量之間存在線性關係。在統計檢驗之前,需要構建起迴歸變量間的經濟聯繫,並且粗略判斷參數值的符號和大小是否符合經濟事實。在模型的經濟意義檢驗通過之後,統計檢驗才能凸顯價值。

6.模型的預測分析

預測分析是建模的功能之一,考察模型預測能力效果,可以先觀察樣本期內模型的預測能力。依次單擊模型結果輸出窗口左上角「View/Actual, Fitted, Residual/Actual, Fitted, Residual Table」,可以得到樣本期內的真實值(Actual)、預測值(Fitted)、殘差(Residual),以及殘差圖(Residual Plot),如圖 8-34 所示。

obs	Actual	Fitted	Residual	Residual Plot
2000	2875.47	2894.12	-18.6595	
2001	3084.77	3138.16	-53.3841	
2002	3474.35	3460.55	13.8045	
2003	3794.56	3792.65	1.90452	
2004	4271.61	4249.96	21.6569	
2005	4871.49	4755.91	115.573	
2006	5430.69	5345.96	84.7315	
2007	6332.31	6292.93	39.3707	
2008	7223.58	7252.70	-29.1227	
2009	7992.20	7966.41	25.7962	
2010	8922.46	9044.30	-121.850	
2011	10317.2	10464.2	-146.931	
2012	11567.7	11833.4	-265.737	
2013	13220.4	13092.6	127.820	
2014	14491.4	14390.2	101.216	
2015	15712.4	15647.8	64.5959	
2016	17110.7	16944.4	166.341	
2017	18322.1	18449.2	-127.125	

圖 8-34　被解釋變量的真實值、預測值、殘差及殘差圖

假設 2018 年 X = 27,000,預測 2018 年 Y 值。依次點擊工作文件中「Proc/Structure/Resize Current Page」,在對話框中將樣本截止年份修改為 2018,如圖 8-35 所示。

第八章　一元線性迴歸模型的估計與統計檢驗

圖 8-35　修改樣本時期

然後打開 X 序列,點擊「Edit+/-」,在 X 序列最下方輸入 27,000。如圖 8-36 所示。然後在結果輸出界面中點擊「Forecast」,將對話框中「Forecast Sample」修改為「2000, 2018」,如圖 8-37 所示,單擊「OK」。即可生成被解釋變量 Y 的預測曲線及 2018 年的預測值(數值在新生成的序列 YF 中),如圖 8-38 所示。可以得到,在給定 2018 年 X = 27,000,那麼 Y = 19,166.57。

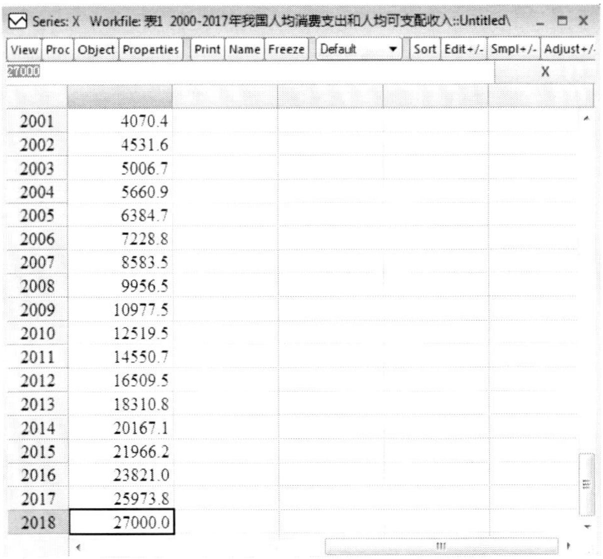

圖 8-36　在 X 序列中輸入 2018 年給定值

111

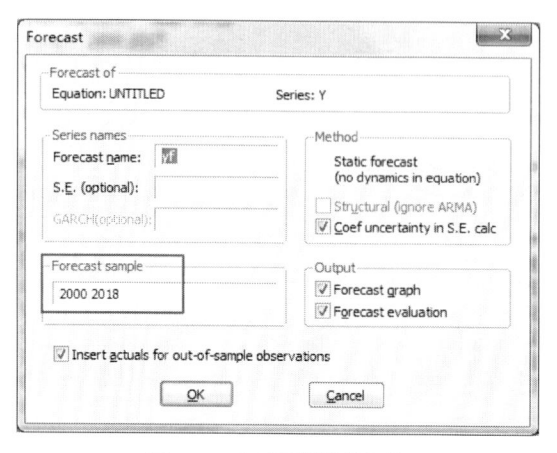

圖 8-37　修改預測值的年份

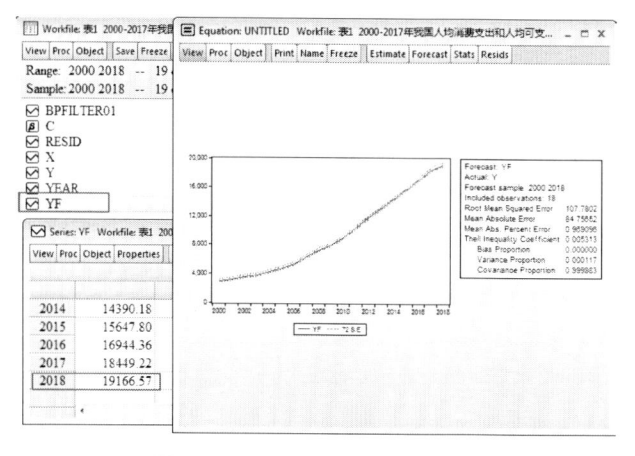

圖 8-38　2018 年被解釋變量預測值

五、思考題

(1) 日元的匯率與汽車出口數量數據如表 8-2 所示。

表 8-2　日元的匯率與汽車出口數量表

年度	1986	1987	1988	1989	1990	1991	1992	1993	1994	1995
X	168	145	128	138	145	135	127	111	102	94
Y	661	631	610	588	583	575	567	502	446	379

註：X：年均匯率（日元/美元）；Y：汽車出口數量（萬輛）。

第八章 一元線性迴歸模型的估計與統計檢驗

問題：
①畫出 X 與 Y 關係的散點圖。
②估計直線迴歸方程擬,解釋參數的經濟意義。
（2）日本物價上漲率與失業率的關係如表8-3所示。

表8-3　日本物價上漲率與失業率的關係

年份	物價上漲率 $\dot{P}$/%	失業率 U/%
1986	0.6	2.8
1987	0.1	2.8
1988	0.7	2.5
1989	2.3	2.3
1990	3.1	2.1
1991	3.3	2.1
1992	1.6	2.2
1993	1.3	2.5
1994	0.7	2.9
1995	-0.1	3.2

①設橫軸是 U,縱軸是 $\dot{P}$, 畫出散點圖。
②對下面的菲力普斯曲線進行 OLS 估計

$$\dot{P} = \alpha + \beta \frac{1}{U} + u$$

③對方程進行擬合優度與變量顯著性檢驗。
（3）深圳市地方預算內財政收入與國內生產總值的關係如表8-4所示。

表8-4　深圳市地方預算內財政收入與國內生產總值表

年份	地方預算內財政收入 Y /億元	國內生產總值(GDP)X /億元
1990	21.703,7	171.666,5
1991	27.329,1	236.663,0
1992	42.959,9	317.319,4
1993	67.250,7	449.288,9
1994	74.399,2	615.193,3
1995	88.017,4	795.695,0
1996	131.749,0	950.044,6
1997	144.770,9	1,130.013,3
1998	164.906,7	1,289.019,0
1999	184.790,8	1,436.026,7

表8-4(續)

年份	地方預算內財政收入 Y /億元	國內生產總值(GDP)X /億元
2000	225.021,2	1,665.465,2
2001	265.653,2	1,954.653,9

資料來源:《深圳統計年鑒2002》,中國統計出版社

①建立深圳地方預算內財政收入對 GDP 的迴歸模型;
②估計所建立模型的參數,解釋斜率係數的經濟意義;
③對迴歸結果進行檢驗;
④若是2005年年的國內生產總值為3,600億元,確定2005年財政收入的預測值和預測區間($\alpha = 0.05$)。

(4)某企業研究與發展經費與利潤的數據如表8-5所示。

表8-5 某企業研究與發展經費與利潤額   單位:萬元

年份	1995	1996	1997	1998	1999	2000	2001	2002	2003	2004
研究與發展經費	10	10	8	8	8	12	12	12	11	11
利潤額	100	150	200	180	250	300	280	310	320	300

分析企業研究與發展經費與利潤額的相關關係,並作迴歸分析。

(5)為研究中國的貨幣供應量(以貨幣與準貨幣 M2 表示)與國內生產總值(GDP)的相互依存關係,分析表中1990—2001年中國貨幣供應量(M2)和國內生產總值(GDP)的有關數據,結果如表8-6所示。

表8-6 中國的貨幣供應量與國內生產總值表

年份	貨幣供應量 M2/億元	國內生產總值 GDP/億元
1990	1,529.3	18,598.4
1991	19,349.9	21,662.5
1992	25,402.2	26,651.9
1993	34,879.8	34,560.5
1994	46,923.5	46,670.0
1995	60,750.5	57,494.9
1996	76,094.9	66,850.5
1997	90,995.3	73,142.7
1998	104,498.5	76,967.2
1999	119,897.9	80,579.4
2000	134,610.3	88,228.1
2001	158,301.9	94,346.4

資料來源:中國統計出版社2002年版《中國統計年鑒》的第51頁和第662頁。

第八章　一元線性迴歸模型的估計與統計檢驗

對貨幣供應量與國內生產總值作相關分析,並說明分析結果的經濟意義。

(6) 表 8-7 是 16 支公益股票某年的每股帳面價值和當年紅利。

表 8-7　公益股票每股帳面價值和當年紅利表　　　　　　　　　單位:元

公司序號	帳面價值	紅利	公司序號	帳面價值	紅利
1	22.44	2.4	9	12.14	0.80
2	20.89	2.98	10	23.31	1.94
3	22.09	2.06	11	16.23	3.00
4	14.48	1.09	12	0.56	0.28
5	20.73	1.96	13	0.84	0.84
6	19.25	1.55	14	18.05	1.80
7	20.37	2.16	15	12.45	1.21
8	26.43	1.60	16	11.33	1.07

根據表 8-7 的資料:
①建立每股帳面價值和當年紅利的迴歸方程;
②解釋迴歸系數的經濟意義;
③若序號為 6 的公司的股票每股帳面價值增加 1 元,估計當年紅利的數額。

(7) 美國各航空公司業績的統計數據公布在《華爾街日報 1999 年年鑒》(*The Wall Street Journal Almanac* 1999)上。航班正點到達的概率和每 10 萬名乘客投訴的次數的數據如表 8-8 所示。

表 8-8　美國各航空公司業績表

航空公司名稱	航班正點率/%	投訴率/次/10 萬名乘客
西南(Southwest)航空公司	81.8	0.21
大陸(Continental)航空公司	76.6	0.58
西北(Northwest)航空公司	76.6	0.85
美國(US Airways)航空公司	75.7	0.68
聯合(United)航空公司	73.8	0.74
美洲(American)航空公司	72.2	0.93
德爾塔(Delta)航空公司	71.2	0.72
美國西部(Americawest)航空公司	70.8	1.22
環球(TWA)航空公司	68.5	1.25

①畫出這些數據的散點圖。
②根據散點圖,說明兩個變量之間存在什麼關係。
③求出描述投訴率是如何依賴航班按時到達正點率的估計的迴歸方程。
④對估計的迴歸方程的斜率做出解釋。
⑤如果航班到達的正點率為 80%,估計每 10 萬名乘客投訴的次數。

第九章 多元線性迴歸模型的估計與統計檢驗

一、實驗目的與要求

實驗目的：

能使用軟件 EViews 進行多元線性迴歸模型的參數估計和統計檢驗。

實驗要求：

(1)選擇方程進行多元線性迴歸估計；

(2)進行擬合優度、參數顯著性和方程顯著性檢驗。

二、實驗原理

普通最小二乘法、可決系數、t 檢驗、F 檢驗。

三、理論教學內容

(一) 多元線性迴歸模型

1. 多元線性迴歸模型的形式

$$Y_t = \beta_0 + \beta_1 X_{1t} + \beta_2 X_{2t} + \cdots + \beta_k X_{kt} + \mu_t \Leftrightarrow Y = X\beta + \mu \qquad (9-1)$$

其中，Y_t 是被解釋變量(因變量)、X_{kt} 是解釋變量(自變量)、μ_t 是隨機誤差項、$\beta_i, i = 0, 1, \cdots, k-1$ 是迴歸參數(通常未知)。

對經濟問題的實際意義：Y_t 與 x_{tj} 存在線性關係，$x_{tj}, j = 0, 1, \cdots, k-1$，是 y_t 的重要解釋變量。u_t 代表眾多影響 y_t 變化的微小因素。使 y_t 的變化偏離了 $E(y_t) = \beta_0 +$

第九章　多元線性迴歸模型的估計與統計檢驗

$\beta_1 x_{t1} + \beta_2 x_{t2} + \cdots + \beta_{k-1} x_{t\,k-1}$ 決定的 k 維空間平面。

當給定一個樣本 $(y_t, x_{t1}, x_{t2}, \cdots, x_{t\,k-1})$, $t = 1, 2, \cdots, T$ 時，上述模型表示為

$$\begin{cases} y_1 = \beta_0 + \beta_1 x_{11} + \beta_2 x_{12} + \cdots + \beta_{k-1} x_{1\,k-1} + u_1, \\ y_2 = \beta_0 + \beta_1 x_{21} + \beta_2 x_{22} + \cdots + \beta_{k-1} x_{2\,k-1} + u_2, \\ \cdots\cdots \\ y_T = \beta_0 + \beta_1 x_{T1} + \beta_2 x_{T2} + \cdots + \beta_{k-1} x_{T\,k-1} + u_T, \end{cases}$$

經濟意義：x_{tj} 是 y_t 的重要解釋變量。
代數意義：y_t 與 x_{tj} 存在線性關係。
幾何意義：y_t 表示一個多維平面。

(9-2)

此時 y_t 與 x_{ti} 已知，β_j 與 u_t 未知。

$$\begin{bmatrix} y_1 \\ y_2 \\ \vdots \\ y_T \end{bmatrix} = \begin{bmatrix} 1 & x_{11} & \cdots & x_{1j} & \cdots & x_{1\,k-1} \\ 1 & x_{21} & \cdots & x_{2j} & \cdots & x_{2\,k-1} \\ \cdots & \cdots & \cdots & \cdots & \cdots & \cdots \\ 1 & x_{T1} & \cdots & x_{Tj} & \cdots & x_{T\,k-1} \end{bmatrix}_{(T \times k)} \begin{bmatrix} \beta_0 \\ \beta_1 \\ \vdots \\ \beta_{k-1} \end{bmatrix}_{(k \times 1)} + \begin{bmatrix} u_1 \\ u_2 \\ \vdots \\ u_T \end{bmatrix}_{(T \times 1)} \quad (9\text{-}3)$$

$$Y = X\beta + u \quad (9\text{-}4)$$

為保證得到最優估計量，迴歸模型 (9-4) 應滿足如下假定條件。

假定（1）　隨機誤差項 u_t 是非自相關的，每一誤差項都滿足均值為零，方差 σ^2 相同且為有限值，即

$$E(u) = 0 = \begin{bmatrix} 0 \\ \vdots \\ 0 \end{bmatrix}, \quad Var(u) = E(u\,u') = \sigma^2 I = \sigma^2 \begin{bmatrix} 1 & 0 & 0 \\ 0 & \ddots & 0 \\ 0 & 0 & 1 \end{bmatrix}$$

假定（2）　解釋變量與誤差項相互獨立，即

$$E(X'u) = 0$$

假定（3）　解釋變量之間線性無關。

$$rk(X'X) = rk(X) = k$$

其中 $rk(\cdot)$ 表示矩陣的秩。

假定（4）　解釋變量是非隨機的，且當 $T \to \infty$ 時

$$T^{-1} X'X \to Q$$

其中，Q 是一個有限值的非退化矩陣。

最小二乘（OLS）法的原理是求殘差（誤差項的估計值）平方和最小。代數上是求極值問題。

$$\min S = (Y - X\hat{\beta})'(Y - X\hat{\beta}) = Y'Y - \hat{\beta}'X'Y - Y'X\hat{\beta} + \hat{\beta}'X'X\hat{\beta}$$
$$= Y'Y - 2\hat{\beta}'X'Y + \hat{\beta}'X'X\hat{\beta} \quad (9\text{-}5)$$

因為 $Y'X\hat{\beta}$ 是一個標量，所以有 $Y'X\hat{\beta} = \hat{\beta}'X'Y$。公式 (9-5) 的一階條件為：

$$\frac{\partial S}{\partial \hat{\beta}} = -2X'Y + 2X'X\hat{\beta} = 0 \quad (9\text{-}6)$$

化簡得

$$X'Y = X'X\hat{\beta}$$

因為 $(X'X)$ 是一個非退化矩陣[見假定(3)]，所以有

$$\hat{\beta} = (X'X)^{-1}X'Y \tag{9-7}$$

因為 X 的元素是非隨機的，$(X'X)^{-1}X$ 是一個常數矩陣，則 $\hat{\beta}$ 是 Y 的線性組合，為線性估計量。

求出 $\hat{\beta}$，估計的迴歸模型寫為

$$Y = X\hat{\beta} + \hat{u} \tag{9-8}$$

其中，$\hat{\beta} = (\hat{\beta}_0 \quad \hat{\beta}_1 \quad \cdots \hat{\beta}_{k-1})'$ 是 β 的估計值列向量，$\hat{u} = (Y - X\hat{\beta})$ 稱為殘差列向量。因為

$$\hat{u} = Y - X\hat{\beta} = Y - X(X'X)^{-1}X'Y = [I - X(X'X)^{-1}X']Y \tag{9-9}$$

所以 $\hat{u}$ 也是 Y 的線性組合。$\hat{\beta}$ 的期望值和方差是

$$E(\hat{\beta}) = E[(X'X)^{-1}X'Y] = E[(X'X)^{-1}X'(X\beta + u)]$$
$$= \beta + (X'X)^{-1}X'E(u) = \beta \tag{9-10}$$
$$\text{Var}(\hat{\beta}) = E[(\hat{\beta} - \beta)(\hat{\beta} - \beta)'] = E[(X'X)^{-1}X'uu'X(X'X)^{-1}]$$
$$= E[(X'X)^{-1}X'\sigma^2 IX(X'X)^{-1}] = \sigma^2(X'X)^{-1} \tag{9-11}$$

高斯-馬爾可夫定理：若前述假定條件成立，OLS 估計量是最佳線性無偏估計量。$\hat{\beta}$ 具有無偏性。$\hat{\beta}$ 具有最小方差特性。$\hat{\beta}$ 具有一致性、漸近無偏性和漸近有效性。

2. 殘差的方差

$$s^2 = \hat{u}'\hat{u}/(T-k) \tag{9-12}$$

s^2 是 σ^2 的無偏估計量，$E(s^2) = \sigma^2$。$\hat{\beta}$ 的估計的方差協方差矩陣是

$$\hat{\text{Var}}(\hat{\beta}) = s^2(X'X)^{-1} \tag{9-13}$$

3. 多重確定系數(多重可決系數)

$$Y = X\hat{\beta} + \hat{u} = \hat{Y} + \hat{u} \tag{9-14}$$

總平方和 $SST = \sum_{t=1}^{T}(y_t - \bar{y})^2 = \sum_{t=1}^{T} y_t^2 - \sum_{t=1}^{T} 2y_t\bar{y} + \sum_{t=1}^{T} \bar{y}^2$

$$= \sum_{t=1}^{T} y_t^2 - 2\bar{y}\sum_{t=1}^{T} y_t + T\bar{y}^2 = Y'Y - T\bar{y}^2, \tag{9-15}$$

其中，$\bar{y}$ 是 y_t 的樣本平均數，定義為 $\bar{y} = (\sum_{t=1}^{T} y_t)/T$。同理，迴歸平方和為

$$SSR = \sum_{t=1}^{T}(\hat{y}_t - \bar{y})^2 = \hat{Y}'\hat{Y} - T\bar{y}^2 \tag{9-16}$$

其中 $\bar{y}$ 的定義同上。殘差平方和為

$$SSE = \sum_{t=1}^{T}(y_t - \hat{y})^2 = \sum_{t=1}^{T} \hat{u}_t^2 = \hat{u}'\hat{u} \tag{9-17}$$

則有如下關係存在：

$$SST = SSR + SSE \tag{9-18}$$

第九章 多元線性迴歸模型的估計與統計檢驗

$$R^2 = \frac{SSR}{SST} = \frac{\hat{Y}'\hat{Y} - Ty^2}{Y'Y - Ty^2} \tag{9-19}$$

顯然有 $0 \leq R^2 \leq 1$。$R^2 \to 1$，擬合優度越好。

4. 調整的多重確定系數

當解釋變量的個數增加時，通常 R^2 不下降，而是上升。為調整因自由度減小帶來的損失，又定義調整的多重確定系數 $\bar{R}^2$ 如下：

$$\bar{R}^2 = 1 - \frac{SST/(T-k)}{SST/(T-1)} = 1 - \left(\frac{T-1}{T-k}\right)\left(\frac{SST-SSR}{SST}\right) = 1 - \frac{T-1}{T-k}(1-R^2) \tag{9-20}$$

5. OLS 估計量的分佈

若 $u \sim N(0, \sigma^2 I)$，則每個 u_t 都服從正態分佈。於是有：

$$Y \sim N(X\beta, \sigma^2 I) \tag{9-21}$$

因 $\hat{\beta}$ 也是 u 的線性組合[見公式(9-7)]，依據公式(9-10)和公式(9-11)有：

$$\hat{\beta} \sim N(\beta, \sigma^2(X'X)^{-1}) \tag{9-22}$$

6. 方差分析與 F 檢驗

與 SST 相對應，自由度 $T-1$ 也被分解為兩部分，

$$T - 1 = (k-1) + (T-k) \tag{9-23}$$

迴歸均方定義為 $MSR = \frac{SSR}{k-1}$，誤差均方定義為 $MSE = \frac{SSE}{T-k}$。

方差分析的情況如表 9-1 所示。

表 9-1 方差分析表

方差來源	平方和	自由度	均方
迴歸	$SSR = \hat{Y}'\hat{Y} - Ty^2$	$k-1$	$MSR = SSR/(k-1)$
誤差	$SSE = \hat{u}'\hat{u}$	$T-k$	$MSE = SSE/(T-k)$
總和	$SST = Y'Y - Ty^2$	$T-1$	

$H_0: \beta_1 = \beta_2 = \cdots = \beta_{k-1} = 0$；$H_1: \beta_j$ 不全為零

$$F = \frac{MSR}{MSE} = \frac{SSR/(k-1)}{SSE/(T-k)} \sim F_{(k-1, T-k)} \tag{9-24}$$

設檢驗水準為 α，則檢驗規則為，若 $F \leq F_{\alpha(k-1, T-k)}$，接受 H_0；若 $F > F_{\alpha(k-1, T-k)}$，拒絕 H_0。

7. t 檢驗

$H_0: \beta_j = 0$ $(j = 1, 2, \cdots, k-1)$，$H_1: \beta_j \neq 0$

$$t = \frac{\hat{\beta}_j}{s(\hat{\beta}_j)} = \hat{\beta}_j / \sqrt{Var(\hat{\beta})_{j+1}} = \hat{\beta}_j / \sqrt{s^2(X'X)^{-1}_{j+1}} \sim t_{(T-k)} \tag{9-25}$$

判別規則：若 $|t| \leq t_{\alpha(T-k)}$，接受 H_0；若 $|t| > t_{\alpha(T-k)}$，拒絕 H_0。

8. β_i 的置信區間

(1) 全部 β_i 的聯合置信區間接受。

$$F = \frac{1}{k}(\beta - \hat{\beta})'(X'X)(\beta - \hat{\beta})/s^2 \sim F_{\alpha(k,T-k)} \qquad (9-26)$$

$$(\beta - \hat{\beta})'(X'X)(\beta - \hat{\beta}) \leq s^2 k F_{\alpha(k,T-k)}，它是一個 k 維橢球。 \qquad (9-27)$$

(2) 單個 β_i 的置信區間。

$$\beta_i = \hat{\beta}_i \pm \sqrt{v_{j+1}} s \, t_{\alpha/2(T-k)} \qquad (9-28)$$

9. 預測

(1) 點預測。

$$C = (1 \quad x_{T+1,1} \quad x_{T+1,2} \cdots x_{T+1,k-1}) \qquad (9-29)$$

則 $T+1$ 期被解釋變量 y_{T+1} 的點預測式是：

$$\hat{y}_{T+1} = C\hat{\beta} = \hat{\beta}_0 + \hat{\beta}_1 x_{T+1,1} + \cdots + \hat{\beta}_{k-1} x_{T+1,k-1} \qquad (9-30)$$

(2) $E(y_{T+1})$ 的置信區間預測。

首先求點預測式 $C\hat{\beta}$ 的抽樣分佈

$$E(\hat{y}_{T+1}) = E(C\hat{\beta}) = C\beta \qquad (9-31)$$

$$\operatorname{Var}(\hat{y}_{T+1}) = \operatorname{Var}(C\hat{\beta}) = E[(C\hat{\beta} - C\beta)(C\hat{\beta} - C\beta)']$$

$$= E\{C(\hat{\beta} - \beta)[C(\hat{\beta} - \beta)]'\} = CE[(\hat{\beta} - \beta)(\hat{\beta} - \beta)']C'$$

$$= C\operatorname{Var}(\hat{\beta})C' = C\sigma^2(X'X)^{-1}C' = \sigma^2 C(X'X)^{-1}C' \qquad (9-32)$$

因為 $\hat{\beta}$ 服從多元正態分佈，所以 $C\hat{\beta}$ 也是一個多元正態分佈變量，即

$$\hat{y}_{T+1} = C\hat{\beta} \sim N(C\beta, \sigma^2 C(X'X)^{-1}C') \qquad (9-33)$$

構成 t 分佈統計量如下

$$t = \frac{\hat{y}_{T+1} - E(\hat{y}_{T+1})}{s\sqrt{C(X'X)^{-1}C'}} = \frac{C\hat{\beta} - C\beta}{s\sqrt{C(X'X)^{-1}C'}} \sim t_{(T-k)} \qquad (9-34)$$

置信區間 $\qquad C\hat{\beta} \pm t_{\alpha/2(1,T-k)} s\sqrt{C(X'X)^{-1}C'} \qquad (9-35)$

(3) 單個 y_{T+1} 的置信區間預測。

y_{T+1} 值與點預測值 $\hat{y}_{T+1}$ 有以下關係：

$$y_{T+1} = \hat{y}_{T+1} + u_{T+1} \qquad (9-36)$$

其中 u_{T+1} 是隨機誤差項。因為

$$E(y_{T+1}) = E(\hat{y}_{T+1} + u_{T+1}) = C\beta \qquad (9-37)$$

$$\operatorname{Var}(y_{T+1}) = \operatorname{Var}(\hat{y}_{T+1}) + \operatorname{Var}(u_{T+1}) = \sigma^2 C(X'X)^{-1}C' + \sigma^2$$

$$= \sigma^2[C(X'X)^{-1}C' + 1] \qquad (9-38)$$

因為 $\hat{\beta}$ 服從多元正態分佈，所以 y_{T+1} 也是一個多元正態分佈變量，即

$$y_{T+1} \sim N[C\beta, \sigma^2 C(X'X)^{-1}C' + 1]$$

第九章　多元線性迴歸模型的估計與統計檢驗

與上相仿，單個 y_{T+1} 的置信區間是

$$C\hat{\beta} \pm t_{\alpha/2\,(T-k)}\, s\sqrt{C(X'X)^{-1}C' + 1} \qquad (9\text{-}39)$$

四、實驗過程

實驗二：多元線性迴歸模型的估計與統計檢驗

【理論依據】索洛增長模型也稱為索洛-斯旺模型，它是由羅伯特·索洛（Robert Solow）和 T.W.斯旺（T.W.Swan）於 1956 年共同建立的。索洛增長模型包含四個變量：產出（Y）、資本（K）、勞動（L）、技術進步（A）。假定技術進步為常數，那麼索洛增長模型的生產函數形式可表示成：$Y = AK^\alpha L^\beta$，線性化為：$\ln Y = \ln A + \alpha \ln K + \beta \ln L$。其中，參數 α、β 分別反應產出的資本彈性和勞動彈性，彈性越大，則被解釋變量對解釋變量的變動越敏感。

【模型與數據】$\ln Y = \ln A + \alpha \ln K + \beta \ln L$，$Y$ 表示 GDP（億元）、K 表示固定資產投資（億元）、L 表示年平均勞動人口數（萬人）。為考察 2000—2017 年中國產出的資本彈性 α 和勞動彈性 β，建立多元線性迴歸模型，相關數據來源於《中國統計年鑒》和《中國人口和就業統計年鑒》，如表 9-2 所示。

表 9-2　2000—2017 年中國 GDP、固定資產投資和勞動力

年份	Y	K	L	年份	Y	K	L
2000	100,280	32,918	72,085	2009	349,081	224,599	75,828
2001	110,863	37,214	72,797	2010	413,030	251,684	76,105
2002	121,717	43,500	73,280	2011	489,301	311,485	76,420
2003	137,422	55,567	73,736	2012	540,367	374,695	76,704
2004	161,840	70,477	74,264	2013	595,244	446,294	76,977
2005	187,319	88,774	74,647	2014	643,974	512,021	77,253
2006	219,439	109,998	74,978	2015	689,052	562,000	77,451
2007	270,232	137,324	75,321	2016	743,586	606,466	77,603
2008	319,516	172,828	75,564	2017	827,122	641,238	77,640

實驗過程分為五個部分：數據輸入與顯示；變量描述與相關性分析；模型的參數估計；模型的統計檢驗；模型的預測分析。

1. 數據輸入與顯示

數據輸入方式參照實驗一中圖 8-15 至圖 8-19。數據輸入後，按照圖 8-22 將 Y、K、L 生成序列組，如圖 9-1 所示。

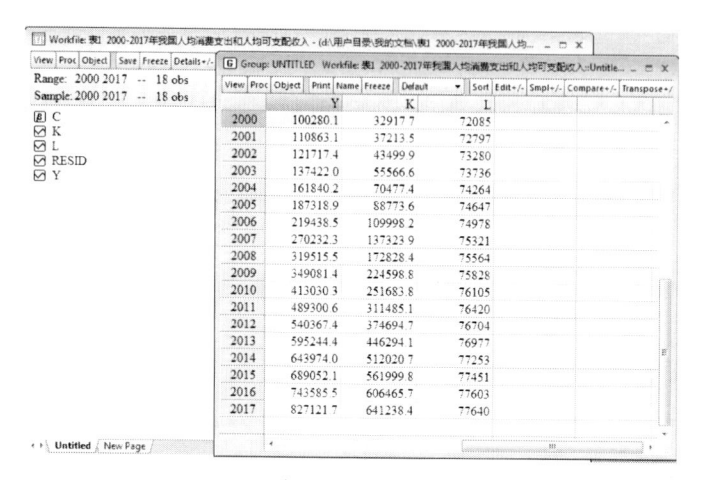

圖 9-1　創建 Y、K、L 序列組

2.變量描述與相關性分析

（1）變量描述。在圖 9-1 序列組中，依次點擊：「View/Descriptive Stats/Common Sample」，即可輸出 Y、K、L 三變量的描述性統計量，如圖 9-2 所示。

圖 9-2　Y、K、L 的描述性統計量

從圖 9-2 描述性統計量中，可知 Y、K、L 的均值分別為 384,410.3、259,948.9、75,480.72，標準差分別為 240,763.2、213,125.8、1,721.807，還可在圖 9-2 中得到各個變量的中位數、極值、偏度、峰度等信息。

（2）相關性分析。在序列組中，依次點擊「View/Covariance Analysis」，在彈出的對

第九章　多元線性迴歸模型的估計與統計檢驗

話框中勾選「Correlation」,點擊「OK」後,即可輸出 Y、K、L 的相關係數,如圖9-3 所示。

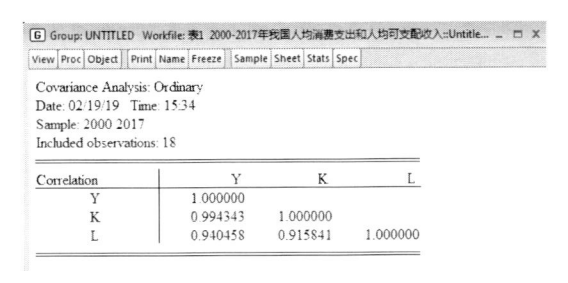

圖9-3　Y、K、L 的相關係數

從圖9-3 中可知,Y 與 K 的相關係數為 0.994,3、Y 與 L 的相關係數為 0.940,5、K 與 L 的相關係數為 0.915,8,表明 Y、K、L 兩兩之間存在高度的正相關性。

點擊序列組對話框中目錄欄的「Sheet」,返回數據表格界面,再依次點擊「View/Graph」,在對話框中選擇「Graph Type/Basic type/Scatter」,即可輸出 $K-Y$、$L-Y$ 散點圖,如圖9-4 所示。從圖中看出,$K-Y$ 散點圖呈現規律性的上升趨勢,表明 K 與 Y 具有較強的相關性;$L-Y$ 散點圖呈現平緩上升特徵,亦表明 L 與 Y 具有穩定的相關關係。

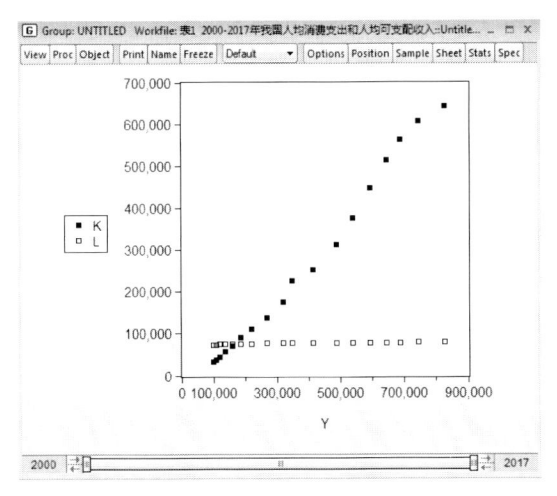

圖9-4　$K-Y$、$L-Y$ 的相關趨勢圖

3.模型的參數估計

多元線性迴歸模型的待估參數至少包含三個,即常數項、解釋變量 X_1、X_2、X_3 等,在本例中,待估參數為常數項、α、β 三個參數。

在 Y、K、L 序列組中,點擊序列組目錄欄「Proc/Make Equation」,在方程命令輸入框中輸入「log(Y) C log(K) log(L)」,或者寫成方程形式「log(Y)= C(1) +C(2)*log(k) +C(3)*log(L)」,如圖9-5 所示。

經濟計量分析實驗

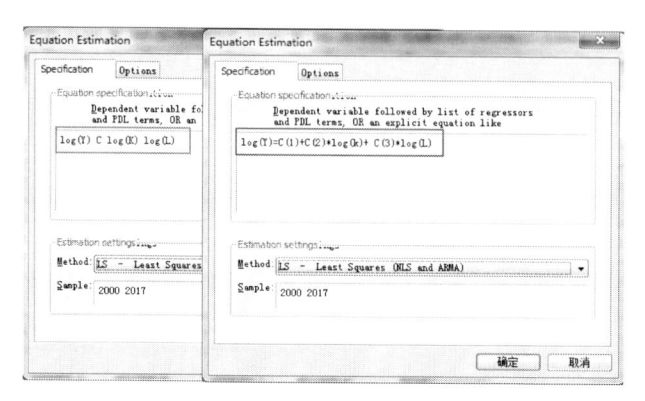

圖 9-5　多元線性模型的命令輸入形式

需要注意的是，由於本例中線性迴歸模型的形式為：$\ln Y = \ln A + \alpha \ln K + \beta \ln L$，因此在命令輸入過程中，要對 Y、K、L 變量均取對數（log），表示取各變量的自然對數。如果不取對數，那麼原線性迴歸模型會變成 $Y = A + \alpha K + \beta L$，這時，$\alpha$、$\beta$ 的參數經濟意義就與原模型的經濟意義完全不同了。

在「Method」的選項框中選擇「LS」，表示採用最小二乘法進行估計。點擊「確定」後，生成多元線性迴歸模型的參數估計結果，如圖9-6所示。

圖 9-6　多元線性迴歸模型的參數估計結果

4. 模型的統計檢驗

根據圖9-6，對模型參數進行顯著性檢驗，先給定一個參數顯著性水準值為1%（=0.01），可以看到，常數項 C(1) 的 t 檢驗值為1.47，伴隨概率為0.16，大於給定臨界值0.01，表明常數項 C(1) 不顯著，不能拒絕常數項為零的原假設；

α（即 C(2)）的 t 檢驗值為12.04，伴隨概率為0.000,0，小於給定臨界值0.01，表

第九章　多元線性迴歸模型的估計與統計檢驗

示 α 顯著,拒絕 $\alpha = 0$ 的原假設;

β(即 C(3))的 t 檢驗值為 -1.34,伴隨概率為 0.20,大於給定臨界值 0.01,表示 β 不顯著,不能拒絕 $\beta = 0$ 的原假設。

上述參數顯著性檢驗結果為:參數 α 檢驗通過,常數項和參數 β 檢驗不通過。

在統計檢驗中,可以看到 $R^2 = 0.997,8$、$R_a^2 = 0.997,5$,逼近於 1,表明模型的擬合效果較好;$F = 3,444.84$,其伴隨概率為 0.000,0,小於 1% 的顯著水準,表示模型構建是顯著成立的。

正如前文所述,在統計檢驗之前,需要構建起迴歸變量間的經濟聯繫,並且粗略判斷參數值的符號和大小是否符合經濟事實。在模型的經濟意義檢驗通過之後,統計檢驗才能凸顯其價值。此案例中,產出的勞動彈性為負值,這既不符合經濟增長理論,也不符合中國經濟增長的事實。在對 β 的參數顯著性檢驗中可以看到,在顯著性水準為 1% 的條件下,不能拒絕 β 為零的原假設(0.20>0.01),進一步表明 $\beta = -3.86$ 不可信。

因此,我們需要重新審視建模的合理性。在原模型 $\ln Y = \ln A + \alpha \ln K + \beta \ln L$ 中,未給出資本、勞動對產出的規模報酬條件,假設我們給定在樣本期內,資本和勞動對產出的規模報酬不變,即 $\alpha + \beta = 1$,則原模型可變為:$\ln Y = \ln A + \alpha \ln K + (1 - \alpha) \ln L$。根據新建模型,在 Y、K、L 序列組中,點擊目錄欄「Proc/Make Equation」,在方程命令輸入框中輸入:「log(Y) = C(1) + C(2) * log(k) + (1 - C(2)) * log(L)」,如圖 9-7 所示。

在「Method」選項框中選擇「LS」,單擊「確定」,生成受限參數估計結果,如圖 9-8 所示。

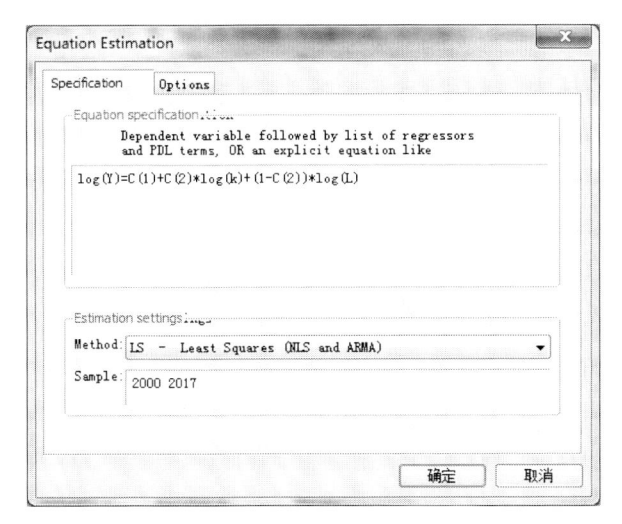

圖 9-7　輸入模型的函數表達式

```
Equation: UNTITLED  Workfile: 要1 2000-2017年我國人均消費支出和人均可支配收入::Untitled\
View Proc Object  Print Name Freeze  Estimate Forecast Stats Resids

Dependent Variable: LOG(Y)
Method: Least Squares
Date: 02/19/19   Time: 18:30
Sample: 2000 2017
Included observations: 18
LOG(Y)=C(1)+C(2)*LOG(K)+(1-C(2))*LOG(L)

                Coefficient   Std. Error    t-Statistic    Prob.
    C(1)        0.844874      0.011264      75.00731       0.0000
    C(2)        0.689770      0.008871      77.75463       0.0000

R-squared              0.997526    Mean dependent var     12.64126
Adjusted R-squared     0.997371    S.D. dependent var      0.712175
S.E. of regression     0.036515    Akaike info criterion  -3.677757
Sum squared resid      0.021333    Schwarz criterion      -3.578827
Log likelihood        35.09982    Hannan-Quinn criter.    -3.664116
F-statistic         6450.713      Durbin-Watson stat       1.408193
Prob(F-statistic)      0.000000
```

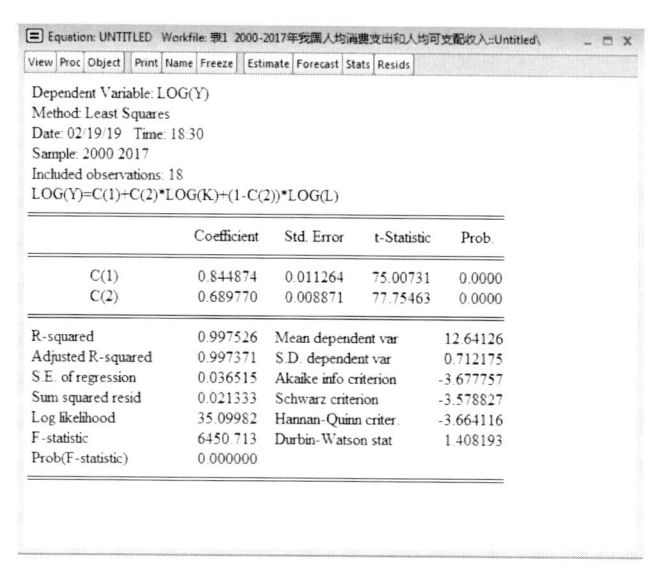

圖 9-8　受限參數模型輸出結果

　　根據圖 9-8,常數項 C(1) 的 t 檢驗值為 75.01,伴隨概率為 0.000,0,小於給定臨界值 0.01,表明常數項 C(1) 顯著,拒絕原假設;

　　α (即 C(2)) 的 t 檢驗值為 77.75,伴隨概率為 0.000,0,小於給定臨界值 0.01,表示 α 顯著,拒絕原假設;

　　通過 α 的參數值,可得 β = 1 - α = 0.31。

　　在統計檢驗中,可以看到 $R^2 = 0.997,5$、$R_a^2 = 0.997,4$,逼近於 1,表明模型的擬合效果較好;$F = 6,450.71$,其伴隨概率為 0.000,0,小於 1% 的顯著水準,表示模型構建是顯著成立的。

　　受限參數模型反應,資本的產出彈性為 0.69,勞動的產出彈性為 0.31,資本對經濟增長的拉動力要大於勞動,符合經濟理論和樣本期內的經濟事實。

5.模型的預測分析

　　依次點擊模型結果輸出窗口左上角「View/Actual, Fitted, Residual/Actual, Fitted, Residual Table」,可以得到樣本期內被解釋變量的對數真實值(Actual)、對數預測值(Fitted)、對數殘差(Residual),以及對數殘差圖(Residual Plot),如圖 9-9 所示。

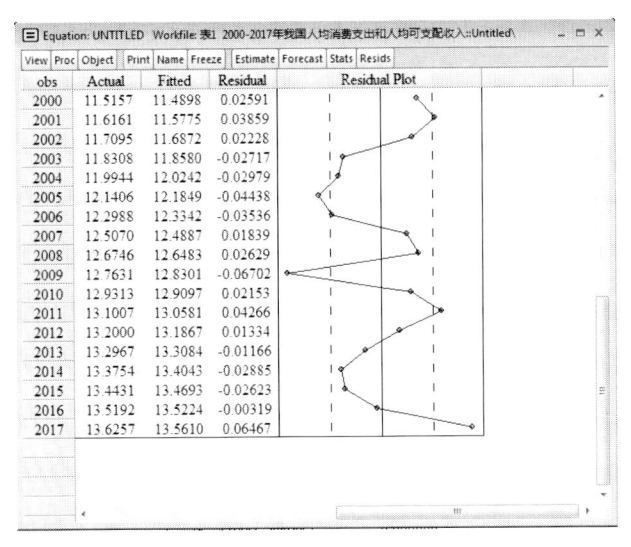

第九章　多元線性迴歸模型的估計與統計檢驗

圖 9-9　被解釋變量的對數真實值、對數預測值、對數殘差及殘差圖

假設 2018 年 $K = 660,000$ 億元、$L = 77,700$ 萬人，預測 2018 年的 GDP。與圖 8-35 至圖 8-38 類似，先在工作文件中修改時期，點擊「Proc/Structure/Resize Current Page」，在對話框中將樣本截止年份修改為 2018。然後，將 $K = 660,000$、$L = 77,700$ 輸入序列組，進行迴歸。在結果輸出界面中點擊「Forecast」，將對話框中「Forecast Sample」修改為「2000, 2018」，單擊「OK」即可生成被解釋變量 Y 的預測曲線及 2018 年的預測值（數值在新生成的序列 YF 中），如圖 9-10 所示。可知，在給定 2018 年 $K = 660,000$、$L = 77,700$，那麼 $Y = 791,089.6$。

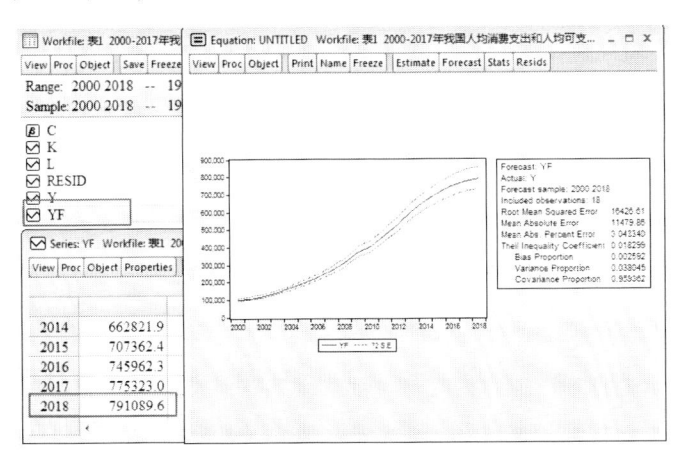

圖 9-10　2018 年被解釋變量 Y 預測值

五、思考題

1. 經研究發現,家庭書刊消費受家庭收入及戶主受教育年數的影響,表9-3中為對某地區部分家庭抽樣調查得到樣本數據。

表9-3 某地區家庭書刊消費、家庭收入、戶主受教育年數

家庭書刊年消費支出 Y/元	家庭月平均收入 X/元	戶主受教育年數 T/年	家庭書刊年消費支出 Y/元	家庭月平均收入 X/元	戶主受教育年數 T/年
450	1,027.2	8	793.2	1,998.6	14
507.7	1,045.2	9	660.8	2,196	10
613.9	1,225.8	12	792.7	2,105.4	12
563.4	1,312.2	9	580.8	2,147.4	8
501.5	1,316.4	7	612.7	2,154	10
781.5	1,442.4	15	890.8	2,231.4	14
541.8	1,641	9	1,121	2,611.8	18
611.1	1,768.8	10	1,094.2	3,143.4	16
1,222.1	1,981.2	18	1,253	3,624.6	20

(1) 建立家庭書刊消費的計量經濟模型;
(2) 利用樣本數據估計模型的參數;
(3) 檢驗戶主受教育年數對家庭書刊消費是否有顯著影響;
(4) 分析所估計模型的經濟意義和作用。

2.「期望擴充菲利普斯曲線」(Expectations-augmented Phillips curve)模型為:

$$Y_t = \beta_1 + \beta_2 X_{2t} + \beta_3 X_{3t} + u_t$$

其中,Y_t為實際通貨膨脹率(%);X_{2t}為失業率(%);X_{3t}為預期的通貨膨脹率(%)。表9-4為某國的有關數據。

表9-4 1970—1982年某國實際通貨膨脹率 Y   單位:%

年份	實際通貨膨脹率 Y	失業率 X2	預期的通貨膨脹率 X3
1970	5.92	4.90	4.78
1971	4.30	5.90	3.84
1972	3.30	5.60	3.31
1973	6.23	4.90	3.44
1974	10.97	5.60	6.84
1975	9.14	8.50	9.47
1976	5.77	7.70	6.51
1977	6.45	7.10	5.92
1978	7.60	6.10	6.08
1979	11.47	5.80	8.09
1980	13.46	7.10	10.01
1981	10.24	7.60	10.81
1982	5.99	9.70	8.00

第九章　多元線性迴歸模型的估計與統計檢驗

(1)對此模型作估計,並做出經濟學和計量經濟學的說明。
(2)根據此模型的估計結果,作計量經濟學的檢驗。
(3)計算修正的可決系數(寫出詳細計算過程)。

3.某地區城鎮居民人均全年耐用消費品支出、人均年可支配收入及耐用消費品價格指數的統計資料如表9-5所示。

表9-5　某地區城鎮居民消費、收入與價格表

年份	人均耐用消費品支出 Y/元	人均年可支配收入 X1/元	耐用消費品價格指數 X2(1990年=100)
1991	137.16	1,181.4	115.96
1992	124.56	1,375.7	133.35
1993	107.91	1,501.2	128.21
1994	102.96	1,700.6	124.85
1995	125.24	2,026.6	122.49
1996	162.45	2,577.4	129.86
1997	217.43	3,496.2	139.52
1998	253.42	4,283.0	140.44
1999	251.07	4,838.9	139.12
2000	285.85	5,160.3	133.35
2001	327.26	5,425.1	126.39

利用表中數據,建立該地區城鎮居民人均全年耐用消費品支出關於人均年可支配收入和耐用消費品價格指數的迴歸模型,進行迴歸分析,並檢驗人均年可支配收入及耐用消費品價格指數對城鎮居民人均全年耐用消費品支出是否有顯著影響。

4.表9-6給出的是1960—1982年間7個OECD國家的能源需求指數(Y)、實際GDP指數($X1$)、能源價格指數($X2$)的數據,所有指數均以1970年為基準(1970=100)。

表9-6　OECD國家的能源需求表

年份	能源需求指數 Y	實際GDP指數 X1	能源價格指數 X2	年份	能源需求指數 Y	實際GDP指數 X1	能源價格指數 X2
1960	54.1	54.1	111.9	1972	97.2	94.3	98.6
1961	55.4	56.4	112.4	1973	100.0	100.0	100.0
1962	58.5	59.4	111.1	1974	97.3	101.4	120.1
1963	61.7	62.1	110.2	1975	93.5	100.5	131.0
1964	63.6	65.9	109.0	1976	99.1	105.3	129.6
1965	66.8	69.5	108.3	1977	100.9	109.9	137.7
1966	70.3	73.2	105.3	1978	103.9	114.4	133.7
1967	73.5	75.7	105.4	1979	106.9	118.3	144.5
1968	78.3	79.9	104.3	1980	101.2	119.6	179.0
1969	83.3	83.8	101.7	1981	98.1	121.1	189.4
1970	88.9	86.2	97.7	1982	95.6	120.6	190.9
1971	91.8	89.8	100.3				

(1)建立能源需求與收入和價格之間的對數需求函數 $\ln Y_t = \beta_0 + \beta_1 \ln X1_t + \beta_2 \ln X2_t + u_t$，解釋各迴歸係數的意義，用 P 值檢驗所估計迴歸係數是否顯著。

(2)再建立能源需求與收入和價格之間的線性迴歸模型 $Y_t = \beta_0 + \beta_1 X1_t + \beta_2 X2_t + u_t$，解釋各迴歸係數的意義，用 P 值檢驗所估計迴歸係數是否顯著。

(3)比較所建立的兩個模型。如果兩個模型的結論不同，你將選擇哪個模型？為什麼？

第十章　多重共線性的檢驗與修正

一、實驗目的與要求

實驗目的：

掌握多重共線性模型的檢驗方法、處理方法。

實驗要求：

瞭解輔助迴歸檢驗和掌握可決系數值和 t 值檢驗，解釋變量相關係數檢驗，先驗信息解決法。

二、實驗原理

可決系數值和 t 值檢驗、解釋變量相關係數和輔助迴歸檢驗、先驗信息法。

三、理論教學內容

1. 多重共線性的含義

完全多重共線性與近似多重共線性。

2. 實際經濟問題中的多重共線性

(1) 經濟變量相關的共同趨勢。

(2) 模型設定不謹慎。

(3) 樣本資料的限制。

3. 多重共線性的後果

（1）完全共線性下參數估計量不存在。

（2）近似共線性下普通最小二乘法參數估計量增大（但仍有效）。

注意：在所有線性無偏估計量中，OLS 估計量的方差最小，這是由高斯-馬爾科夫定理所決定的。所以，一般共線性並未破壞最小方差性（有效性），但有效（最小方差）並不意味該最小方差真的很小。

（3）參數估計量經濟含義不合理。

（4）變量的顯著性檢驗失去意義。

（5）模型的預測功能失效。

變大的方差容易使區間預測的「區間」變大，使預測失去意義。

4. 多重共線性的檢驗

（1）任務。

①檢驗多重共線性是否存在；

②估計多重共線性的範圍。

（2）檢驗多重共線性是否存在：

①對兩個解釋變量的模型，採用簡單相關係數法；

②對多個解釋變量的模型，採用綜合統計檢驗法；

③判定系數檢驗法；

④逐步迴歸法：

（a）用被解釋變量對每一個所考慮的解釋變量做簡單迴歸。並給解釋變量的重要性按可決系數大小排序。

（b）以對被解釋變量貢獻最大的解釋變量所對應的迴歸方程為基礎，按解釋變量重要性大小為順序逐個引入其餘的解釋變量。這個過程會出現 3 種情形：情形一，若新變量的引入改進了 R^2，且迴歸參數的 t 檢驗在統計上也是顯著的，則該變量在模型中予以保留；情形二，若新變量的引入未能改進 R^2，且對其他迴歸參數估計值的 t 檢驗也未帶來什麼影響，則認為該變量是多餘的，應該捨棄；情形三，若新變量的引入未能改進 R^2，且顯著地影響了其他迴歸參數估計值的符號與數值，同時本身的迴歸參數也通不過 t 檢驗，這說明出現了嚴重的多重共線性，應捨棄該變量。

5. 克服多重共線性的方法

（1）直接合併解釋變量。當模型中存在多重共線性時，在不失去實際意義的前提下，可以把有關的解釋變量直接合併，從而降低或消除多重共線性。

如果研究的目的是預測全國貨運量，那麼可以把重工業總產值和輕工業總產值合併為工業總產值，從而使模型中的解釋變量個數減少到兩個以消除多重共線性。甚至還可以與農業總產值合併，變為工農業總產值。解釋變量變成了一個，自然消除了多重共線性。

（2）利用已知信息合併解釋變量。通過經濟理論及對實際問題的深刻理解，對發

第十章 多重共線性的檢驗與修正

生多重共線性的解釋變量引入附加條件從而減弱或消除多重共線性。比如二元迴歸模型

$$y_t = \beta_0 + \beta_1 x_{t1} + \beta_2 x_{t2} + u_t \tag{10-1}$$

x_1 與 x_2 間存在多重共線性。如果依據經濟理論或對實際問題的深入調查研究，能給出迴歸系數 β_1 與 β_2 的某種關係，例如

$$\beta_2 = \lambda \beta_1 \tag{10-2}$$

其中 λ 為常數。把上式代入模型(10-2)，得

$$y_t = \beta_0 + \beta_1 x_{t1} + \lambda \beta_1 x_{t2} + u_t = \beta_0 + \beta_1 (x_{t1} + \lambda x_{t2}) + u_t \tag{10-3}$$

令

$$x_t = x_{t1} + \lambda x_{t2}$$

得

$$y_t = \beta_0 + \beta_1 x_t + u_t \tag{10-4}$$

模型(10-4)是一元線性迴歸模型，所以不再有多重共線性問題。用普通最小二乘法估計模型(10-4)，得到 $\hat{\beta}_1$，然後再利用公式(10-2)求出 $\hat{\beta}_2$。

下面以道格拉斯(Douglass)生產函數為例，做進一步說明。

$$Y_t = K L_t^\alpha C_t^\beta e^{u_t} \tag{10-5}$$

其中，Y_t 表示產出量，L_t 表示勞動力投入量，C_t 表示資本投入量。兩側取自然對數後，

$$LnY_t = LnK_t + \alpha LnL_t + \beta LnC_t + u_t \tag{10-6}$$

因為勞動力(L_t)與資本(C_t)常常是高度相關的，所以 LnL_t 與 LnC_t 也高度相關，致使無法求出 α, β 的精確估計值。假如已知所研究的對象屬於規模報酬不變型，即得到一個條件

$$\alpha + \beta = 1$$

利用這一關係把模型(10-6)變為

$$LnY_t = LnK_t + \alpha LnL_t + (1-\alpha) LnC_t + u_t$$

整理後，

$$Ln\left(\frac{Y_t}{C_t}\right) = Ln K_t + \alpha Ln \left(\frac{L_t}{C_t}\right) + u_t \tag{10-7}$$

變成了 $Ln(Y_t/C_t)$ 對 $Ln(L_t/C_t)$ 的一元線性迴歸模型，自然消除了多重共線性。估計出 α 後，再利用關係式 $\alpha+\beta=1$，估計 β。

(3)增加樣本容量或重新抽取樣本。這種方法主要適用於由測量誤差引起的多重共線性。當重新抽取樣本時，克服了測量誤差，自然也消除了多重共線性。另外，增加樣本容量也可以減弱多重共線性的程度。

(4)合併截面數據與時間序列數據。這種方法屬於約束最小二乘法(RLS)。其基本思想是，先由截面數據求出一個或多個迴歸系數的估計值，再把它們代入原模型中，通過用因變量與上述估計值所對應的解釋變量相減從而得到新的因變量，然後建

立新因變量對那些保留解釋變量的迴歸模型,並利用時間序列樣本估計迴歸系數。下面通過一個例子具體介紹合併數據法。

設有某種商品的銷售量 Y_t 模型如下:

$$LnY_t=\beta_0+\beta_1 Ln\ P_t+\beta_2 Ln\ I_t+u_t \qquad (10\text{-}8)$$

其中,Y_t 表示銷售量,P_t 表示平均價格,I_t 表示消費者收入,下標 t 表示時間。

在時間序列數據中,價格 P_t 與收入 I_t 一般高度相關,所以當用普通最小二乘法估計模型(10-8)的迴歸系數時,會遇到多重共線性問題。

首先利用截面數據估計收入彈性系數 β_2。因為在截面數據中,平均價格是一個常量,所以不存在對 β_1 的估計問題。

把用截面數據得到的收入彈性系數估計值 $\hat{\beta}_2$ 代入原模型(10-8)。得

$$LnY_t=\beta_0+\beta_1 Ln\ P_t+\hat{\beta}_2 Ln\ I_t+u_t$$

移項整理

$$LnY_t-\hat{\beta}_2 Ln\ I_t=\beta_0+\beta_1 LnP_t+u_t$$

變換後的因變量($LnY_t-\hat{\beta}_2 Ln\ I_t$)用 Z_t 表示,則

$$Z_t=\beta_0+\beta_1 LnP_t+u_t \qquad (10\text{-}9)$$

這時已排除收入變量的影響。模型已變換為一元線性迴歸模型。利用時間序列數據對模型(10-9)作普通最小二乘(OLS)估計,求出 $\hat{\beta}_0$,$\hat{\beta}_1$。這樣便求到相對於模型(10-8)的估計式,

$$Ln\hat{Y}_t=\hat{\beta}_0+\hat{\beta}_1\ Ln\ P_t+\hat{\beta}_2\ Ln\ I_t$$

其中,$\hat{\beta}_2$ 是用截面數據估計的,$\hat{\beta}_0$,$\hat{\beta}_1$ 是由時間序列數據估計的。

由於把估計過程分作兩步,從而避免了多重共線性問題。顯然這種估計方法默認了一種假設,即相對於時間序列數據各個時期截面數據所對應的收入彈性系數估計值都與第一步求到的 $\hat{\beta}_2$ 相同。當這種假設不成立時,這種估計方法會帶來估計誤差。

(5)逐步迴歸法。逐步迴歸法的基本思想是將變量逐個引入模型,每引入一個解釋變量後都要進行 F 檢驗,並對已經選入的解釋變量逐個進行 t 檢驗,當原本引入的解釋變量由於後面解釋變量的引入變得不再顯著時,則將其刪除,以確保每次引入新的變量之間迴歸方程中只包含顯著變量。這是一個反覆的過程,直到沒有顯著的解釋變量選入迴歸方程,以保證最後所得到的解釋變量集是最優的。

四、實驗過程

【理論依據】根據理論和經驗分析,糧食產量(Y/萬噸)的影響因素主要有:糧食作物播種面積($X1$/千公頃)、農業機械總動力($X2$/萬千瓦)、耕地灌溉面積($X3$/千公頃)、化肥施用量($X4$/萬噸)、農村用電量($X5$/億千瓦時)、農業勞動力($X6$/萬人)。

【模型與數據】為考察 2000—2017 年中國糧食產量的主要影響因素,建立多元線性迴歸模型:$Y=\beta_0+\beta_1 X_1+\beta_2 X_2+\beta_3 X_3+\beta_4 X_4+\beta_5 X_5+\beta_6 X_6$。其中,參數 $\beta_1,\beta_2,\cdots\beta_6$ 反

第十章 多重共線性的檢驗與修正

映了各因素對糧食產量的邊際影響。相關數據來源於《中國統計年鑒》,如表 10-1 所示。

表 10-1　2000—2017 年中國糧食產量及主要影響因素指標

年份	Y	X1	X2	X3	X4	X5	X6
1990	44,624	113,466	28,708	47,403	2,590	845	38,914
1991	43,529	112,314	29,389	47,822	2,805	963	39,098
1992	44,266	110,560	30,308	48,590	2,930	1,107	38,699
1993	45,649	110,509	31,817	48,728	3,152	1,245	37,680
1994	44,510	109,544	33,803	48,759	3,318	1,474	36,628
1995	46,662	110,060	36,118	49,281	3,594	1,656	35,530
1996	50,454	112,548	38,547	50,381	3,828	1,813	34,820
1997	49,417	112,912	42,016	51,239	3,981	1,980	34,840
1998	51,230	113,787	45,208	52,296	4,084	2,042	35,177
1999	50,839	113,161	48,996	53,158	4,124	2,173	35,768
2000	46,218	108,463	52,574	53,820	4,146	2,421	36,043
2001	45,264	106,080	55,172	54,249	4,254	2,611	36,399
2002	45,706	103,891	57,930	54,355	4,339	2,993	36,640
2003	43,070	99,410	60,387	54,014	4,412	3,433	36,204
2004	46,947	101,606	64,028	54,478	4,637	3,933	34,830
2005	48,402	104,278	68,398	55,029	4,766	4,376	33,442
2006	49,804	104,958	72,522	55,751	4,928	4,896	31,941
2007	50,414	105,999	76,590	56,518	5,108	5,510	30,731
2008	53,434	107,545	82,190	58,472	5,239	5,713	29,923
2009	53,941	110,255	87,496	59,261	5,404	6,104	28,890
2010	55,911	111,695	92,781	60,348	5,562	6,632	27,931
2011	58,849	112,980	97,735	61,682	5,704	7,140	26,594
2012	61,223	114,368	102,559	62,491	5,839	7,509	25,773
2013	63,048	115,908	103,907	63,473	5,912	8,550	24,171
2014	63,965	117,455	108,057	64,540	5,996	8,884	22,790
2015	66,060	118,963	111,728	65,873	6,023	9,027	21,919
2016	66,044	119,230	97,246	67,141	5,984	9,238	21,496
2017	66,161	117,989	98,783	67,816	5,859	9,524	20,944

實驗過程分為三個部分:多元線性迴歸模型、相關係數法與方差膨脹因子、逐步迴歸法。

1.多元線性迴歸模型

創建 EViews 工作文件,導入相關數據,創建 Y、X1、X2、X3、X4、X5、X6 序列組,如圖 10-1 所示。

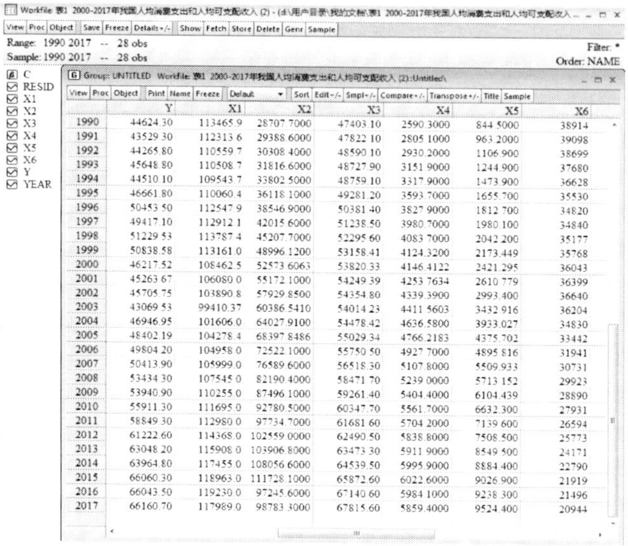

Workfile: 表1 2000-2017年我国人均消费支出和人均可支配收入 (2)

Range: 1990 2017 -- 28 obs

Sample: 1990 2017 -- 28 obs

Filter: *

Order: NAME

C, RESID, X1, X2, X3, X4, X5, X6, Y, YEAR

Group: UNTITLED Workfile: 表1 2000-2017年我国人均消费支出和人均可支配收入 (2)::Untitled\

	Y	X1	X2	X3	X4	X5	X6
1990	44624.30	113465.9	28707.7000	47403.10	2590.3000	844.5000	38914
1991	43529.30	112313.6	29388.6000	47822.10	2805.1000	963.2000	39098
1992	44265.80	110559.7	30308.4000	48590.10	2930.2000	1106.900	38699
1993	45648.80	110508.7	31816.6000	48727.90	3151.9000	1244.900	37680
1994	44510.10	109543.7	33802.5000	48759.10	3317.9000	1473.900	36628
1995	46661.80	110060.4	36118.1000	49281.20	3593.7000	1655.700	35530
1996	50453.50	112547.9	38546.9000	50381.40	3827.9000	1812.700	34820
1997	49417.10	112912.1	42015.6000	51238.50	3980.7000	1980.100	34840
1998	51229.53	113787.4	45207.7000	52295.60	4083.7000	2042.200	35177
1999	50838.58	113161.0	48996.1200	53158.41	4124.3200	2173.449	35768
2000	46217.52	108462.5	52573.6063	53820.33	4146.4122	2421.295	36043
2001	45263.67	106080.0	55172.1000	54249.39	4253.7634	2610.779	36399
2002	45705.75	103890.8	57929.8500	54354.80	4339.3900	2993.400	36640
2003	43069.53	99410.37	60386.5410	54014.23	4411.5603	3432.916	36204
2004	46946.95	101606.0	64027.9100	54478.42	4636.5800	3933.027	34830
2005	48402.19	104278.4	68397.8486	55029.34	4766.2183	4375.702	33442
2006	49804.20	104958.0	72522.1000	55750.50	4927.7000	4895.816	31941
2007	50413.90	105999.0	76589.6000	56518.30	5107.8000	5509.933	30731
2008	53434.30	107545.0	82190.4000	58471.70	5239.0000	5713.152	29923
2009	53940.90	110255.0	87496.1000	59261.40	5404.4000	6104.439	28890
2010	55911.30	111695.0	92780.5000	60347.70	5561.7000	6632.300	27931
2011	58849.30	112980.0	97734.7000	61681.60	5704.2000	7139.600	26594
2012	61222.60	114368.0	102559.0000	62490.50	5838.8000	7508.500	25773
2013	63048.20	115908.0	103906.8000	63473.30	5911.9000	8549.500	24171
2014	63964.80	117455.0	108056.6000	64539.50	5995.9000	8884.400	22790
2015	66060.30	118963.0	111728.1000	65872.60	6022.6000	9026.900	21919
2016	66043.50	119230.0	97245.6000	67140.60	5984.1000	9238.300	21496
2017	66160.70	117989.0	98783.3000	67815.60	5859.4000	9524.400	20944

圖 10-1　數據輸入與顯示

依據多元線性迴歸模型，進行迴歸分析。在圖 10-1 中，點擊序列組目錄欄「Proc/Make Equation」，在方程命令輸入框中輸入「Y C X1 X2 X3 X4 X5 X6」。在「Method」的選項框中選擇「LS」，單擊「確定」，生成多元迴歸模型的參數估計結果，如圖 10-2 所示。

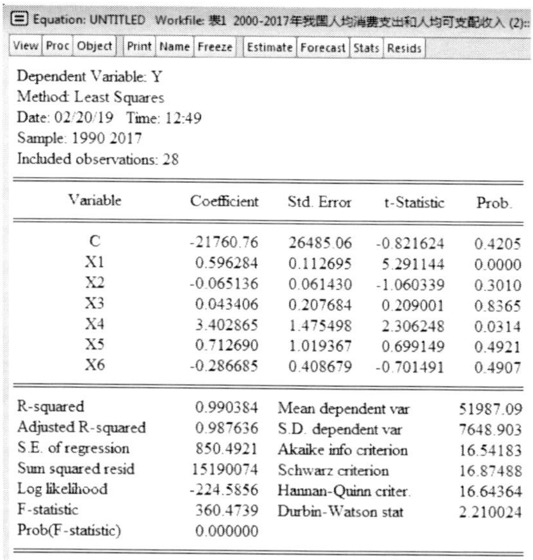

Equation: UNTITLED Workfile: 表1 2000-2017年我国人均消费支出和人均可支配收入 (2)::

Dependent Variable: Y
Method: Least Squares
Date: 02/20/19 Time: 12:49
Sample: 1990 2017
Included observations: 28

Variable	Coefficient	Std. Error	t-Statistic	Prob.
C	-21760.76	26485.06	-0.821624	0.4205
X1	0.596284	0.112695	5.291144	0.0000
X2	-0.065136	0.061430	-1.060339	0.3010
X3	0.043406	0.207684	0.209001	0.8365
X4	3.402865	1.475498	2.306248	0.0314
X5	0.712690	1.019367	0.699149	0.4921
X6	-0.286685	0.408679	-0.701491	0.4907

R-squared	0.990384	Mean dependent var	51987.09
Adjusted R-squared	0.987636	S.D. dependent var	7648.903
S.E. of regression	850.4921	Akaike info criterion	16.54183
Sum squared resid	15190074	Schwarz criterion	16.87488
Log likelihood	-224.5856	Hannan-Quinn criter.	16.64364
F-statistic	360.4739	Durbin-Watson stat	2.210024
Prob(F-statistic)	0.000000		

圖 10-2　迴歸分析輸出結果

第十章　多重共線性的檢驗與修正

從圖 10-2 中可以看到,可決系數 R^2 和調整後的可決系數 R_a^2 分別為 0.990、0.987,表明解釋變量對被解釋變量的擬合效果較好。模型 F 值為 360.47,F 檢驗通過,表明迴歸模型是顯著的。但是,從參數顯著性檢驗來看,$X2$、$X3$、$X5$、$X6$ 的 P 值分別為 0.30、0.83、0.49、0.49,大於 10% 的顯著性水準,參數檢驗不顯著。當模型整體擬合效果較好,而參數出現較多不顯著的情況,那麼重點考慮變量間存在多重共線性現象。

2.相關係數法與方差膨脹因子

綜合判斷法是根據模型顯著性和參數顯著性的矛盾來對多重共線性進行判別的,除此方法外,相關係數法和方差膨脹因子也較多用於多重共線性的判斷。

(1) 相關係數法。在 Y、$X1$、$X2$、$X3$、$X4$、$X5$、$X6$ 序列組中,依次點擊「View/Covariance Analysis」,在彈出的對話框中勾選「Correlation」,單擊「OK」後,即可輸出 Y、$X1$、$X2$、$X3$、$X4$、$X5$、$X6$ 的相關係數,如圖 10-3 所示。

```
[G] Group: UNTITLED   Workfile: 表1 2000-2017年我國人均消費支出和人均可支配收入 (2)::Untitled\
View Proc Object | Print Name Freeze | Sample Sheet Stats Spec

Covariance Analysis: Ordinary
Date: 02/20/19   Time: 14:58
Sample: 1990 2017
Included observations: 28

Correlation        Y          X1         X2         X3         X4         X5         X6
    Y           1.000000
    X1          0.725061   1.000000
    X2          0.877167   0.349635   1.000000
    X3          0.928156   0.459751   0.968936   1.000000
    X4          0.860616   0.296882   0.980724   0.960644   1.000000
    X5          0.924892   0.446489   0.978856   0.985343   0.957506   1.000000
    X6         -0.973342  -0.586550  -0.939837  -0.968596  -0.925748  -0.979630   1.000000
```

圖 10-3　相關係數表

從相關係數表中可知,$X2$、$X3$、$X4$、$X5$、$X6$ 之間的相關係數絕對值均在 0.9 以上,這表明 $X2$、$X3$、$X4$、$X5$、$X6$ 可能存在較強的共線性。

(2) 方差膨脹因子(Variance Inflation Factors,VIF)。在圖 3-2 的結果輸出界面上,依次點擊「View/Coefficient Diagnostics/Variance Inflation Factors」,即可生成各變量的方差膨脹因子,如圖 10-4 所示。

從圖 10-4 的結果中可以看到,$X1 \sim X6$ 的方差膨脹因子(中心化)均在 10 以上,表明變量間存在較強的多重共線性。

3.逐步迴歸法

修正模型多重共線性,通常運用逐步迴歸法。逐步迴歸法的思想是通過不斷增加或剔除變量來達到最優的擬合效果。

回到 Y、$X1$、$X2$、$X3$、$X4$、$X5$、$X6$ 序列組界面,點擊「Proc/Make Equation」,在「Method」下拉目錄中選中「STEPLS-Stepwise Least Squares」,如圖 10-5 所示。

```
Equation: UNTITLED   Workfile: 表1 2000-2017年我國人均消費支出和人均可支配收入
View Proc Object  Print Name Freeze  Estimate Forecast Stats Resids

Variance Inflation Factors
Date: 02/20/19   Time: 15:07
Sample: 1990 2017
Included observations: 28
```

Variable	Coefficient Variance	Uncentered VIF	Centered VIF
C	7.01E+08	27153.10	NA
X1	0.012700	6038.287	12.49831
X2	0.003774	749.8584	108.7369
X3	0.043133	5291.147	62.02857
X4	2.177095	1868.796	93.37728
X5	1.039110	1118.518	332.2921
X6	0.167019	6799.345	211.2275

圖 10-4　方差膨脹因子

```
Equation Estimation

Specification  Options

Equation specification
   Dependent variable followed by list of regressors
   and PDL terms, OR an explicit equation like

   y x1 x2 x3 x4 x5 x6 c

Estimation settings
Method: LS   - Least Squares (NLS and ARMA)
Sample: LS     - Least Squares (NLS and ARMA)
        TSLS   - Two-Stage Least Squares (TSNLS and ARMA)
        GMM    - Generalized Method of Moments
        LIML   - Limited Information Maximum Likelihood and K-Class
        COINTREG - Cointegrating Regression
        ARCH   - Autoregressive Conditional Heteroskedasticity
        BINARY - Binary Choice (Logit, Probit, Extreme Value)
        ORDERED - Ordered Choice
        CENSORED - Censored or Truncated Data (including Tobit)
        COUNT  - Integer Count Data
        QREG   - Quantile Regression (including LAD)
        GLM    - Generalized Linear Models
        STEPLS - Stepwise Least Squares
        ROBUSTLS - Robust Least Squares
        HECKIT - Heckman Selection (Generalized Tobit)
        BREAKLS - Least Squares with Breakpoints
        SWITCHREG - Switching Regression
```

圖 10-5　逐步迴歸法

選中「STEPLS-Stepwise Least Squares」後，在方程命令窗口的上半部分輸入被解釋變量「Y」，在下半部分輸入解釋變量「$X1$ $X2$ $X3$ $X4$ $X5$ $X6$」，如圖 10-6 所示。再點擊窗口上方的按鈕「Option」，如圖 10-7 所示。其中：

Forwards：表示逐步迴歸採用逐次遞增變量方式。

Backwards：表示逐步迴歸採用逐次剔除變量的方式。

p-value：表示遞增或剔除變量採用 P 值標準，修改為 0.1（初始值為 0.5），表示參數顯著性檢驗中的 P 值小於 0.1，進入模型，大於 0.1 則從模型中剔除。

第十章　多重共線性的檢驗與修正

t-stat：表示遞增或剔除變量採用 t 統計量標準，數值可自定義，例如 2。

Use number of regressors：表示最多可允許多少變量進入逐步迴歸模型，本例中有 6 個變量，因此設定為 6。

「Weights」與「Maximum step」分別表示變量權重和逐步迴歸次數，根據實際需要再行修改，本例不需要修改。點擊「確定」後，即可輸出逐步迴歸結果。如圖 10-8 所示。

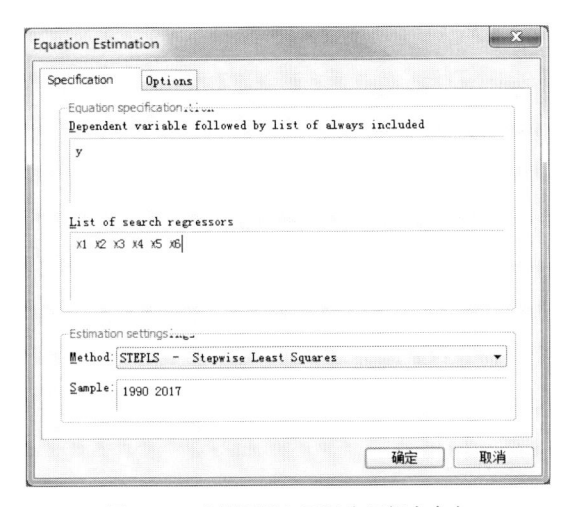

圖 10-6　將變量輸入到逐步迴歸命令中

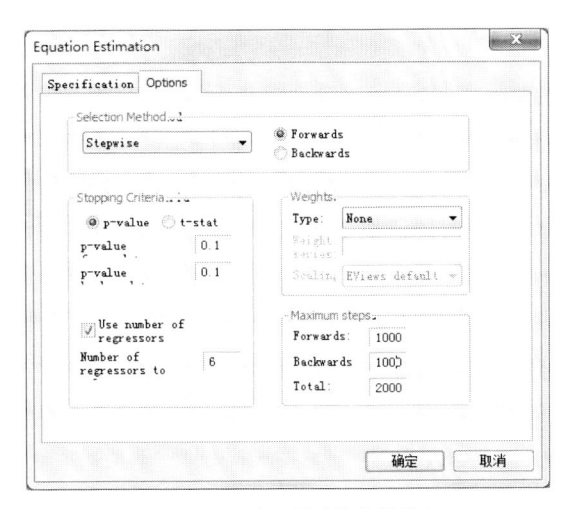

圖 10-7　逐步迴歸法的參數設定

```
Equation: UNTITLED   Workfile: 表1 2000-2017年我国人均消費支出和人均可支配收入 (2)::Untitle... □ X
View Proc Object | Print Name Freeze | Estimate Forecast Stats Resids |

Dependent Variable: Y
Method: Stepwise Regression
Date: 02/20/19   Time: 15.44
Sample: 1990 2017
Included observations: 28
No always included regressors
Number of search regressors: 6
Selection method: Stepwise forwards
Stopping criterion: p-value forwards/backwards = 0.1/0.1
Stopping criterion: Number of search regressors = 6

   Variable         Coefficient    Std. Error    t-Statistic    Prob.*

      X4             2.418477      0.227326      10.63882       0.0000
      X6            -0.588006      0.034440     -17.07342       0.0000
      X1             0.538848      0.018076      29.81005       0.0000

R-squared             0.989583    Mean dependent var    51987.09
Adjusted R-squared    0.988750    S.D. dependent var     7648.903
S.E. of regression    811.3010    Akaike info criterion  16.33611
Sum squared resid    16455234    Schwarz criterion      16.47885
Log likelihood       -225.7056    Hannan-Quinn criter.   16.37975
Durbin-Watson stat    1.977527

                     Selection Summary

Added X3
Added X6
Added X1
Added X4
Removed X3

*Note: p-values and subsequent tests do not account for stepwise selection.
```

圖 10-8　逐步迴歸法的輸出結果

圖 10-8 上方區域是逐步迴歸法的模型背景信息，中間區域的表格內是逐步迴歸法的最終結果，下方區域（Selection Summary）是逐步迴歸法的遞增或剔除變量過程。

從逐步迴歸法的結果來看，最終模型形式為：

$$Y = 0.54X_1 + 2.42X_4 - 0.59X_6$$
$$(29.81)\ (10.64)\ (-17.07)$$

參數顯著性檢驗通過，模型擬合效果較好。從逐步迴歸過程中可以看到，逐步迴歸第一步是將 X_3 與 Y 進行迴歸（Added X_3），第二步是根據 P 值在模型中遞增 X_6（Added X_6），第三步是遞增 X_1（Added X_1），第四步是遞增 X_4（Added X_4），當遞增 X_4 後，X_3 不顯著，被剔除（Removed X_3）。至此，逐步迴歸結束。

注意到圖 10-8 中，常數項並沒有參與迴歸，如果模型要求常數項為必需變量，那麼在圖 10-6 的變量輸入上，需要將常數項作為不可剔除變量加入「Y」的後面，命令變為「Y C」，參數設定與圖 10-7 相同。點擊確定後，即可輸出帶有常數項的逐步迴歸結果，如圖 10-9 所示。

第十章　多重共線性的檢驗與修正

```
Equation: UNTITLED   Workfile: 表1 2000-2017年我國人均消費支出和人均可支配收入 (2)::Unti
View  Proc  Object   Print  Name  Freeze   Estimate  Forecast  Stats  Resids

Dependent Variable: Y
Method: Stepwise Regression
Date: 02/20/19   Time: 16:34
Sample: 1990 2017
Included observations: 28
Number of always included regressors: 1
Number of search regressors: 6
Selection method: Stepwise forwards
Stopping criterion: p-value forwards/backwards = 0.1/0.1
Stopping criterion: Number of search regressors = 6

    Variable      Coefficient    Std. Error    t-Statistic    Prob.*
       C           -696.5770     14107.84      -0.049375      0.9610
       X6          -0.581141     0.143418      -4.052079      0.0005
       X1           0.541894     0.064382       8.416865      0.0000
       X4           2.449013     0.660524       3.707682      0.0011

R-squared            0.989584    Mean dependent var      51987.09
Adjusted R-squared   0.988282    S.D. dependent var       7648.903
S.E. of regression   827.9886    Akaike info criterion   16.40744
Sum squared resid    16453563    Schwarz criterion       16.59775
Log likelihood      -225.7042    Hannan-Quinn criter.    16.46562
F-statistic          760.0547    Durbin-Watson stat       1.973248
Prob(F-statistic)    0.000000

                  Selection Summary
Added X6
Added X1
Added X4

*Note: p-values and subsequent tests do not account for stepwise selection.
```

圖 10-9　帶常數項的逐步迴歸結果

五、思考題

1. 表 10-2 給出了中國商品進口額 Y、國內生產總值 GDP、消費者價格指數 CPI。

表 10-2　中國商品進口額、國內生產總值、消費者價格指數表

年份	商品進口額 /億元	國內生產總值 /億元	居民消費價格指數 （1985 = 100）
1985	1,257.8	8,964.4	100
1986	1,498.3	10,202.2	106.5
1987	1,614.2	11,962.5	114.3
1988	2,055.1	14,928.3	135.8
1989	2,199.9	16,909.2	160.2
1990	2,574.3	18,547.9	165.2
1991	3,398.7	21,617.8	170.8
1992	4,443.3	26,638.1	181.7
1993	5,986.2	34,634.4	208.4
1994	9,960.1	46,759.4	258.6

表10-2(續)

年份	商品進口額 /億元	國內生產總值 /億元	居民消費價格指數 (1985=100)
1995	11,048.1	58,478.1	302.8
1996	11,557.4	67,884.6	327.9
1997	11,806.5	74,462.6	337.1
1998	11,626.1	78,345.2	334.4
1999	13,736.4	82,067.5	329.7
2000	18,638.8	89,468.1	331.0
2001	20,159.2	97,314.8	333.3
2002	24,430.3	105,172.3	330.6
2003	34,195.6	117,251.9	334.6

資料來源：中國統計出版社2000年、2004年版《中國統計年鑒》。

請考慮下列模型：

$$\ln Y_t = \beta_1 + \beta_2 \ln GDP_t + \beta_3 \ln CPI_t + u_i$$

(1) 利用表中數據估計此模型的參數。

(2) 你認為數據中有多重共線性嗎？

(3) 進行以下迴歸：

$$\ln Y_t = A_1 + A_2 \ln GDP_t + v_{1i}$$
$$\ln Y_t = B_1 + B_2 \ln CPI_t + v_{2i}$$
$$\ln GDP_t = C_1 + C_2 \ln CPI_t + v_{3i}$$

根據這些迴歸請你對數據中多重共線性的性質進行說明。

(4) 假設數據有多重共線性，但 $\hat{\beta}_2$ 和 $\hat{\beta}_3$ 在5%水準上個別地顯著，並且總的 F 檢驗也是顯著的。對這樣的情形，我們是否應考慮共線性的問題？

2. 自己找一個經濟問題來建立多元線性迴歸模型，怎樣選擇變量和構造解釋變量數據矩陣 X 才可能避免多重共線性的出現？

3. 理論上認為影響能源消費需求總量的因素主要有經濟發展水準、收入水準、產業發展、人民生活水準、能源轉換技術等因素。表 10-3 收集了中國能源消費總量 Y (萬噸標準煤)、國內生產總值 X_1 (億元)(代表經濟發展水準)、國民總收入 X_2 (億元)(代表收入水準)、工業增加值 X_3 (億元)、建築業增加值 X_4 (億元)、交通運輸郵電業增加值 X_5 (億元)(代表產業發展水準及產業結構)、人均生活電力消費 X_6 (千瓦小時)(代表人民生活水準提高)、能源加工轉換效率 X_7 (%)(代表能源轉換技術)等在 1985—2002 年期間的統計數據，具體如下：

第十章 多重共線性的檢驗與修正

表 10-3 中國能源需求

年份	能源消費 Y	國民總收入 X_1	GDP X_2	工業 X_3	建築業 X_4	交通運輸郵電 X_5	人均生活電力消費 X_6	能源加工轉換效率 X_7
1985	76,682	8,989.1	8,964.4	3,448.7	417.9	406.9	21.3	68.29
1986	80,850	10,201.4	10,202.2	3,967.0	525.7	475.6	23.2	68.32
1987	86,632	11,954.5	11,962.5	4,585.8	665.8	544.9	26.4	67.48
1988	92,997	14,922.3	14,928.3	5,777.2	810.0	661.0	31.2	66.54
1989	96,934	16,917.8	16,909.2	6,484.0	794.0	786.0	35.3	66.51
1990	98,703	18,598.4	18,547.9	6,858.0	859.4	1,147.5	42.4	67.2
1991	103,783	21,662.5	21,617.8	8,087.1	1,015.1	1,409.7	46.9	65.9
1992	109,170	26,651.9	26,638.1	10,284.5	1,415.0	1,681.8	54.6	66
1993	115,993	34,560.5	34,634.4	14,143.8	2,284.7	2,123.2	61.2	67.32
1994	122,737	46,670.0	46,759.4	19,359.6	3,012.6	2,685.9	72.7	65.2
1995	131,176	57,494.9	58,478.1	24,718.3	3,819.6	3,054.7	83.5	71.05
1996	138,948	66,850.5	67,884.6	29,082.6	4,530.5	3,494.0	93.1	71.5
1997	137,798	73,142.7	74,462.6	32,412.1	4,810.6	3,797.2	101.8	69.23
1998	132,214	76,967.2	78,345.2	33,387.9	5,231.4	4,121.3	106.6	69.44
1999	130,119	80,579.4	82,067.5	35,087.0	5,470.6	4,460.3	118.1	70.45
2000	130,297	88,254.0	89,468.1	39,047.3	5,888.0	5,408.6	132.4	70.96
2001	134,914	95,727.9	97,314.8	42,374.6	6,375.4	5,968.3	144.6	70.41
2002	148,222	103,935.3	105,172.3	45,975.2	7,005.0	6,420.3	156.3	69.78

資料來源：中國統計出版社 2000 年、2004 年版《中國統計年鑒》。

要求：

(1)建立對數線性多元迴歸模型

(2)如果決定用表中全部變量作為解釋變量，你預料會遇到多重共線性的問題嗎？為什麼？

(3)如果有多重共線性，你準備怎樣解決這個問題？明確你的假設並說明全部計算。

4.表 10-4 中是某地區的財政收入與相關影響因素的數據。

表 10-4 1991—2016 年某地區財政收入及其影響因素表

年份	財政收入 CS/億元	農業增加值 NZ/億元	工業增加值 GZ/億元	建築業增加值 JZZ/元	總人口 TPOP/萬人	最終消費 CUM/億元	受災面積 SZM/萬公頃
1991	1,132.3	1,018.4	1,607.0	138.2	96,259	2,239.1	50,760
1992	1,146.4	1,258.9	1,769.7	143.8	97,542	2,619.4	39,370
1993	1,159.9	1,359.4	1,996.5	195.5	98,705	2,976.1	44,530

表10-4(續)

年份	財政收入 CS/億元	農業增加值 NZ/億元	工業增加值 GZ/億元	建築業增加值 JZZ/元	總人口 TPOP/萬人	最終消費 CUM/億元	受災面積 SZM/萬公頃
1994	1,175.8	1,545.6	2,048.4	207.1	100,072	3,309.1	39,790
1995	1,212.3	1,761.6	2,162.3	220.7	101,654	3,637.9	33,130
1996	1,367.0	1,960.8	2,375.6	270.6	103,008	4,020.5	34,710
1997	1,642.9	2,295.5	2,789.0	316.7	104,357	4,694.5	31,890
1998	2,004.8	2,541.6	3,448.7	417.9	105,851	5,773.0	44,370
1999	2,122.0	2,763.9	3,967.0	525.7	107,507	6,542.0	47,140
2000	2,199.4	3,204.3	4,585.8	665.8	109,300	7,451.2	42,090
2001	2,357.2	3,831.0	5,777.2	810.0	111,026	9,360.1	50,870
2002	2,664.90	4,228.0	6,484.0	794.0	112,704	10,556.5	46,991
2003	2,937.10	5,017.0	6,858.0	859.4	114,333	11,365.2	38,474
2004	3,149.48	5,288.6	8,087.1	1,015.1	115,823	13,145.9	55,472
2005	3,483.37	5,800.0	10,284.5	1,415.0	117,171	15,952.1	51,333
2006	4,348.95	6,882.1	14,143.8	2,284.7	118,517	20,182.1	48,829
2007	5,218.10	9,457.2	19,359.6	3,012.6	119,850	26,796.3	55,043
2008	6,242.20	11,993.0	24,718.3	3,819.6	121,121	33,635.0	45,821
2009	7,407.99	13,844.2	29,082.6	4,530.5	122,389	40,003.9	46,989
2010	8,651.14	14,211.2	32,412.1	4,810.6	123,626	43,579.4	53,429
2011	9,875.95	14,552.4	33,387.9	5,231.4	124,761	46,405.9	50,145
2012	11,444.08	14,472.0	35,087.2	5,470.6	125,786	49,722.7	49,981
2013	13,395.23	14,628.2	39,047.3	5,888.0	126,743	54,600.9	54,688
2014	16,386.04	15,411.8	42,374.6	6,375.4	127,627	58,927.4	52,215
2015	18,903.64	16,117.3	45,975.2	7,005.0	128,453	62,798.5	47,119
2016	21,715.25	17,092.1	53,092.9	8,181.3	129,227	67,442.5	54,506

要求：

(1)建立線性多元迴歸模型。

(2)如果決定用表中全部變量作為解釋變量，你預料會遇到多重共線性的問題嗎？為什麼？

(3)如果有多重共線性，你準備怎樣解決這個問題？

5.表10-5是某地區2004—2013年旅遊市場相關數據。

第十章　多重共線性的檢驗與修正

表 10-5　某地區 2004—2013 年旅遊市場相關數據表

年份	國內旅遊收入 Y /億元	國內旅遊人數 X1 /萬人次	城鎮居民人均旅遊支出 X2/元	農村居民人均旅遊支出 X3 /元	公路里程 X4/萬公里	鐵路里程 X5/萬公里
2004	1,023.5	52,400	414.7	54.9	111.78	5.90
2005	1,375.7	62,900	464.0	61.5	115.70	5.97
2006	1,638.4	63,900	534.1	70.5	118.58	6.49
2007	2,112.7	64,400	599.8	145.7	122.64	6.60
2008	2,391.2	69,450	607.0	197.0	127.85	6.64
2009	2,831.9	71,900	614.8	249.5	135.17	6.74
2010	3,175.5	74,400	678.6	226.6	140.27	6.87
2011	3,522.4	78,400	708.3	212.7	169.80	7.01
2012	3,878.4	87,800	739.7	209.1	176.52	7.19
2013	3,442.3	87,000	684.9	200.0	180.98	7.30

要求：

(1) 建立線性多元迴歸模型。

(2) 如果決定用表中全部變量作為解釋變量，你預料會遇到多重共線性的問題嗎？為什麼？

(3) 如果有多重共線性，你準備怎樣解決這個問題？

第十一章　自相關的檢驗與修正

一、實驗目的與要求

實驗目的：

掌握序列相關模型的檢驗方法、處理方法。

實驗要求：

熟悉圖形法檢驗、掌握 DW 檢驗、掌握迭代法處理序列相關。

二、實驗原理

圖形法檢驗、DW 檢驗、迭代法。

三、理論教學內容

1.序列相關的概念

對於不同的樣本點，隨機誤差項之間不再是完全互相獨立，而是存在某種相關性，則認為出現了序列相關性。

2.實際經濟問題中的序列相關性(略)

3.自相關的來源

誤差項存在自相關，主要有如下幾個原因：

(1) 模型的數學形式不妥。若所用的數學模型與變量間的真實關係不一致，誤差項常表現出自相關。比如平均成本與產量呈拋物線關係，當用線性迴歸模型擬合時，誤差項必存在自相關。

第十一章　自相關的檢驗與修正

（2）慣性。大多數經濟時間序列都存在自相關。其本期值往往受滯後值影響。突出特徵就是慣性與低靈敏度。如國民生產總值、固定資產投資、國民消費、物價指數等隨時間緩慢地變化，從而建立模型時導致誤差項自相關。

（3）迴歸模型中略去了帶有自相關的重要解釋變量。若丟掉了應該列入模型的帶有自相關的重要解釋變量，那麼它的影響必然歸並到誤差項 u_t 中，從而使誤差項呈現自相關。當然略去多個帶有自相關的解釋變量，也許因互相抵消並不使誤差項呈現自相關。

經驗準則：對於採用時間序列數據作樣本的計量經濟學問題，由於在不同的樣本點上解釋變量以外的其他因素在時間上的連續性，帶來它們對被解釋變量的影響的連續性，所以往往存在序列相關性。

4.序列相關性的後果

（1）參數計量非有效；

（2）變量的顯著性失去意義；

（3）模型的預測失效。

5.序列相關性的檢驗

共同思路：首先採用普通最小二乘法估計模型，以求得隨機誤差項的「近似估計量」，然後通過分析這些「近似估計量」之間的相關性以達到判斷隨機誤差項是否具有序列相關性的目的。

（1）圖示檢驗法。由於殘差可以作為隨機誤差項的估計，如果隨機誤差項存在序列相關，必然會由殘差項反應出來，故可利用殘差項的變化來判斷隨機項的序列相關性。

（2）解析檢驗法。

①DW（Durbin-Watson）檢驗法

DW 檢驗是 J. Durbin，G. S. Watson 於 1950，1951 年提出的。它是利用殘差 $\hat{u}_t$ 構成的統計量推斷誤差項 u_t 是否存在自相關。使用 DW 檢驗應首先滿足如下三個條件：

第一，誤差項 u_t 的自相關為一階自迴歸形式。

第二，因變量的滯後值 y_{t-1} 不能在迴歸模型中作解釋變量。

第三，樣本容量應充分大（$T>15$）。

DW 檢驗步驟如下：

給出假設

$H_0: \rho=0$　　（u_t 不存在自相關）

$H_1: \rho \neq 0$　　（u_t 存在一階自相關）

用殘差值 $\hat{u}_t$ 計算統計量 DW。

(a) 非自相關的序列圖

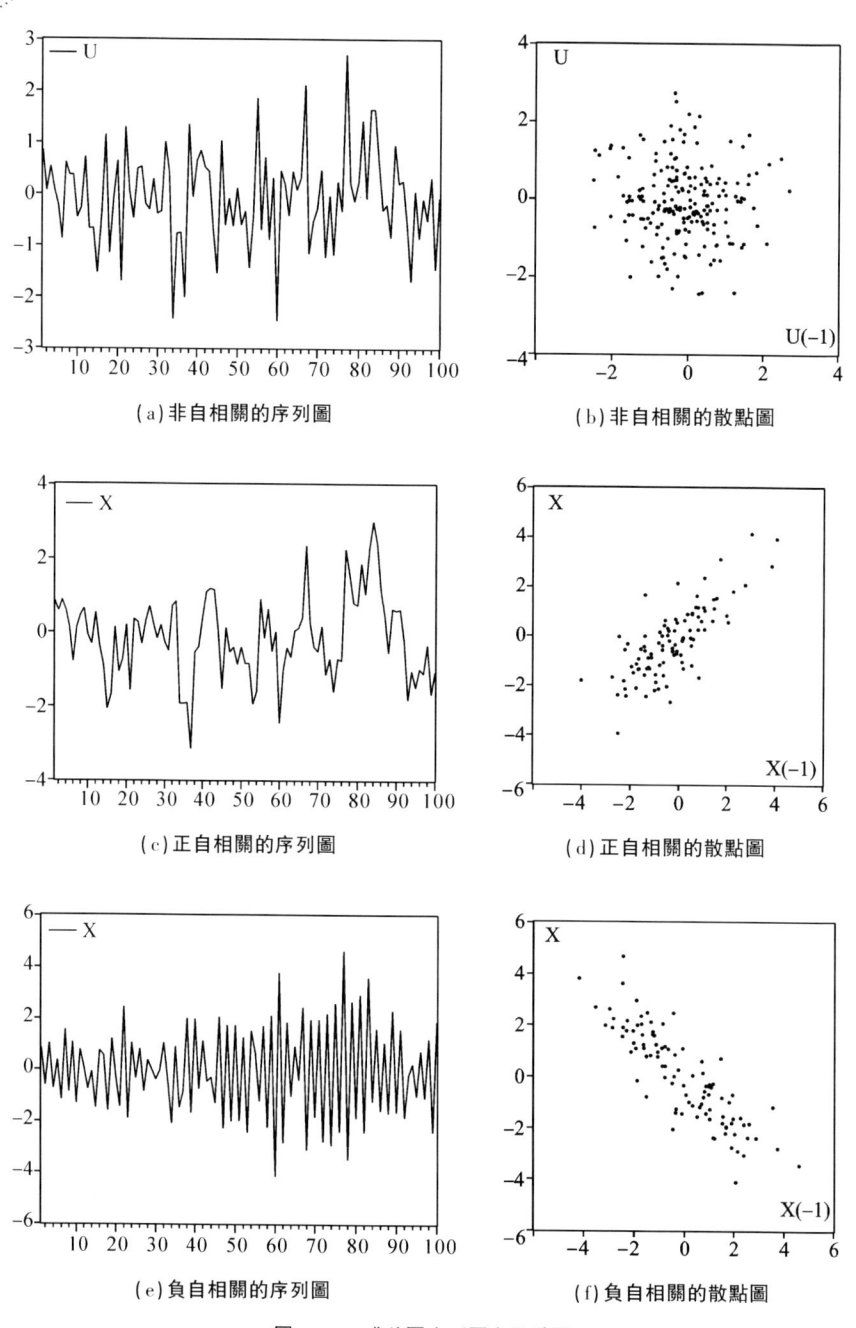

(b) 非自相關的散點圖

(c) 正自相關的序列圖

(d) 正自相關的散點圖

(e) 負自相關的序列圖

(f) 負自相關的散點圖

圖 11-1　殘差圖序列圖與散點圖

第十一章 自相關的檢驗與修正

$$DW = \frac{\sum_{t=1}^{T}(\hat{u}_t - \hat{u}_{t-1})^2}{\sum_{t=1}^{T}\hat{u}_t^2} \quad (11-1)$$

其中分子是殘差的一階差分平方和,分母是殘差平方和。把上式展開,

$$DW = \frac{\sum_{t=1}^{T}\hat{u}_t^2 + \sum_{t=1}^{T}\hat{u}_{t-1}^2 - 2\sum_{t=1}^{T}\hat{u}_t\hat{u}_{t-1}}{\sum_{t=1}^{T}\hat{u}_t^2} \quad (11-2)$$

因為當樣本充分大時,有

$$\sum_{t=2}^{T}\hat{u}_t^2 \approx \sum_{t=2}^{T}\hat{u}_{t-1}^2 \approx \sum_{t=1}^{T}\hat{u}_t^2 \quad (11-3)$$

把公式(11-2)中的有關項用上式中 $\sum_{t=2}^{T}\hat{u}_{t-1}^2 \approx \sum_{t=1}^{T}\hat{u}_t^2$ 代換,

$$DW \approx \frac{2\sum_{t=1}^{T}\hat{u}_{t-1}^2 - 2\sum_{t=1}^{T}\hat{u}_t\hat{u}_{t-1}}{\sum_{t=1}^{T}\hat{u}_{t-1}^2} = 2 \times (1 - \frac{\sum_{t=1}^{T}\hat{u}_t\hat{u}_{t-1}}{\sum_{t=1}^{T}\hat{u}_{t-1}^2}) = 2 \times (1 - \hat{\rho}) \quad (11-4)$$

因為 ρ 的取值範圍是 $[-1, 1]$,所以 DW 統計量的取值範圍是 $[0, 4]$。ρ 與 DW 值的對應關係見表 11-1。

表 11-1 ρ 與 DW 值的對應關係及意義

ρ	DW	u_t的表現
$\rho = 0$	$DW = 2$	u_t非自相關
$\rho = 1$	$DW = 0$	u_t完全正自相關
$\rho = -1$	$DW = 4$	u_t完全負自相關
$0 < \rho < 1$	$0 < DW < 2$	u_t有某種程度的正自相關
$-1 < \rho < 0$	$2 < DW < 4$	u_t有某種程度的負自相關

實際中 $DW=0, 2, 4$ 的情形是很少見的。當 DW 取值在 $(0, 2)$,$(2, 4)$ 之間時,怎樣判別誤差項 u_t 是否存在自相關呢?推導統計量 DW 的精確抽樣分佈是困難的,因為 DW 是依據殘差 $\hat{u}_t$ 計算的,而 $\hat{u}_t$ 的值又與 x_t 的形式有關。DW 檢驗與其他統計檢驗不同,它沒有唯一的臨界值用來制定判別規則。然而 Durbin-Watson 根據樣本容量和被估參數個數,在給定的顯著性水準下,給出了檢驗用的上、下兩個臨界值 d_U 和 d_L。判別規則如下:

(1) 若 DW 取值在 $(0, d_L)$ 之間,拒絕原假設 H_0,認為 u_t 存在一階正自相關。
(2) 若 DW 取值在 $(4-d_L, 4)$ 之間,拒絕原假設 H_0,認為 u_t 存在一階負自相關。
(3) 若 DW 取值在 $(d_U, 4-d_U)$ 之間,接受原假設 H_0,認為 u_t 非自相關。

(4) 若 DW 取值在 (d_L, d_U) 或 $(4-d_U, 4-d_L)$ 之間,這種檢驗沒有結論,即不能判別 u_t 是否存在一階自相關。判別規則可用圖 11-2 表示。

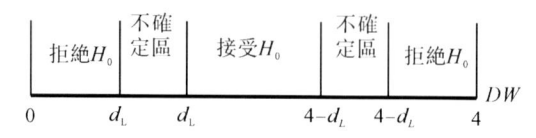

```
| 拒絕$H_0$ | 不確定區 | 接受$H_0$ | 不確定區 | 拒絕$H_0$ |
0          $d_L$    $d_U$         $4-d_U$  $4-d_L$       4   $DW$
```

圖 11-2 DW 統計量怕判斷區域圖

當 DW 值落在「不確定」區域時,有兩種處理方法:
① 加大樣本容量或重新選取樣本,重做 DW 檢驗。有時 DW 值會離開不確定區。
② 選用其他檢驗方法。

DW 檢驗臨界值與三個參數有關:檢驗水準 α,樣本容量 T,原迴歸模型中解釋變量個數 k(不包括常數項)。

注意:
① 因為 DW 統計量是以解釋變量非隨機為條件得出的,所以當有滯後的內生變量作解釋變量時,DW 檢驗無效。這時的表現是 DW 值常常接近 2。當估計式為 $y_t = \beta_0 + \beta_1 y_{t-1} + \beta_2 x_t + u_t$ 時,Durbin 認為應該用下面的 h 統計檢驗一階自相關:

$$h = \hat{\rho} \sqrt{\frac{T}{1 - T(Var(\hat{\beta}_1))}} = (1 - \frac{DW}{2}) \sqrt{\frac{T}{1 - T(Var(\hat{\beta}_1))}}$$

Durbin 已證明 h 統計量近似服從均值為零、方差為 1 的標準正態分佈。可以用標準正態分佈臨界值對 h 的顯著性做出檢驗。注意:當 $T(Var(\hat{\beta}_1)) > 1$ 時檢驗無效。
② 不適用於聯立方程模型中各方程的序列自相關檢驗。
③ DW 統計量不適用於對高階自相關的檢驗。

(3) LM 檢驗(亦稱 BG 檢驗)法。DW 統計量只適用於一階自相關檢驗,而對於高階自相關檢驗並不適用。利用 BG 統計量可建立一個適用性更強的自相關檢驗方法,既可檢驗一階自相關,也可檢驗高階自相關。BG 檢驗由 Breusch-Godfrey 提出。BG 檢驗是通過一個輔助迴歸式完成的,具體步驟如下:

對於多元迴歸模型

$$y_t = \beta_0 + \beta_1 x_{1t} + \beta_2 x_{2t} + \cdots + \beta_{k-1} x_{k-1\,t} + u_t \tag{11-5}$$

考慮誤差項為 n 階自迴歸形式

$$u_t = \rho_1 u_{t-1} + \cdots + \rho_n u_{t-n} + v_t \tag{11-6}$$

其中 v_t 為隨機項,符合各種假定條件。零假設為:

$$H_0: \rho_1 = \rho_2 = \cdots = \rho_n = 0$$

這表明 u_t 不存在 n 階自相關。用估計公式(11-5)得到的殘差建立輔助迴歸式,

$$\hat{u}_t = \hat{\rho}_1 \hat{u}_{t-1} + \cdots + \hat{\rho}_n \hat{u}_{t-n} + \beta_0 + \beta_1 x_{1t} + \beta_2 x_{2t} + \cdots + \beta_{k-1} x_{k-1\,t} + v_t \tag{11-7}$$

第十一章 自相關的檢驗與修正

上式中的 $\hat{u}_t$ 是公式 (11-5) 中 u_t 的估計值。估計上式,並計算可決系數 R^2。構造 LM 統計量,

$$LM = TR^2 \qquad (11\text{-}8)$$

其中,T 表示公式 (11-5) 的樣本容量。R^2 為公式 (11-7) 的可決系數。在零假設成立條件下,LM 統計量漸近服從 $\chi^2_{(n)}$ 分佈。其中 n 為公式 (11-6) 中自迴歸階數。如果零假設成立,LM 統計量的值將很小,小於臨界值。

判別規則是,若 $LM = T R^2 \leq \chi^2_{(n)}$,接受 H_0;

若 $LM = T R^2 > \chi^2_{(n)}$,拒絕 H_0。

(4) 迴歸檢驗法。迴歸檢驗法的優點是適合於任何形式的自相關檢驗;若結論是存在自相關,則同時能提供出自相關的具體形式與參數的估計值。缺點是計算量大。迴歸檢驗法的步驟如下:

① 用給定樣本估計模型並計算殘差 $\hat{u}_t$。

② 對殘差序列 $\hat{u}_t (t = 1, 2, \cdots, T)$,用普通最小二乘法進行不同形式的迴歸擬合。如

$$\hat{u}_t = \rho \, \hat{u}_{t-1} + v_t$$
$$\hat{u}_t = \rho_1 \hat{u}_{t-1} + \rho_2 \hat{u}_{t-2} + v_t$$
$$\hat{u}_t = \rho \hat{u}_{t-1}^2 + v_t$$
$$\hat{u}_t = \rho \sqrt{\hat{u}_{t-1}} + v_t$$
$$\cdots\cdots$$

③ 對上述各種擬合形式進行顯著性檢驗,從而確定誤差項 u_t 存在哪一種形式的自相關。

6. 序列相關性的修正

(1) 廣義最小二乘法(GLS)。

(2) 廣義差分法。若一元線性迴歸模型的隨機誤差項存在形式的高階自相關,可以將原模型變換為:

$$Y_i - \rho_1 Y_{i-1} - \cdots - \rho_l Y_{l-i} = \beta_0(1 - \rho_1 - \cdots - \rho_l) + \beta_1(X_i - \rho_1 X_{i-1} - \cdots - \rho_l X_{i-l}) + \varepsilon_i$$
$$i = 1 + l, 2 + l, \cdots, n$$

該模型不存在序列相關問題。採用普通最小二乘法估計該模型得到的參數估計量,即為原模型參數的無偏的、有效的估計量。

(3) 隨機誤差項相關係數的估計(科-奧迭代)。

(4) 廣義差分法在計量經濟學軟件中的實現:

$$Y \ C \ X_1 \ X_2 \cdots X_k \ AR(1) \ AR(2) \ AR(l)$$

(5) 序列相關穩健標準誤法。

四、實驗過程

【理論依據】根據理論和經驗分析,企業的全要素生產率(Y)與人均資本($X1$)、股權結構($X2$)、產業規模($X3$)相關。

【模型與數據】為考察2000—2015年某企業全要素生產率的影響因素,建立多元線性迴歸模型:$Y = \beta_0 + \beta_1 X_1 + \beta_2 X_2 + \beta_3 X_3$。其中,參數$\beta_1$、$\beta_2$、$\beta_3$分別反應人均資本、股權結構、產業規模對企業全要素生產率的邊際影響。數據由作者計算得來,已消除量綱,如表11-2所示。

表11-2　2000—2015年某企業全要素生產率及其影響因素

年份	Y	X_1	X_2	X_3
2000	1.00	51.01	66.98	3.87
2001	1.24	53.68	66.60	5.02
2002	1.65	54.53	64.71	6.49
2003	2.16	53.41	59.62	7.59
2004	2.23	52.30	58.51	6.19
2005	2.77	51.48	51.83	4.48
2006	3.41	50.77	50.17	5.29
2007	4.17	49.62	49.77	6.84
2008	4.41	46.74	44.82	6.94
2009	5.23	46.98	46.41	8.10
2010	6.07	44.94	46.51	9.65
2011	6.73	47.99	43.98	9.20
2012	6.86	48.30	41.78	7.54
2013	7.57	50.55	40.73	7.60
2014	7.87	49.67	40.81	8.00
2015	8.30	53.78	39.71	8.64

實驗過程分為三個部分:多元線性迴歸模型、自相關檢驗、廣義差分法。

1. 多元線性迴歸模型

創建EViews工作文件,導入相關數據,創建Y、X_1、X_2、X_3序列組,點擊「Proc/Make Equation」,在「Method」下拉目錄中選中「LS」,單擊「確定」後,輸出多元線性迴歸模型結果,如圖11-3所示。

第十一章　自相關的檢驗與修正

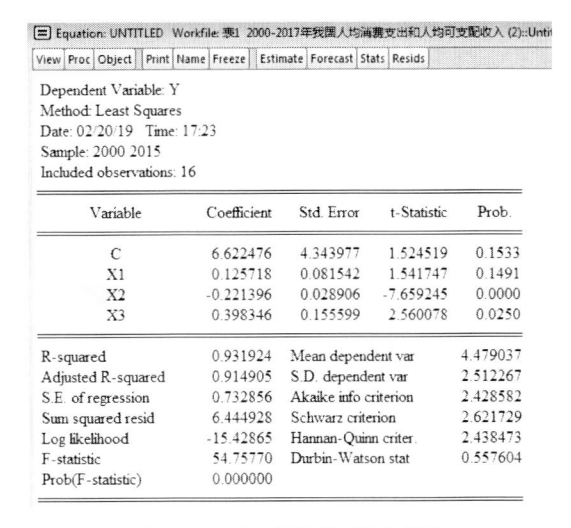

圖11-3　多元線性模型輸出結果

2. 自相關檢驗

自相關檢驗方法主要有四種：圖示法、偏相關係數法、DW 檢驗法、LM 檢驗法。

（1）圖示法。圖示法是通過觀察模型殘差的自相關趨勢來判斷自相關性。第一步，構建當期殘差與前期殘差的散點圖，點擊 EViews 主目錄中「Quick/Graph」；第二步，在圖形命令中輸入「resid resid(-1)」；第三步，在圖形類別「Graph type」中選擇散點圖「Scatter」，點擊「OK」後，生成 resid-resid(-1)散點圖，如圖 11-4 所示。

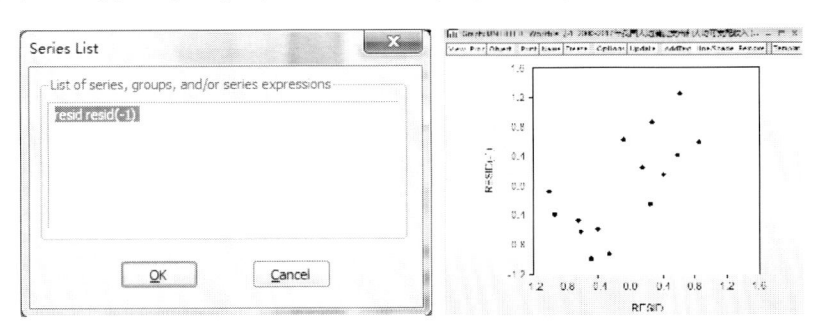

圖11-4　殘差項自相關圖

從圖 11-4 中可以看出，殘差項自相關圖呈現上升趨勢，這表明殘差項存在正自相關性。

（2）偏相關係數法。對於時間序列 RESID，其滯後 p 階偏相關係數是指在給定中間 $p-1$ 個隨機變量 RESID$(t-1)$、RESID$(t-2)$……RESID$(t-p+1)$的條件下，RESID$(t-p)$與 RESID(t)的相關程度。在方程輸出界面（圖 11-4）中，依次點擊「View/Residual Diagnostics/correlogram/Q/statistics」,選擇最大滯後階數(lags to include)「12」,即可輸出殘差項 RESID 的自相關(Autocorrelation)和偏相關係數(Partial Correlation)。如圖 11-5 所示。

```
Equation: UNTITLED   Workfile: 表1 2000-2017年我國人均消費支出和人均可支配收入 (2)::Un
View Proc Object  Print Name Freeze  Estimate Forecast Stats Resids
                        Correlogram of Residuals

Date: 02/20/19   Time: 17:45
Sample: 2000 2015
Included observations: 16

   Autocorrelation     Partial Correlation        AC      PAC    Q-Stat   Prob

                                               1   0.594   0.594   6.7657   0.009
                                               2   0.245  -0.165   8.0037   0.018
                                               3   0.012  -0.094   8.0070   0.046
                                               4  -0.066   0.010   8.1110   0.088
                                               5  -0.183  -0.190   8.9857   0.110
                                               6  -0.345  -0.247  12.414    0.053
                                               7  -0.400  -0.099  17.528    0.014
                                               8  -0.416  -0.210  23.760    0.003
                                               9  -0.244   0.069  26.219    0.002
                                              10  -0.124  -0.087  26.958    0.003
                                              11  -0.093  -0.186  27.455    0.004
                                              12   0.083   0.207  27.953    0.006
```

圖 11-5　殘差項的自相關與偏相關係數

從圖 11-5 中可以看到,1 階偏相關係數為 0.594,超出置信區間(右側虛線),而 2-12 階偏相關係數均未超出置信區間,這表明殘差項存在自相關,會導致參數估計非有效。

(3)DW 檢驗法。DW 檢驗的全稱為杜賓-瓦森檢驗,適用於一階序列相關性的檢驗,不適用於高階序列相關性檢驗,DW 值越靠近 2,表示序列的平穩性越好。DW 統計量顯示在方程迴歸結果中,如圖 4-1 中「Durbin-Watson stat」,從圖中可得,殘差項 DW=0.56,更加靠近於 0 而遠離 2,表明殘差項存在正一階序列相關性。

(4)LM 檢驗法。LM 檢驗的全稱為拉格朗日乘數檢驗,統計量服從卡方分佈,不僅適用於一階序列相關性的檢驗,也適用於高階序列相關性檢驗。在方程輸出界面(圖 11-4)中,依次點擊「View/Residual Diagnostics/Serial Correlation LM Test」,選擇所要檢驗滯後階數(lags to include),例如「1」,表示檢驗殘差項一階序列相關性。結果如圖 11-6 所示。

第十一章　自相關的檢驗與修正

```
Equation: UNTITLED   Workfile: 表1 2000-2017年我國人均消費支出和人均可支配收入 (2)
View | Proc | Object | Print | Name | Freeze | Estimate | Forecast | Stats | Resids

Breusch-Godfrey Serial Correlation LM Test:

F-statistic           11.34055    Prob. F(1,11)         0.0063
Obs*R-squared          8.121950   Prob. Chi-Square(1)   0.0044

Test Equation:
Dependent Variable: RESID
Method: Least Squares
Date: 02/20/19   Time: 18:43
Sample: 2000 2015
Included observations: 16
Presample missing value lagged residuals set to zero.

Variable      Coefficient  Std. Error   t-Statistic   Prob.

C              6.855345    3.778881     1.814120     0.0970
X1            -0.122602    0.069978    -1.752001     0.1076
X2             0.002938    0.021203     0.138574     0.8923
X3            -0.117179    0.119229    -0.982808     0.3468
RESID(-1)      0.855136    0.253932     3.367574     0.0063

R-squared              0.507622   Mean dependent var    2.79E-15
Adjusted R-squared     0.328575   S.D. dependent var    0.655486
S.E. of regression     0.537109   Akaike info criterion 1.845074
Sum squared resid      3.173342   Schwarz criterion     2.086508
Log likelihood        -9.760588   Hannan-Quinn criter.  1.857437
F-statistic            2.835138   Durbin-Watson stat    2.035501
Prob(F-statistic)      0.077002
```

圖 11-6　一階序列相關性——LM 檢驗

從圖 11-6 中可知，LM 統計量為 8.12，P 值為 0.004,4，檢驗結果顯著；參數檢驗中 RESID(-1) 的 t 統計量為 3.37，P 值為 0.006,3，檢驗結果為顯著。LM 檢驗表明，模型存在顯著的一階序列相關性。

進一步驗證模型是否存在二階序列相關性。依次點擊「View/Residual Diagnostics/Serial Correlation LM Test」，選擇所要檢驗滯後階數（lags to include），此處修改為「2」，結果如圖 11-7 所示。

```
Equation: UNTITLED   Workfile: 表1 2000-2017年我國人均消費支出和人均可支配收入 (2)
View | Proc | Object | Print | Name | Freeze | Estimate | Forecast | Stats | Resids

Breusch-Godfrey Serial Correlation LM Test:

F-statistic           5.916939    Prob. F(2,10)         0.0202
Obs*R-squared         8.671938    Prob. Chi-Square(2)   0.0131

Test Equation:
Dependent Variable: RESID
Method: Least Squares
Date: 02/20/19   Time: 18:42
Sample: 2000 2015
Included observations: 16
Presample missing value lagged residuals set to zero.

Variable      Coefficient  Std. Error   t-Statistic   Prob.

C              9.927460    5.214058     1.903980     0.0861
X1            -0.171496    0.090531    -1.894337     0.0874
X2            -0.000425    0.021796    -0.019521     0.9848
X3            -0.176961    0.138951    -1.273554     0.2316
RESID(-1)      0.771950    0.274223     2.815046     0.0183
RESID(-2)     -0.341405    0.394083    -0.866328     0.4066

R-squared              0.541996   Mean dependent var    2.79E-15
Adjusted R-squared     0.312994   S.D. dependent var    0.655486
S.E. of regression     0.543305   Akaike info criterion 1.897704
Sum squared resid      2.951802   Schwarz criterion     2.187425
Log likelihood        -9.181633   Hannan-Quinn criter.  1.912540
F-statistic            2.366775   Durbin-Watson stat    1.970806
Prob(F-statistic)      0.115406
```

圖 11-7　二階序列相關性——LM 檢驗

經濟計量分析實驗

從圖11-7中可知，LM值等於8.67，檢驗通過，表明模型存在序列相關性。但滯後二階殘差項RESID(-2)的t值為0.87，參數檢驗不顯著，這表明模型不存在二階序列相關性。因此，綜合一階序列相關性和二階序列相關性的LM檢驗，可得，模型存在一階序列相關性。

3.廣義差分法

修正模型序列相關性，一般採用廣義差分法，分為三個步驟：第一步，確定殘差項的序列相關係數；第二步，依據序列相關係數對所有變量進行差分；第三步，驗證廣義差分模型是否具有序列相關性。

(1)殘差項序列相關係數的確定。回到圖11-3的模型結果輸出窗口，點擊目錄欄中「Estimate」，在迴歸方程命令中加入AR(1)項，如圖11-8所示。點擊「確定」後，得到新的模型輸出結果，如圖11-9所示。

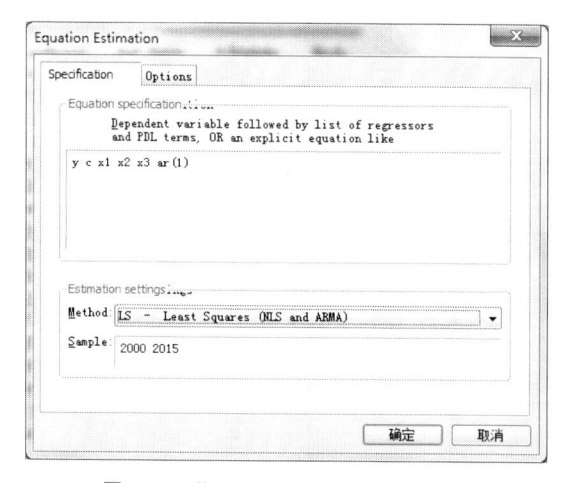

圖11-8 將AR(1)項加入原方程命令中

Variable	Coefficient	Std. Error	t-Statistic	Prob.
C	7.650865	5.058397	1.512508	0.1613
X1	0.113928	0.090672	1.256478	0.2375
X2	-0.243873	0.034025	-7.167447	0.0000
X3	0.463202	0.128287	3.610657	0.0048
AR(1)	0.517359	0.258527	2.001180	0.0732
R-squared	0.972092	Mean dependent var		4.710973
Adjusted R-squared	0.960928	S.D. dependent var		2.416634
S.E. of regression	0.477686	Akaike info criterion		1.621475
Sum squared resid	2.281839	Schwarz criterion		1.857492
Log likelihood	-7.161063	Hannan-Quinn criter.		1.618961
F-statistic	87.07873	Durbin-Watson stat		2.001299
Prob(F-statistic)	0.000000			
Inverted AR Roots	.52			

圖11-9 含一階自相關係數的模型輸出結果

第十一章 自相關的檢驗與修正

從圖 11-9 中可得，AR(1)的參數估計結果為 0.517，即為殘差項一階序列相關係數。添加自相關後的模型，其 DW 統計量為 2.001，接近於 2，模型的序列相關性不明顯。

(2)對添加 AR(1)項後的模型進行 LM 檢驗。依次點擊「View/Residual Diagnostics/Serial Correlation LM Test」，選擇所要檢驗滯後階數(lags to include)，令為「1」。結果如圖 11-10 所示。結果顯示，LM 值為 0.067，P 值為 0.795，在 10%的顯著性水準下檢驗結果不顯著，表明加入 AR(1)項後的模型不存在序列相關性。

Breusch-Godfrey Serial Correlation LM Test:

F-statistic	0.040573	Prob. F(1,9)	0.8448
Obs*R-squared	0.067319	Prob. Chi-Square(1)	0.7953

圖 11-10　LM 檢驗

(3)運用廣義差分法進行估計。廣義差分法是克服序列相關性的有效方法，它將原模型變換為滿足普通最小二乘法的差分模型，再進行普通最小二乘估計。在明確原模型存在一階序列相關性，並且可知相關性係數為 0.517，那麼可以構建廣義差分模型。在方程結果輸出窗口中點擊「Estimate」，輸入方程命令「$Y-0.517*Y(-1)$ C $X1-0.517*X1(-1)$ $X2-0.517*X2(-1)$ $X3-0.517*X3(-1)$」，如圖 11-11 所示。

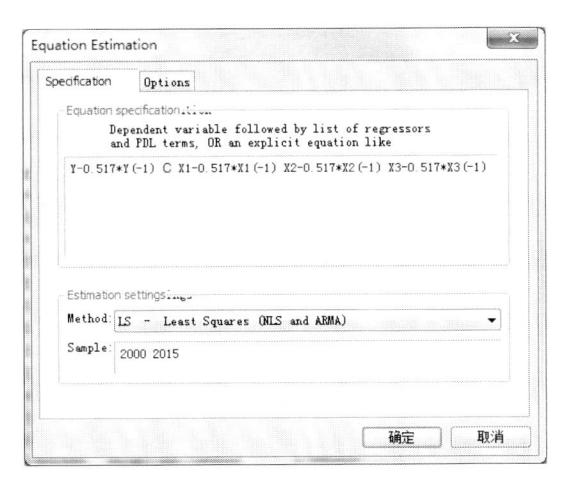

圖 11-11　廣義差分模型的方程命令

點擊「確定」後，即可生成廣義差分模型，如圖 11-12 所示。

```
Dependent Variable: Y-0.517*Y(-1)
Method: Least Squares
Date: 02/21/19   Time: 14:56
Sample (adjusted): 2001 2015
Included observations: 15 after adjustments
```

Variable	Coefficient	Std. Error	t-Statistic	Prob.
C	3.693989	1.598440	2.310997	0.0412
X1-0.517*X1(-1)	0.113987	0.063505	1.794938	0.1002
X2-0.517*X2(-1)	-0.243881	0.030839	-7.908303	0.0000
X3-0.517*X3(-1)	0.463263	0.119418	3.879324	0.0026

R-squared	0.887066	Mean dependent var		2.527172
Adjusted R-squared	0.856266	S.D. dependent var		1.201342
S.E. of regression	0.455456	Akaike info criterion		1.488142
Sum squared resid	2.281839	Schwarz criterion		1.676955
Log likelihood	-7.161066	Hannan-Quinn criter.		1.486131
F-statistic	28.80075	Durbin-Watson stat		2.001016
Prob(F-statistic)	0.000017			

圖 11-12　廣義差分模型迴歸結果

在圖 11-12 中，被解釋變量為 $Y^* = Y_t - 0.517Y_{t-1}$，解釋變量分別為 $X1^* = X1_t - 0.517X1_{t-1}$、$X2^* = X2_t - 0.517X2_{t-1}$、$X3^* = X3_t - 0.517X3_{t-1}$，模型表示為：$Y^* = 3.69 + 0.11X1^* - 0.24X2^* + 0.46X3^*$，表明人均資本和產業規模對企業全要素生產率的提升有促進作用，而股權結構對全要素生產率的提升有阻滯影響。

（4）驗證差分模型的序列相關性。對於廣義差分模型是否存在自相關性，需要進一步驗證。從廣義差分模型迴歸結果來看，DW 值為 2.00，接近於 2，表明模型不存在序列相關性或序列相關性不明顯。

單擊「View/Residual Diagnostics/Serial Correlation LM Test」，選擇所要檢驗滯後階數（lags to include），令為「1」，LM 檢驗的結果如圖 11-13 所示。檢驗結果顯示，LM 值 = 0.026，P 值不顯著，表明廣義差分模型不存在序列相關。

Breusch-Godfrey Serial Correlation LM Test:

F-statistic	0.017059	Prob. F(1,10)	0.8987
Obs*R-squared	0.025545	Prob. Chi-Square(1)	0.8730

圖 11-13　廣義差分模型的 LM 檢驗

五、思考題

1. 表 11-3 給出了美國 1960—1995 年個人實際可支配收入 X 和個人實際消費支出 Y 的數據。

第十一章 自相關的檢驗與修正

表 11-3 美國個人實際可支配收入和個人實際消費支出   單位：100 億美元

年份	個人實際可支配收入 X	個人實際消費支出 Y	年份	個人實際可支配收入 X	個人實際消費支出 Y
1960	157	143	1978	326	295
1961	162	146	1979	335	302
1962	169	153	1980	337	301
1963	176	160	1981	345	305
1964	188	169	1982	348	308
1965	200	180	1983	358	324
1966	211	190	1984	384	341
1967	220	196	1985	396	357
1968	230	207	1986	409	371
1969	237	215	1987	415	382
1970	247	220	1988	432	397
1971	256	228	1989	440	406
1972	268	242	1990	448	413
1973	287	253	1991	449	411
1974	285	251	1992	461	422
1975	290	257	1993	467	434
1976	301	271	1994	478	447
1977	311	283	1995	493	458

資料來源：*Economic Report of the President*，數據為 1992 年的價格。

要求：

(1) 用普通最小二乘法估計收入-消費模型

$$Y_t = \beta_1 + \beta_2 X_2 + u_t$$

(2) 檢驗收入-消費模型的自相關狀況 (5% 顯著水準)；

(3) 用適當的方法消除模型中存在的問題。

2. 表 11-4 是北京市連續 19 年城鎮居民家庭人均收入與人均支出的數據。

表 11-4 北京市 19 年來城鎮居民家庭收入與支出數據表

年份順序	人均收入/元	人均生活消費支出/元	商品零售物價指數/%	人均實際收入/元	人均實際支出/元
1	450.18	359.86	100.00	450.18	359.86
2	491.54	408.66	101.50	484.28	402.62
3	599.40	490.44	108.60	551.93	451.60
4	619.57	511.43	110.20	562.22	464.09
5	668.06	534.82	112.30	594.89	476.24
6	716.60	574.06	113.00	634.16	508.02
7	837.65	666.75	115.40	725.87	577.77
8	1,158.84	923.32	136.80	847.11	674.94
9	1,317.33	1,067.38	145.90	902.90	731.58
10	1,413.24	1,147.60	158.60	891.07	723.58

表11-4(續)

年份順序	人均收入/元	人均生活消費支出/元	商品零售物價指數/%	人均實際收入/元	人均實際支出/元
11	1,767.67	1,455.55	193.30	914.47	753.00
12	1,899.57	1,520.41	229.10	829.14	663.64
13	2,067.33	1,646.05	238.50	866.81	690.17
14	2,359.88	1,860.17	258.80	911.85	718.77
15	2,813.10	2,134.65	280.30	1,003.60	761.56
16	3,935.39	2,939.60	327.70	1,200.91	897.04
17	5,585.88	4,134.12	386.40	1,445.62	1,069.91
18	6,748.68	5,019.76	435.10	1,551.06	1,153.70
19	7,945.78	5,729.45	466.90	1,701.82	1,227.13

要求：

(1) 建立居民收入-消費函數；

(2) 檢驗模型中存在的問題，並採取適當的補救措施預以處理；

(3) 對模型結果進行經濟解釋。

3.表11-5給出了日本工薪家庭實際消費支出與可支配收入數據。

表11-5 日本工薪家庭實際消費支出與實際可支配收入 單位：1,000日元

年份	家庭實際可支配收入 X	家庭實際消費支出 Y	年份	家庭實際可支配收入 X	家庭實際消費支出 Y
1970	239	300	1983	304	384
1971	248	311	1984	308	392
1972	258	329	1985	310	400
1973	272	351	1986	312	403
1974	268	354	1987	314	411
1975	280	364	1988	324	428
1976	279	360	1989	326	434
1977	282	366	1990	332	441
1978	285	370	1991	334	449
1979	293	378	1992	336	451
1980	291	374	1993	334	449
1981	294	371	1994	330	449
1982	302	381			

資料來源：日本銀行《經濟統計年報》，數據為1990年的價格。

要求：

(1) 建立日本工薪家庭的收入-消費函數；

(2) 檢驗模型中存在的問題，並採取適當的補救措施預以處理；

(3) 對模型結果進行經濟解釋。

4.表11-6給出了中國進口需求(Y)與國內生產總值(X)的數據。

第十一章 自相關的檢驗與修正

表 11-6　1985—2003 年中國實際 GDP、進口需求　　　　　　　　單位:億元

年份	實際 GDP(X)	實際進口額(Y)
1985	8,964.40	2,543.2
1986	9,753.27	2,983.4
1987	10,884.65	3,450.1
1988	12,114.62	3,571.6
1989	12,611.32	3,045.9
1990	13,090.55	2,950.4
1991	14,294.88	3,338.0
1992	16,324.75	4,182.2
1993	18,528.59	5,244.4
1994	20,863.19	6,311.9
1995	23,053.83	7,002.2
1996	25,267.00	7,707.2
1997	27,490.49	8,305.4
1998	29,634.75	9,301.3
1999	31,738.82	9,794.8
2000	34,277.92	10,842.5
2001	36,848.76	12,125.6
2002	39,907.21	14,118.8
2003	43,618.58	17,612.2

註:表中數據來源於《中國統計年鑒2004》光盤;實際 GDP 和實際進口額均為 1985 年可比價指標。

要求:

(1)檢測進口需求模型 $Y_t = \beta_1 + \beta_2 X_t + u_t$ 的自相關性;

(2)採用科克倫-奧克特迭代法處理模型中的自相關問題。

5.表 11-7 給出了某地區 1980—2000 年的地區生產總值(Y)與固定資產投資額(X)的數據。

表 11-7　某地區生產總值(Y)與固定資產投資額(X)　　　　　單位:億元

年份	地區生產總值(Y)	固定資產投資額(X)	年份	地區生產總值(Y)	固定資產投資額(X)
1980	1,402	216	1991	3,158	523
1981	1,624	254	1992	3,578	548
1982	1,382	187	1993	4,067	668
1983	1,285	151	1994	4,483	699
1984	1,665	246	1995	4,897	745
1985	2,080	368	1996	5,120	667
1986	2,375	417	1997	5,506	845
1987	2,517	412	1998	6,088	951
1988	2,741	438	1999	7,042	1,185
1989	2,730	436	2000	8,756	1,180
1990	3,124	544			

經濟計量分析實驗

要求：

（1）使用對數線性模型 $LnY_t = \beta_1 + \beta_2 LnX_t + u_t$ 進行迴歸，並檢驗迴歸模型的自相關性；

（2）採用廣義差分法處理模型中的自相關問題；

（3）令 $X_t^* = X_t/X_{t-1}$（固定資產投資指數），$Y_t^* = Y_t/Y_{t-1}$（地區生產總值增長指數），使用模型 $LnY_t^* = \beta_1 + \beta_2 LnX_t^* + v_t$，該模型中是否有自相關？

第十二章 異方差性的檢驗與修正

一、實驗目的與要求

實驗目的：
掌握異方差模型的檢驗方法、處理方法
實驗要求：
掌握圖形法檢驗、White 檢驗、ARCH 檢驗、B-P 檢驗、加權最小二乘法等。

二、實驗原理

圖形法檢驗、White 檢驗、加權最小二乘法等。

三、理論教學內容

1.同方差假定

本節討論異方差。下一節討論自相關問題。以兩個變量為例,同方差假定如圖 12-1 和圖 12-2 所示。對於每一個 x_t 值,相應 μ_t 的分佈方差都是相同的。

經濟計量分析實驗

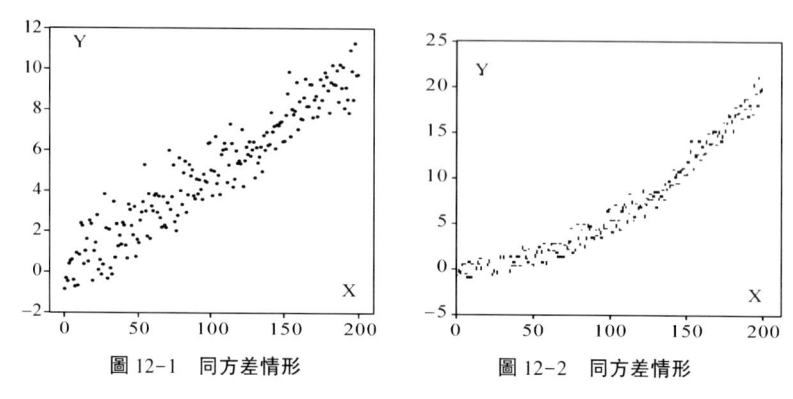

圖 12-1 同方差情形

圖 12-2 同方差情形

模型的假定條件(1)給出 $Var(u)$ 是一個對角矩陣,

$$Var(U) = EUU' = \sigma^2 I = \sigma^2 \begin{bmatrix} 1 & & & 0 \\ & 1 & & \\ & & \ddots & \\ 0 & & & 1 \end{bmatrix} \quad (12-1)$$

且 u 的方差協方差矩陣主對角線上的元素都是常數且相等,即每一誤差項的方差都是有限的相同值(同方差假定);且非主對角線上的元素為零(非自相關假定),當這個假定不成立時,$Var(U)$ 不再是一個純量對角矩陣。

$$Var(U) = \sigma^2 \Omega = \sigma^2 \begin{bmatrix} \sigma_{11} & 0 & \cdots & 0 \\ 0 & \sigma_{22} & \cdots & 0 \\ \cdots & \cdots & \cdots & \cdots \\ 0 & 0 & \cdots & \sigma_{TT} \end{bmatrix} \neq \sigma^2 I \quad (12-2)$$

當誤差向量 U 的方差協方差矩陣主對角線上的元素不相等時,稱該隨機誤差系列存在異方差,即誤差向量 U 中的元素 μ_i 取自不同的分佈總體。非主對角線上的元素表示誤差項之間的協方差值。比如 Ω 中的 σ_{ij} 與 σ^2 的乘積,$(i \neq j)$ 表示與第 i 組和第 j 組觀測值相對應的 μ_i 與 μ_j 的協方差。若 Ω 非主對角線上的部分或全部元素都不為零,誤差項就是自相關的。

2.異方差表現與來源

異方差通常有三種表現形式:遞增型、遞減型、條件自迴歸型。遞增型異方差見圖 12-3 和圖 12-4。圖 12-5 為遞減型異方差。圖 12-6 為條件自迴歸型異方差。

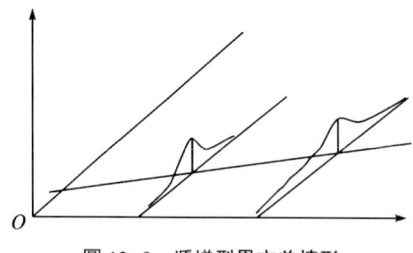

圖 12-3 遞增型異方差情形

第十二章 異方差性的檢驗與修正

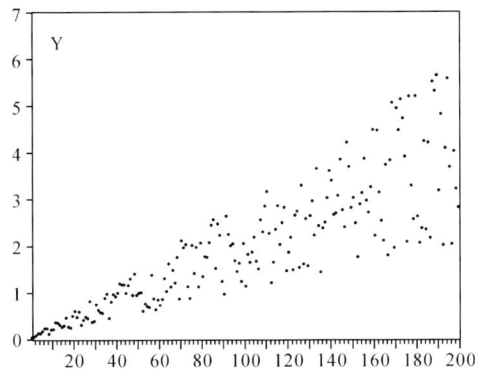

圖 12-4 遞增型異方差

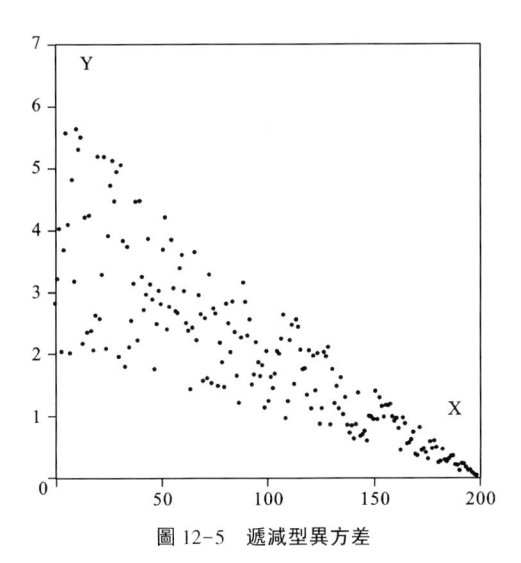

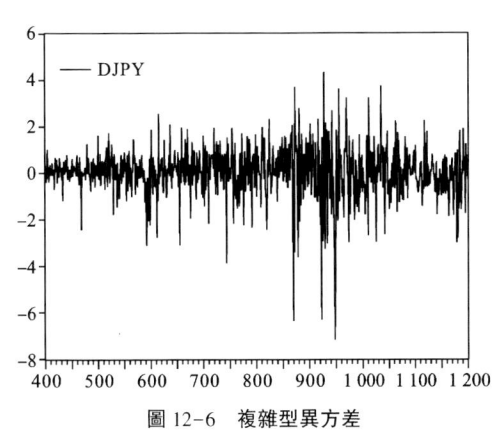

圖 12-5 遞減型異方差

圖 12-6 複雜型異方差

(1) 時間序列數據和截面數據中都有可能存在異方差。
(2) 經濟時間序列中的異方差常表現為遞增型異方差。金融時間序列中的異方差常表現為自迴歸條件異方差。

無論是時間序列數據還是截面數據,遞增型異方差的來源主要是因為隨著解釋變量值的增大,被解釋變量取值的差異性增大。

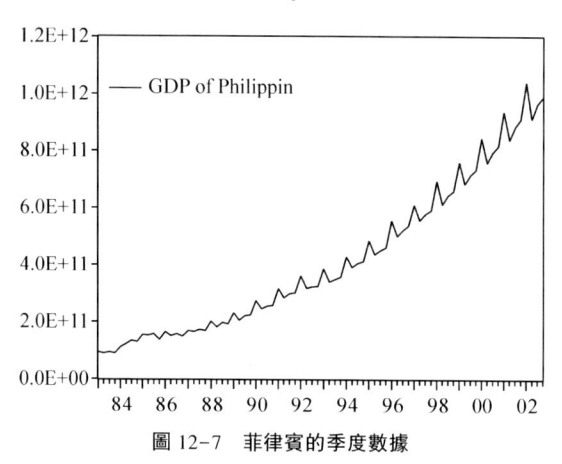

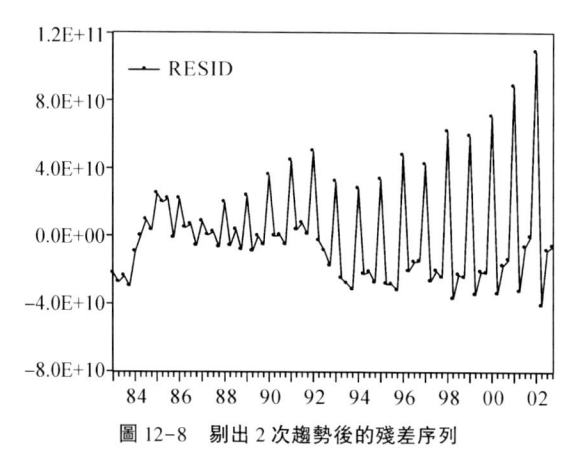

圖 12-7 菲律賓的季度數據

圖 12-8 剔出 2 次趨勢後的殘差序列

3. 異方差的後果

下面以簡單線性迴歸模型為例討論異方差對參數估計的影響。對於模型

$$y_t = b_0 + b_1 x_t + u_t \tag{12-3}$$

當 $Var(u_t) = \sigma_t^2$,為異方差時(σ_t^2 是一個隨時間或序數變化的量),迴歸參數估計量仍具有無偏性和一致性。以 $\hat{\beta}_1$ 為例

$$E(\hat{\beta}_1) = E\left(\frac{\sum (x_t - \bar{x})(y_t - \bar{y})}{\sum (x_t - \bar{x})^2}\right) = E\left(\frac{\sum (x_t - \bar{x})[\beta_1(x_t - \bar{x}) + u_t]}{\sum (x_t - \bar{x})^2}\right)$$

第十二章 異方差性的檢驗與修正

$$= \beta_1 + \frac{\sum (x_t - \bar{x}) E(u_t)}{\sum (x_t - \bar{x})^2} = \beta_1 \qquad (12-4)$$

在公式(12-14)的推導中利用了 $E(u_t) = 0$ 的假定。

但是迴歸參數估計量不再具有有效性。仍以 $\hat{\beta}_1$ 為例，

$$E(\hat{\beta}_1) = E\left(\frac{\sum (x_t - \bar{x}) u_t}{\sum (x_t - \bar{x})^2}\right)^2 = E\left(\frac{(\sum (x_t - \bar{x}) u_t)^2}{(\sum (x_t - \bar{x})^2)^2}\right)$$

$$= \frac{\sum (x_t - \bar{x})^2 E(u_t)^2}{(\sum (x_t - \bar{x})^2)^2} = \frac{\sum (x_t - \bar{x})^2 \sigma_t^2}{(\sum (x_t - \bar{x})^2)^2} \neq \frac{\sigma^2}{\sum (x_t - \bar{x})^2} \qquad (12-5)$$

在公式(12-5)的推導中利用了 μ_t 的非自相關假定。公式(12-5)不等號右側項分子中的 σ_t^2 不是一個常量，不能從累加式中提出，所以不等號右側項不等於不等號左側項。而不等號右側項是同方差條件下 β_1 的最小二乘估計量 $\hat{\beta}_1$ 的方差。因此異方差條件下的 $\hat{\beta}_1$ 失去有效性。

另外迴歸參數估計量方差的估計是真實方差的有偏估計量。例如

$$E(\hat{Var}(\hat{\beta}_1)) \neq Var(\hat{\beta}_1)$$

下面用矩陣形式討論。因為 OLS 估計量無偏性的證明只依賴於模型的一階矩，所以當 $Var(U)$ 如公式(12-2)所示時，OLS 估計量 $\hat{\beta}$ 仍具有無偏性和一致性。

$$E(\hat{\beta}) = E[(X'X)^{-1}X'Y] = E[(X'X)^{-1}X'(X\beta + U)] = \beta$$

但不具有有效性和漸近有效性。而且 $\hat{\beta}$ 的分佈將受到影響。

$$Var(\hat{\beta}) = E[(\hat{\beta} - \beta)(\hat{\beta} - \beta)'] = E[(X'X)^{-1}X'uu'X(X'X)^{-1}]$$
$$= (X'X)^{-1}X'E(uu')X(X'X)^{-1} = \sigma^2 (X'X)^{-1}X'\Omega X(X'X)^{-1}$$

不等於 $\sigma^2 (X'X)^{-1}$，所以異方差條件下 $\hat{\beta}$ 是非有效估計量。

4.異方差檢驗

(1)定性分析異方差。

①經濟變量規模差別很大時容易出現異方差。如個人收入與支出關係，投入與產出關係。

②利用散點圖進行初步判斷。

③利用殘差圖進行初步判斷。

(2)異方差檢驗。

①White 檢驗。White 檢驗由 H. White 1980 年提出。Goldfeld-Quandt 檢驗必須先把數據按解釋變量的值從小到大排序。Glejser 檢驗通常要試擬合多個迴歸式。White 檢驗不需要對觀測值排序，也不依賴於隨機誤差項服從正態分佈，它是通過一個輔助迴歸式構造 χ^2 統計量進行異方差檢驗。以二元迴歸模型為例，White 檢驗的具體步驟如下：

$$y_t = b_0 + b_1 x_{t1} + b_2 x_{t2} + u_t \qquad (12-6)$$

第一步,對上式進行 OLS 迴歸,求殘差 $\hat{u}_t$。
第二步,做如下輔助迴歸式,

$$\hat{u}_t^2 = a_0 + a_1 x_{t1} + a_2 x_{t2} + a_3 x_{t1}^2 + a_4 x_{t2}^2 + a_5 x_{t1} x_t \qquad (12\text{-}7)$$

即用 $\hat{u}_t^2$ 對原迴歸式中的各解釋變量、解釋變量的平方項、交叉積項進行 OLS 迴歸。注意,上式中要保留常數項。求輔助迴歸式(12-7)的可決系數 R^2。
第三步,White 檢驗的零假設和備擇假設是
H_0:公式(12-6)中的 μ_t 不存在異方差,
H_1:公式(12-6)中的 μ_t 存在異方差。
第四步,在不存在異方差假設條件下,統計量

$$TR^2 \sim \chi_\alpha^2(5) \qquad (12\text{-}8)$$

其中,T 表示樣本容量,R^2 是輔助迴歸式(12-7)的 OLS 估計式的可決系數。自由度 5 表示輔助迴歸式(12-,7)中解釋變量項數(注意,不計算常數項)。TR^2 屬於 LM 統計量。
第五步,判別規則是
若 $TR^2 \leq \chi_\alpha^2(5)$,接受 $H_0(\mu_t$ 具有同方差);
若 $TR^2 > \chi_\alpha^2(5)$,拒絕 $H_0(\mu_t$ 具有異方差)。
在迴歸式窗口中單擊 View 鍵選「Residual Tests/White Heteroskedasticity」功能。檢驗式存在有無交叉項兩種選擇。
②Goldfeld-Quandt 檢驗。H_0:μ_t 具有同方差;H_1:μ_t 具有遞增型異方差。
構造 F 統計量。第一步,把原樣本分成兩個子樣本。具體方法是把成對(組)的觀測值按解釋變量的大小順序排列,略去 m 個處於中心位置的觀測值(通常 $T>30$ 時,取 $m \approx T/4$,餘下的 $T-m$ 個觀測值自然分成容量相等,$(T-m)/2$,的兩個子樣本)。

$$\{\underbrace{x_1, x_2, \cdots}_{n_1=(T-m)/2}, \underbrace{x_{i-1}, x_i, x_{i+1}}_{m=T/4}, \cdots, \underbrace{x_{T-1}, x_T}_{n_2=(T-m)/2}\}$$

第二步,用兩個子樣本分別估計迴歸直線,並計算殘差平方和。相對於 n_2 和 n_1 分別用 SSE_2 和 SSE_1 表式。
第三步,F 統計量是

$$F = \frac{SSE_2/(n_2-k)}{SSE_1/(n_1-k)} = \frac{SSE_2}{SSE_1} \quad (k \text{ 為模型中被估參數個數})$$

在 H_0 成立條件下,$F \sim F(n_2-k, n_1-k)$
第四步,判別規則如下:
若 $F \leq F_\alpha(n_2-k, n_1-k)$,接受 $H_0(\mu_t$ 具有同方差)
若 $F > F_\alpha(n_2-k, n_1-k)$,拒絕 $H_0(\mu_t$ 遞增型異方差)
注意:
第一,當模型含有多個解釋變量時,應以每一個解釋變量為基準檢驗異方差。

第十二章　異方差性的檢驗與修正

第二,此法只適用於遞增型異方差。

第三,對於截面樣本,計算 F 統計量之前,必須先把數據按解釋變量的值從小到大排序。

③Glejser 檢驗。檢驗 $|\hat{u}_t|$ 是否與解釋變量 x_t 存在函數關係。若有,則說明存在異方差;若無,則說明不存在異方差。通常應檢驗的幾種形式是:

$|\hat{u}_t| = \alpha_0 + \alpha_1 x_t$

$|\hat{u}_t| = \alpha_0 + \alpha_1 x_t^2$

$|\hat{u}_t| = \alpha_0 + \alpha_1 \sqrt{x_t}$,

……

Glejser 檢驗的特點是:

第一,既可檢驗遞增型異方差,也可檢驗遞減型異方差。

第二,一旦發現異方差,同時也就發現了異方差的具體表現形式。

第三,計算量相對較大。

第四,當原模型含有多個解釋變量值時,可以把 $|\hat{u}_t|$ 擬合成多變量迴歸形式。

④自迴歸條件異方差(ARCH)檢驗。異方差的另一種檢驗方法稱作自迴歸條件異方差(ARCH)檢驗。這種檢驗方法不是把原迴歸模型的隨機誤差項 σ_t^2 看作 x_t 的函數,而是把 σ_t^2 看作誤差滯後項 u_{t-1}^2, u_{t-2}^2, … 的函數。ARCH 是誤差項二階矩的自迴歸過程。恩格爾(Engle, 1982)針對 ARCH 過程提出 LM 檢驗法。輔助迴歸式定義為

$$\hat{u}_t^2 = \alpha_0 + \alpha_1 \hat{u}_{t-1}^2 + \cdots + \alpha_n \hat{u}_{t-n}^2 \qquad (12-9)$$

LM 統計量定義為

$$\text{ARCH} = TR^2 \sim \chi^2_{(n)}$$

其中 R^2 是輔助迴歸式(12-12)的可決系數。在 $H_0: \alpha_1 = \cdots = \alpha_n = 0$ 成立條件下,ARCH 漸近服從 $\chi^2_{(n)}$ 分佈。ARCH 檢驗的最常用形式是一階自迴歸模型($n=1$),

$$\hat{u}_t^2 = \alpha_0 + \alpha_1 \hat{u}_{t-1}^2 \qquad (12-10)$$

在這種情形下,ARCH 漸近服從 $\chi^2_{(1)}$ 分佈。

5.異方差的修正

克服異方差的矩陣描述。設模型為

$$Y = X\beta + u \qquad (12-11)$$

其中,$E(u) = 0$,$Var(u) = E(uu') = \sigma^2 \Omega$。$\Omega$ 已知,β 與 k 未知。因為 $\Omega \neq I$,違反了假定條件,所以應該對模型進行適當修正。

因為 Ω 是一個 T 階正定矩陣,所以必存在一個非退化 $T \times T$ 階矩陣 M 使下式成立:

$$M \Omega M' = I_{T \times T} \qquad (12-12)$$

從上式得

$$M'M = \Omega^{-1} \qquad (12-13)$$

用 M 左乘上述迴歸模型兩側得

$$MY = MX\beta + Mu \quad (12-14)$$

取 $Y^* = MY$, $X^* = MX$, $u^* = Mu$，上式變換為

$$Y^* = X^*\beta + u^* \quad (12-15)$$

則 u^* 的方差協方差矩陣為

$$Var(u^*) = E(u^*u^{*\prime}) = E(Muu'M') = M\sigma^2\Omega M' = \sigma^2 M\Omega M' = \sigma^2 I$$

變換後模型的 $Var(u^*)$ 是一個純量對角矩陣。對變換後模型進行 OLS 估計，得到的是 β 的最佳線性無偏估計量。這種估計方法稱作廣義最小二乘法。β 的廣義最小二乘（GLS）估計量定義為

$$\hat{\beta}_{(GLS)} = (X^{*\prime}X^*)^{-1}X^{*\prime}Y^* = (X'M'MX)^{-1}X'M'MY = (X'\Omega^{-1}X)^{-1}X'\Omega^{-1}Y$$

（1）對模型

$$y_t = \beta_0 + \beta_1 x_{t1} + \beta_2 x_{t2} + u_t \quad (12-16)$$

通常假定異方差形式是 $Var(u_t) = (\sigma x_{t1})^2$。因為 $Var(u_t) = E(u_t)^2$，相當於認為 $|\hat{u}_t| = \sigma x_{t1}$，用 x_{t1} 同除上式兩側得

$$\frac{y_t}{x_{t1}} = \frac{\beta_0}{x_{t1}} + \beta_1 + \frac{\beta_2 x_{t2}}{x_{t1}} + \frac{u_t}{x_{t1}} \quad (12-17)$$

因為 $Var(\frac{u_t}{x_{t1}}) = \frac{1}{x_{t1}^2} Var(u_t) = \frac{1}{x_{t1}^2}\sigma^2 x_{t1}^2 = \sigma^2$，公式（12-17）中的隨機項 $\frac{u_t}{x_{t1}}$ 是同方差的。對公式（12-17）進行 OLS 估計後，把迴歸參數的估計值代入原模型（式 12-16）。

對公式（12-17）式應用 OLS 法估計參數，求 $\sum(u_t/x_{t1})^2$ 最小。其實際意義是在求 $\sum(u_t/x_{t1})^2$ 最小的過程中給相應誤差項分佈方差小的觀測值以更大的權數。所以此法亦稱為加權最小二乘法，是 GLS 估計法的一個特例。

以異方差形式 $Var(u_t) = \sigma^2 x_t^2$ 為例，用矩陣形式介紹克服異方差。

$$\sigma^2\Omega = \sigma^2 \begin{bmatrix} x_1^2 & & 0 \\ & \cdots & \\ 0 & & x_T^2 \end{bmatrix}$$

定義

$$M = \begin{bmatrix} 1/x_1 & & 0 \\ & \cdots & \\ 0 & & 1/x_T \end{bmatrix}$$

從而使 $Var(Mu) = E(Muu'M') = M\sigma^2\Omega M' = \sigma^2 M\Omega M'$

$$= \sigma^2 \begin{bmatrix} 1/x_1 & & 0 \\ & \cdots & \\ 0 & & 1/x_T \end{bmatrix} \begin{bmatrix} x_1^2 & & 0 \\ & \cdots & \\ 0 & & x_T^2 \end{bmatrix} \begin{bmatrix} 1/x_1 & & 0 \\ & \cdots & \\ 0 & & 1/x_T \end{bmatrix}'$$

$$= \sigma^2 I_{T\times T}$$

即對於公式（12-16）來說誤差項已消除了異方差。

第十二章 異方差性的檢驗與修正

（2）利用 Glejser 檢驗結果消除異方差。

假設 Glejser 檢驗結果是

$$|\hat{u}_t| = \hat{a}_0 + \hat{a}_1 x_t$$

說明異方差形式是 $Var(u_t) = (\hat{a}_0 + \hat{a}_1 x_t)^2 \sigma^2$。用 $(\hat{a}_0 + \hat{a}_1 x_t)$ 除原模型（12-16）各項，

$$\frac{y_t}{\hat{a}_0 + \hat{a}_1 x_t} = \beta_0 \frac{1}{\hat{a}_0 + \hat{a}_1 x_t} + \beta_1 \frac{x_t}{\hat{a}_0 + \hat{a}_1 x_t} + \frac{u_t}{\hat{a}_0 + \hat{a}_1 x_t} \qquad (12-18)$$

則 $Var(\frac{u_t}{\hat{a}_0 + \hat{a}_1 x_t}) = \frac{1}{(\hat{a}_0 + \hat{a}_1 x_t)^2} Var(u_t) = \frac{1}{(\hat{a}_0 + \hat{a}_1 x_t)^2} (\hat{a}_0 + \hat{a}_1 x_t)^2 \sigma^2 = \sigma^2$

說明消除了異方差。對式（12-18）式做 OLS 估計，把迴歸參數的估計值代入原模型（12-16）。

（3）通過對數據取對數消除異方差。

（4）當模型中存在自迴歸條件異方差時，可以採用極大似然估計法，通過建立自迴歸條件異方差輔助方程增強原迴歸方程（均值方程）參數估計量的有效性（見 ARCH 模型）。

四、實驗過程

【理論依據】根據明瑟收入決定方程，決定收入（Y）的核心影響因素是受教育水準（X），並且二者成指數相關關係。

【模型與數據】為考察 2001—2016 年中國居民受教育年限對收入的影響，建立指數迴歸模型：$Y = \alpha \cdot e^{\beta X}$，線性化為 $\ln Y = \ln \alpha + \beta X$。其中，參數 β 反應教育年限對收入增長率的影響，$\ln \alpha$ 為常數項。中國居民人均可支配收入用 Y 表示，居民人均受教育年限用 X 表示，數據來源於《中國統計年鑒》和《中國勞動統計年鑒》，如表 12-1 所示。

表 12-1　2001—2016 年中國人均可支配收入與人均受教育年限

年份	Y	X	年份	Y	X
2001	4,070	8,217.0	2009	10,978	8,693.7
2002	4,532	8,258.0	2010	12,520	9,082.9
2003	5,007	8,401.0	2011	14,551	9,590.6
2004	5,661	8,546.7	2012	16,510	9,682.2
2005	6,385	8,301.8	2013	18,311	9,743.9
2006	7,229	8,346.1	2014	20,167	9,868.5
2007	8,584	8,462.0	2015	21,966	9,995.8
2008	9,957	8,578.4	2016	23,821	10,056.3

實驗過程分為三個部分：多元線性迴歸模型、異方差檢驗、加權最小二乘法。

經濟計量分析實驗

1.多元線性迴歸模型

創建 EViews 工作文件,導入相關數據,創建 Y、X 序列組,點擊「Proc/Make Equation」,在方程命令窗口中輸入「log(Y) C X」,「Method」下拉目錄中選中「LS」,單擊「確定」後,輸出多元線性迴歸模型結果,如圖 12-9 所示。

```
Equation: UNTITLED    Workfile: 表1 2000-2017年我國人均消費支出和人均可支配收入 (2)
View Proc Object Print Name Freeze Estimate Forecast Stats Resids
Dependent Variable: LOG(Y)
Method: Least Squares
Date: 02/21/19   Time: 16:56
Sample: 2001 2016
Included observations: 16

Variable            Coefficient   Std. Error    t-Statistic   Prob.
C                   2.110378      0.673452      3.133674      0.0073
X                   0.791752      0.074704      10.59845      0.0000

R-squared              0.889177    Mean dependent var       9.227477
Adjusted R-squared     0.881261    S.D. dependent var       0.591262
S.E. of regression     0.203740    Akaike info criterion   -0.227472
Sum squared resid      0.581142    Schwarz criterion       -0.130899
Log likelihood         3.819778    Hannan-Quinn criter.    -0.222527
F-statistic            112.3271    Durbin-Watson stat       0.385218
Prob(F-statistic)      0.000000
```

圖 12-9　模型迴歸結果

2.異方差檢驗

異方差的檢驗方法有圖示法、等級相關係數法、戈里瑟檢驗(Gleiser)、巴特萊特檢驗法、G-Q 檢驗法、B-P 檢驗法、懷特檢驗法(White)。這些方法各具優點,很難說明哪種方法最好。本書介紹三種異方差檢驗方法:圖示法、B-P 檢驗法、懷特檢驗法(White)。

(1)圖示法。異方差是指模型殘差項的方差不再是常數,而是隨著樣本點的不同而出現變化。因此,構建殘差項平方和解釋變量的散點圖進行直觀判斷,如果殘差項平方隨著解釋變量變動表現出明顯變動,則說明模型存在異方差。

點擊 EViews 主目錄中「Quick/Graph」,在圖形命令中輸入「X resid^2」,接著在圖形類別「Graph type」中選擇散點圖「Scatter」,點擊「OK」後,生成 X-resid^2 的散點圖,如圖 12-10 所示。

第十二章 異方差性的檢驗與修正

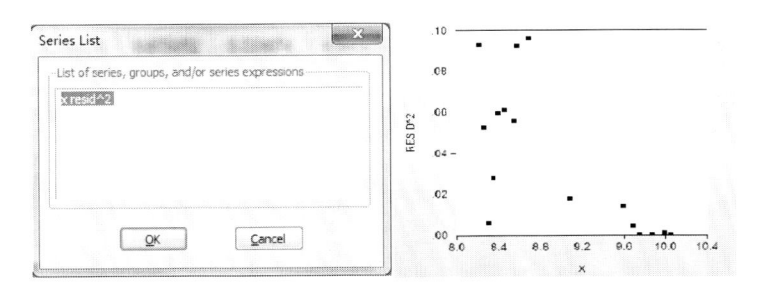

圖 12-10 X-resid^2 散點圖

從圖 12-10 中可知,殘差項平方隨著 X 的增大而減小,呈現出單調遞減型異方差特徵。

B-P 檢驗法。在模型迴歸結果界面(圖 12-9)中,依次點擊「View/Residual Diagnostics/Heteroskedasticity Tests」,在檢驗類別(Test Type)中選擇「Breusch-Pagan-Godfrey」,迴歸變量默認為「c x」,點擊「OK」後,輸出 B-P 檢驗結果,如圖 12-11 所示。

圖 12-11 B-P 檢驗輸出結果

(2) B-P 檢驗輸出結果的上半區域是檢驗結果,下半區域是檢驗方程。從檢驗結果來看,LM 統計量(B-P 檢驗法採用 LM 統計量為檢驗標準)為 8.33,其 P 值為 0.003,9,在 10% 的顯著性水準下拒絕同方差假設,表明模型存在異方差。

(3)懷特檢驗法。懷特檢驗法與 B-P 檢驗類似,都是先構建殘差項平方與解釋變量的迴歸方程,然後採用 LM 統計量進行顯著性檢驗,所不同之處在於,懷特檢驗法輔助迴歸方程可以引入解釋變量的更高次方。

依次點擊「View/Residual Diagnostics/Heteroskedasticity Tests」,在檢驗類別(Test Type)中選擇「White」,點擊「OK」後,輸出懷特檢驗結果,如圖 12-12 所示。

```
Heteroskedasticity Test: White

F-statistic              7.692854    Prob. F(2,13)         0.0062
Obs*R-squared            8.672369    Prob. Chi-Square(2)   0.0131
Scaled explained SS      3.104420    Prob. Chi-Square(2)   0.2118


Test Equation:
Dependent Variable: RESID^2
Method: Least Squares
Date: 02/21/19   Time: 17:33
Sample: 2001 2016
Included observations: 16

Variable         Coefficient   Std. Error   t-Statistic   Prob.

C               -1.358319      2.227656    -0.609753     0.5525
X^2             -0.020913      0.026928    -0.776659     0.4513
X                0.344223      0.491170     0.700823     0.4958

R-squared            0.542023   Mean dependent var      0.036321
Adjusted R-squared   0.471565   S.D. dependent var      0.036275
S.E. of regression   0.026369   Akaike info criterion  -4.265863
Sum squared resid    0.009040   Schwarz criterion      -4.121002
Log likelihood      37.12690    Hannan-Quinn criter.   -4.258445
F-statistic          7.692854   Durbin-Watson stat      1.348968
Prob(F-statistic)    0.006244
```

圖 12-12　懷特檢驗輸出結果

與 B-P 檢驗輸出結果類似,上半區域是檢驗結果,下半區域是檢驗方程。從檢驗結果來看,LM 統計量(懷特檢驗法採用 LM 統計量為檢驗標準)為 8.67,其 P 值為 0.013,1,在 10% 的顯著性水準下拒絕同方差假設,表明模型存在異方差。

3.加權最小二乘法

異方差的理論形式為:$\mathrm{Var}(\mu_i) = E(\mu_i^2) = \sigma_i^2 = f(X_{ji})\sigma^2$,如果對原模型的變量添加一個 $1/\sqrt{f(X_{ji})}$ 的權重,那麼加權後模型殘差序列的方差為:

$$\mathrm{Var}(\mu/\sqrt{f(X_{ji})}) = (1/\sqrt{f(X_{ji})})^2 \quad \mathrm{Var}(\mu_i) = \frac{1}{f(X_{ji})} \cdot f(X_{ji})\sigma^2 = \sigma^2$$

可知,加權後的模型符合同方差假設,所添加的權重序列為 $1/\sqrt{f(X_{ji})}$。這樣處理異方差的估計方法稱為加權最小二乘法。

加權最小二乘法的關鍵在於尋找合適的「權」,帕克檢驗給出了一種相對靈活,有著廣泛應用的方法。

第十二章　異方差性的檢驗與修正

第一步,對原模型進行普通最小二乘估計,生成殘差序列 e1。操作流程為:點擊主目錄欄「Quick/Estimate Equation」(如圖 12-13),在模型命令窗口輸入「log(y) cx」,單擊「確定」後,生成普通最小二乘估計結果。

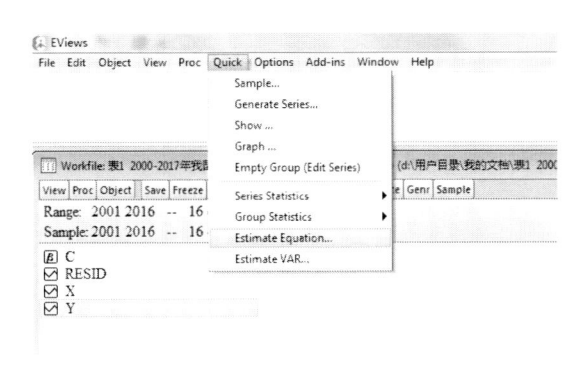

圖 12-13　創建模型迴歸命令

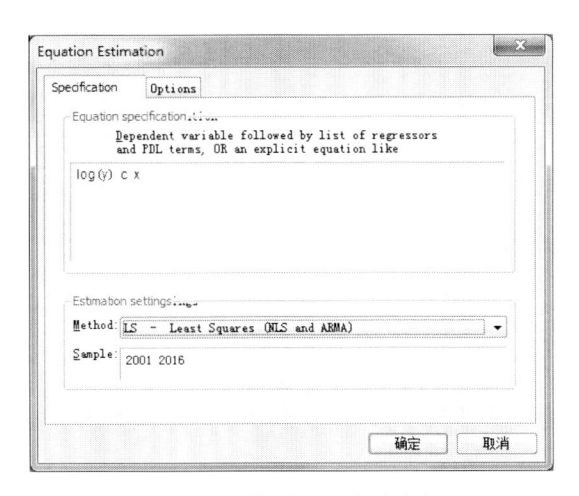

圖 12-14　輸入模型迴歸表達式

第二步,保存普通最小二乘估計結果的殘差序列,根據公式 $\ln(e_i^2) = \alpha_0 + \alpha_1 X$,得到殘差項對 X 的擬合值 $\hat{e}_i^2$。在主界面命令窗口分別輸入如下命令:

genr e1 = resid　　　　　(生成殘差序列,命名為 e1)

genr e2 = (e1)^2　　　　(生成殘差序列平方項,命名為 e2)

genr lne3 = log(e2)　　　(生成殘差序列平方項的對數值,命名為 lne3)

ls lne3 c x　　　　　　　(以 lne3 為被解釋變量進行線性迴歸)

在迴歸結果輸出窗口中點擊「Forecast」,生成擬合值 lne3f。

genr e3f = exp(lne3f)　　(將擬合值返回指數形式,命名為 e3f)

genr w=1/((e3f)^(1/2))　（以擬合值倒數的平方根生成權重,命名為 w）
ls log(y)＊w c x＊w　　（進行加權最小二乘迴歸）

權重生成命令和加權最小二乘迴歸結果如圖 12-15 所示。

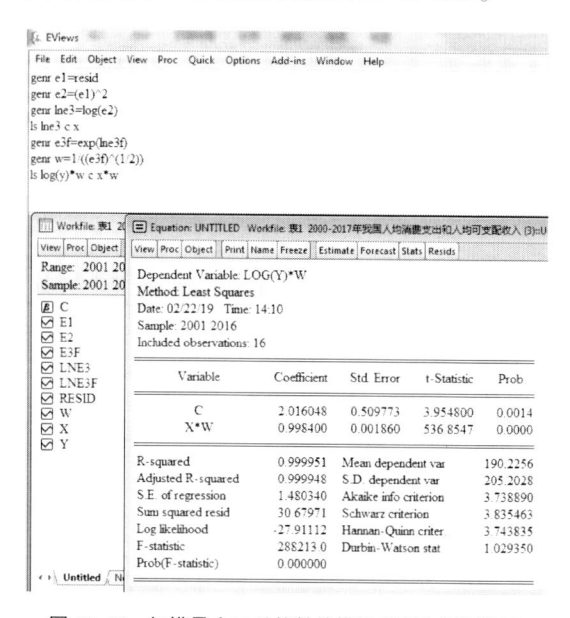

圖 12-15　加權最小二乘估計的權重確定和迴歸結果

加權最小二乘估計的最終模型為：$Y^* = 2.016 + 0.998X^*$，其中 $Y^* = w \cdot \ln(Y)$，$X^* = w \cdot X$。進一步的,驗證加權最小二乘估計模型是否具有異方差性,依次單擊「View/Residual Diagnostics/Heteroskedasticity Tests」,在檢驗類別「Test Type」中選擇「White」,點擊「OK」後,輸出懷特檢驗結果,如圖 12-16 所示。

圖 12-16　加權最小二乘估計模型的異方差性檢驗

從圖 12-16 懷特檢驗結果來看,LM 值為 2.731,P 值為 0.255,在 10% 的顯著性水準下,檢驗結果為不顯著,沒有足夠信息拒絕同方差的原假設,因此,加權最小二乘估計模型較好地修正了原模型的異方差性。

第十二章 異方差性的檢驗與修正

五、思考題

1. 由表 12-2 中給出消費 Y 與收入 X 的數據，試根據所給數據資料完成以下問題：

(1) 估計迴歸模型 $Y = \beta_1 + \beta_2 X + u$ 中的未知參數 β_1 和 β_2，並寫出樣本迴歸模型的書寫格式；

(2) 試用 Goldfeld-Quandt 法和 White 法檢驗模型的異方差性；

(3) 選用合適的方法修正異方差。

表 12-2 消費與收入數據表

Y	X	Y	X	Y	X
55	80	152	220	95	140
65	100	144	210	108	145
70	85	175	245	113	150
80	110	180	260	110	160
79	120	135	190	125	165
84	115	140	205	115	180
98	130	178	265	130	185
95	140	191	270	135	190
90	125	137	230	120	200
75	90	189	250	140	205
74	105	55	80	140	210
110	160	70	85	152	220
113	150	75	90	140	225
125	165	65	100	137	230
108	145	74	105	145	240
115	180	80	110	175	245
140	225	84	115	189	250
120	200	79	120	180	260
145	240	90	125	178	265
130	185	98	130	191	270

2. 由表 12-3 中給出 1985 年中國北方幾個省 (直轄市、自治區) 農業總產值、農用化肥量、農用水利、農業勞動力、每日生產性固定生產原值以及農機動力數據，要求：

(1) 試建立中國北方地區農業產出線性模型；

(2) 選用適當的方法檢驗模型中是否存在異方差；

(3) 如果存在異方差，採用適當的方法加以修正。

表 12-3　中國北方省市農業總產值表

地區	農業總產值/億元	農業勞動力/萬人	灌溉面積/萬公頃	化肥用量/萬噸	戶均固定資產/元	農機動力/萬馬力
北京	19.64	90.1	33.84	7.5	394.3	435.3
天津	14.4	95.2	34.95	3.9	567.5	450.7
河北	149.9	1,639.0	357.26	92.4	706.89	2,712.6
山西	55.07	562.6	107.9	31.4	856.37	1,118.5
內蒙古	60.85	462.9	96.49	15.4	1,282.81	641.7
遼寧	87.48	588.9	72.4	61.6	844.74	1,129.6
吉林	73.81	399.7	69.63	36.9	2,576.81	647.6
黑龍江	104.51	425.3	67.95	25.8	1,237.16	1,305.8
山東	276.55	2,365.6	456.55	152.3	5,812.02	3,127.9
河南	200.02	2,557.5	318.99	127.9	754.78	2,134.5
陝西	68.18	884.2	117.9	36.1	607.41	764
新疆	49.12	256.1	260.46	15.1	1,143.67	523.3

3. 表 12-4 中的數據是美國 1988 年研究與開發(R&D)支出費用(Y)與不同部門產品銷售量(X)。試根據資料建立一個迴歸模型,運用 Glejser 方法和 White 方法檢驗異方差,由此決定異方差的表現形式並選用適當方法加以修正。

表 12-4　美國研究與開發、支出費用及產品銷售量　　單位:百萬美元

工業群體	銷售量 X	R&D 費用 Y	利潤 Z
1.容器與包裝	6,375.3	62.5	185.1
2.非銀行業金融	11,626.4	92.9	1,569.5
3.服務行業	14,655.1	178.3	276.8
4.金屬與採礦	21,869.2	258.4	2,828.1
5.住房與建築	26,408.3	494.7	225.9
6.一般製造業	32,405.6	1,083	3,751.9
7.休閒娛樂	35,107.7	1,620.6	2,884.1
8.紙張與林木產品	40,295.4	421.7	4,645.7
9.食品	70,761.6	509.2	5,036.4
10.衛生保健	80,552.8	6,620.1	13,869.9
11.宇航	95,294	3,918.6	4,487.8
12.消費者用品	101,314.3	1,595.3	10,278.9
13.電器與電子產品	116,141.3	6,107.5	8,787.3
14.化工產品	122,315.7	4,454.1	16,438.8
15.五金	141,649.9	3,163.9	9,761.4

第十二章 異方差性的檢驗與修正

表12-4(續)

工業群體	銷售量 X	R&D 費用 Y	利潤 Z
16.辦公設備與計算機	175,025.8	13,210.7	19,774.5
17.燃料	230,614.5	1,703.8	22,626.6
18.汽車	293,543	9,528.2	18,415.4

4.由表 12-5 中給出的收入和住房支出樣本數據,建立住房支出模型。

表 12-5　收入和住房支出數據

住房支出	收入
1.8	5
2	5
2	5
2	5
2.1	5
3	10
3.2	10
3.5	10
3.5	10
3.6	10
4.2	15
4.2	15
4.5	15
4.8	15
5	15
4.8	20
5	20
5.7	20
6	20
6.2	20

假設模型為 $Y_i = \beta_1 + \beta_2 X_i + u_i$,其中 Y 為住房支出,X 為收入。試求解下列問題:

(1)用 OLS 求參數的估計值、標準差、擬合優度;

(2)用 Goldfeld-Quandt 方法檢驗異方差(假設分組時不去掉任何樣本值);

(3)如果模型存在異方差,假設異方差的形式是 $\sigma_i^2 = \sigma^2 X_i^2$,試用加權最小二乘法重新估計 β_1 和 β_2 的估計值、標準差、擬合優度。

5.表 12-6 中給出了 1969 年 20 個國家的股票價格(Y)和消費者價格年百分率變化(X)的一個橫截面數據。

表 12-6　20 個國家的股票價格和消費者價格表　　　　　單位:%

國家	股票價格變化率 Y	消費者價格變化率 X
1.澳大利亞	5	4.3
2.奧地利	11.1	4.6
3.比利時	3.2	2.4
4.加拿大	7.9	2.4
5.智利	25.5	26.4
6.丹麥	3.8	4.2
7.芬蘭	11.1	5.5
8.法國	9.9	4.7
9.德國	13.3	2.2
10.印度	1.5	4
11.愛爾蘭	6.4	4
12.以色列	8.9	8.4
13.義大利	8.1	3.3
14.日本	13.5	4.7
15.墨西哥	4.7	5.2
16.荷蘭	7.5	3.6
17.新西蘭	4.7	3.6
18.瑞典	8	4
19.英國	7.5	3.9
20.美國	9	2.1

試根據資料完成以下問題:

(1)將 Y 對 X 迴歸並分析迴歸中的殘差;

(2)因智利的數據出現了異常,去掉智利數據後,重新作迴歸並再次分析迴歸中的殘差;

(3)如果根據(1)的結果你將得到有異方差性的結論,而根據(2)的結論你又得到相反的結論,對此你能得出什麼樣的結論?

6.表 12-7 中給出的是 1998 年中國重要製造業銷售收入與銷售利潤的數據資料。

表 12-7　中國重要製造業銷售收入與銷售利潤表　　　　　單位:億元

行業名稱	銷售收入	銷售利潤	行業名稱	銷售收入	銷售利潤
食品加工業	187.25	3,180.44	醫藥製造業	238.71	1,264.10
食品製造業	111.42	1,119.88	化學纖維製造	81.57	779.46
飲料製造業	205.42	1,489.89	橡膠製品業	77.84	692.08
菸草加工業	183.87	1,328.59	塑料製品業	144.34	1,345.00

第十二章 異方差性的檢驗與修正

表12-7(續)

行業名稱	銷售收入	銷售利潤	行業名稱	銷售收入	銷售利潤
紡織業	316.79	3,862.90	非金屬礦製品	339.26	2,866.14
服裝製造業	157.70	1,779.10	黑色金屬冶煉	367.47	3,868.28
皮革羽絨製品	81.73	1,081.77	有色金屬冶煉	144.29	1,535.16
木材加工業	35.67	443.74	金屬製品業	201.42	1,948.12
家具製造業	31.06	226.78	普通機械製造	354.69	2,351.68
造紙及紙製品	134.40	1,124.94	專用設備製造	238.16	1,714.73
印刷業	90.12	499.83	交通運輸設備	511.94	4,011.53
文教體育用品	54.40	504.44	電子機械製造	409.83	3,286.15
石油加工業	194.45	2,363.80	電子通信設備	508.15	4,499.19
化學原料製品	502.61	4,195.22	儀器儀表設備	72.46	663.68

試完成以下問題：

(1)求銷售利潤與銷售收入的樣本迴歸函數,並對模型進行經濟意義檢驗和統計檢驗；

(2)分別用圖形法、Glejser 方法、White 方法檢驗模型是否存在異方差；

(3)如果模型存在異方差,選用適當的方法對異方差性進行修正。

7. 表 12-8 所給資料為 1978—2000 年四川省農村人均純收入 X_t 和人均生活費支出 Y_t 的數據。

表 12-8　四川省農村人均純收入和人均生活費支出　　　　　單位:元/人

時間	農村人均純收入 X	農村人均生活費支出 Y	時間	農村人均純收入 X	農村人均生活費支出 Y
1978	127.1	120.3	1990	557.76	509.16
1979	155.9	142.1	1991	590.21	552.39
1980	187.9	159.5	1992	634.31	569.46
1981	220.98	184.0	1993	698.27	647.43
1982	255.96	208.23	1994	946.33	904.28
1983	258.39	231.12	1995	1,158.29	1,092.91
1984	286.76	251.83	1996	1,459.09	1,358.03
1985	315.07	276.25	1997	1,680.69	1,440.48
1986	337.94	310.92	1998	1,789.17	1,440.77
1987	369.46	348.32	1999	1,843.47	1,426.06
1988	448.85	426.47	2000	1,903.60	1,485.34
1989	494.07	473.59			

資料來源:2001 年版《四川統計年鑒》。

經濟計量分析實驗

(1)求農村人均生活費支出對人均純收入的樣本迴歸函數,並對模型進行經濟意義檢驗和統計檢驗;

(2)選用適當的方法檢驗模型中是否存在異方差;

(3)如果模型存在異方差,選用適當的方法對異方差性進行修正。

第十三章　綜合實驗

一、實驗目的與要求

實驗目的：

綜合線性迴歸模型的建立、估計、檢驗、應用。

實驗要求：

掌握計量模型的建立步驟、估計原理、檢驗內容及如何應用。

二、實驗原理

計量經濟分析方法應用。

三、實驗過程

【理論依據】根據新古典經濟增長模型,決定財富增長(Y)的核心影響因素是資本(K)、勞動(L)和技術進步(RD),即 $Y = f(K, L, RD)$。

【模型與數據】為考察 2000—2016 年重慶市工業增加值的影響因素,建立 C-D 生產函數模型：$Y = \beta_0 K^{\beta_1} L^{\beta_2} RD^{\beta_3}$,線性化為：

$$\ln Y = \ln \beta_0 + \beta_1 \ln K + \beta_2 \ln L + \beta_3 \ln RD$$

其中,參數 β_1、β_2、β_3 分別反應資本、勞動和技術進步對工業增加值的影響。其中, K 用工業固定資產投資表示, L 用工業勞動人數表示, RD 用研發費用內部支出表示,數據來源於《重慶統計年鑒》,數據如表 13-1 所示。

表 13-1　2000—2016 年重慶市工業增加值及其影響因素

年份	Y/億元	K/億元	L/萬人	RD/萬元
2000	284	142	66.46	104,750
2001	577	146	66.63	101,586
2002	651	159	66.64	128,835
2003	768	247	66.72	176,988
2004	928	373	67.46	231,469
2005	1,023	533	68.00	310,272
2006	1,234	719	69.06	380,759
2007	1,572	1,020	70.20	470,734
2008	2,036	1,327	73.14	608,852
2009	2,917	1,747	73.20	794,599
2010	3,698	2,179	81.10	1,002,663
2011	4,690	2,482	85.20	1,283,560
2012	4,981	2,809	96.54	1,597,973
2013	5,250	3,321	99.45	1,764,911
2014	5,176	3,911	100.75	2,018,528
2015	5,558	4,698	101.15	2,470,012
2016	6,190	5,401	101.24	3,021,830

實驗過程分為六個部分：變量的統計描述，多元線性模型迴歸，檢驗和修正多重共線性，檢驗和修正異方差性，檢驗和修正序列相關性，構建最終模型。

1.變量的統計描述

進入「重慶統計信息網」，進行數據的收集，將收集到的數據在 Excel 中進行整理，如圖 13-1 所示。整理完成後，將數據導入 EViews 8 工作文件中。

	A	B	C	D	E
1	year	y	k	l	rd
2	2000	284	142	66.46	104750
3	2001	577	146	66.63	101586
4	2002	651	159	66.64	128835
5	2003	768	247	66.72	176988
6	2004	928	373	67.46	231469
7	2005	1023	533	68.00	310272
8	2006	1234	719	69.06	380759
9	2007	1572	1020	70.20	470734
10	2008	2036	1327	73.14	608852
11	2009	2917	1747	73.20	794599
12	2010	3698	2179	81.10	1002663
13	2011	4690	2482	85.20	1283560
14	2012	4981	2809	96.54	1597973
15	2013	5250	3321	99.45	1764911
16	2014	5176	3911	100.75	2018528
17	2015	5558	4698	101.15	2470012
18	2016	6190	5401	101.24	3021830

圖 13-1　將數據按格式進行整理

第十三章 綜合實驗

數據導出成功後，建立變量序列組。在序列組中，依次點擊：「View/Descriptive Stats/Common Sample」，即可輸出 Y、K、L、RD 四個變量的描述性統計量，如圖 13-2 所示。

	Y	K	L	RD
Mean	2796.046	1836.273	79.58389	968724.8
Median	2036.400	1327.140	73.13670	608852.0
Maximum	6189.800	5401.490	101.2382	3021830.
Minimum	283.7300	142.3981	66.46480	101586.0
Std. Dev.	2108.260	1695.195	14.43290	910446.6
Skewness	0.296905	0.745416	0.599227	0.898857
Kurtosis	1.439410	2.359181	1.610364	2.641037
Jarque-Bera	1.974869	1.865205	2.385226	2.380447
Probability	0.372531	0.393528	0.303427	0.304153
Sum	47532.79	31216.64	1352.926	16468321
Sum Sq. Dev.	71116178	45978970	3332.939	1.33E+13
Observations	17	17	17	17

圖 13-2　變量的描述性統計

從變量的統計描述中，可以得到各個變量的平均水準、離散程度、極差、偏度、峰度、樣本量等信息。

2.多元線性模型迴歸

單擊「Proc / Make Equation」，在方程命令窗口中輸入「log(Y) C log(K) log(L) log(RD)」，「Method」下拉目錄中選中「LS」，單擊「確定」後，輸出多元線性迴歸模型結果，如圖 13-3 所示。

Dependent Variable: LOG(Y)
Method: Least Squares
Date: 02/22/19　Time: 16:04
Sample: 2000 2016
Included observations: 17

Variable	Coefficient	Std. Error	t-Statistic	Prob.
C	-1.793783	3.218478	-0.557339	0.5868
LOG(K)	0.169432	0.665339	0.254655	0.8030
LOG(L)	-0.168651	1.308516	-0.128887	0.8994
LOG(RD)	0.672702	0.894859	0.751741	0.4656

R-squared	0.964401	Mean dependent var	7.565908
Adjusted R-squared	0.956185	S.D. dependent var	0.970864
S.E. of regression	0.203221	Akaike info criterion	-0.146722
Sum squared resid	0.536884	Schwarz criterion	0.049328
Log likelihood	5.247139	Hannan-Quinn criter.	-0.127834
F-statistic	117.3915	Durbin-Watson stat	1.191150
Prob(F-statistic)	0.000000		

圖 13-3　多元線性迴歸結果

圖 13-3 的模型迴歸結果為：$\ln Y = -1.794 + 0.169\ln K - 0.168\ln L + 0.673\ln RD$，從迴歸系數上看，資本和技術進步對工業增加值有促進作用，且技術進步的正向促進作用要大於資本的正向促進作用；勞動對工業增加值變量存在負向影響，當工業勞動人數每提高 1%，工業增加值將下降 0.168%。

從參數檢驗結果上看，各個參數的 t 值均較小，P 值顯示在 10% 的顯著性水準上，參數檢驗不通過，表明參數檢驗不顯著。

在模型的顯著性檢驗上看，可決系數 R^2 和調整後的可決系數 R_a^2 分別為 0.964、0.956，表明解釋變量對被解釋變量的擬合效果較好。模型 F 值為 117.39，F 檢驗通過，表明迴歸模型是顯著的。

3.檢驗和修正多重共線性

從圖 13-3 中可以看到，模型整體的解釋力度較強，顯著性較高，但是參數的顯著性檢驗均不通過，在綜合判斷法下，可認為變量間存在多重共線性現象。

進一步地計算變量間相關係數和方差膨脹因子，在圖 13-2 序列組中，依次單擊「View/Covariance Analysis」，在彈出的對話框中勾選「Correlation」，單擊「OK」後，即可輸出 Y、K、L、RD 的相關係數，如圖 13-4 所示。在圖 13-3 的迴歸結果界面上，依次單擊「View/Coefficient Diagnostics/Variance Inflation Factors」，即可生成各變量的方差膨脹因子，如圖 13-5 所示。

```
[G] Group: UNTITLED   Workfile: 專1 2000-2017年我國人均消費支出和人均可支配收入 (3)::Untitled\
View Proc Object  Print Name Freeze  Sample Sheet Stats Spec

Covariance Analysis: Ordinary
Date: 02/22/19   Time: 16:23
Sample: 2000 2016
Included observations: 17

Correlation            Y           K           L          RD
       Y         1.000000
       K         0.965907    1.000000
       L         0.969457    0.958815    1.000000
       RD        0.957114    0.996156    0.959998    1.000000
```

圖 13-4　變量間相關係數

```
[=] Equation: UNTITLED   Workfile: 專1 2000-2017年我國人均消費支出和人均可支配收
View Proc Object  Print Name Freeze  Estimate Forecast Stats Resids

Variance Inflation Factors
Date: 02/22/19   Time: 16:21
Sample: 2000 2016
Included observations: 17

                   Coefficient    Uncentered    Centered
    Variable         Variance        VIF          VIF

       C            10.35860      4263.961        NA
     LOG(K)          0.442676     9019.232     275.8312
     LOG(L)          1.712213    13431.12       20.22962
     LOG(RD)         0.800773    58381.92      402.6782
```

圖 13-5　方差膨脹因子

第十三章　綜合實驗

從圖 13-4 中可知，K、L、RD 三個解釋變量之間相關係數均超過 0.95，表明解釋變量之間存在較高的相關性。

從圖 13-5 中可知，多元線性迴歸模型中，各個迴歸變量的方差膨脹因子均超過 10，說明變量之間存在較強的多重共線性。

運用逐步迴歸法處理多重共線性。回到方程輸出結果界面，點擊「Proc/Make Equation」，在「Method」下拉菜單中選中「STEPLS-Stepwise Least Squares」。在方程命令窗口的上半部分輸入被解釋變量「log(Y)」，在下半部分輸入解釋變量「c log(K) log(L) log(RD)」。再單擊窗口上方的按鈕「Option」，採用 P 值做逐步迴歸增減變量的依據，並將 P 值臨界值修改為「0.1」（初始值為 0.5）。單擊「確定」後，生成逐步迴歸結果，如圖 13-6 所示。

```
Equation: UNTITLED  Workfile: 表1 2000-2017年我国人均消费支出和人均可支配收入 (3)::
View Proc Object Print Name Freeze Estimate Forecast Stats Resids

Dependent Variable: LOG(Y)
Method: Stepwise Regression
Date: 02/22/19   Time: 16:33
Sample: 2000 2016
Included observations: 17
No always included regressors
Number of search regressors: 4
Selection method: Stepwise forwards
Stopping criterion: p-value forwards/backwards = 0.1/0.1

Variable         Coefficient   Std. Error    t-Statistic   Prob.*

LOG(RD)          0.337254      0.037383      9.021681      0.0000
LOG(K)           0.446590      0.070715      6.315333      0.0000

R-squared             0.963547    Mean dependent var     7.565908
Adjusted R-squared    0.961116    S.D. dependent var     0.970864
S.E. of regression    0.191444    Akaike info criterion  -0.358311
Sum squared resid     0.549763    Schwarz criterion      -0.260286
Log likelihood        5.045640    Hannan-Quinn criter.   -0.348567
Durbin-Watson stat    1.132662

                      Selection Summary

Added LOG(RD)
Added LOG(K)

*Note: p-values and subsequent tests do not account for stepwise selection.
```

圖 13-6　逐步迴歸模型結果

從逐步迴歸結果中可知，原模型中的常數項和勞動變量都被剔除，模型參數檢驗顯著，模型整體顯著，擬合效果較好。逐步迴歸結果模型為 $\ln Y = 0.447 \ln K + 0.337 \ln RD$。

4.檢驗和修正異方差性

（1）進行異方差性懷特檢驗。再回到序列組中，根據逐步迴歸對變量取捨的結果，重新進行多元線性迴歸。單擊「Proc/Make Equation」，在方程命令窗口中輸入「log

（Y） log（K） log（RD）」，「Method」下拉目錄中選中「LS」，單擊「確定」後，輸出新的模型結果。依次單擊「View/Residual Diagnostics/Heteroskedasticity Tests」，在檢驗類別（Test Type）中選擇「White」，點擊「OK」後，輸出懷特檢驗結果，如圖 13-7 所示。

```
Equation: UNTITLED   Workfile: 表1 2000-2017年我國人均消費支出和人均可支配收入 (3)::
View Proc Object Print Name Freeze  Estimate Forecast Stats Resids

Heteroskedasticity Test: White

F-statistic            4.135747   Prob. F(3,13)        0.0291
Obs*R-squared          8.301692   Prob. Chi-Square(3)  0.0402
Scaled explained SS    7.495465   Prob. Chi-Square(3)  0.0577

Test Equation:
Dependent Variable: RESID^2
Method: Least Squares
Date: 02/22/19   Time: 16:44
Sample: 2000 2016
Included observations: 17

Variable         Coefficient   Std. Error   t-Statistic   Prob.

C                 0.432140     0.445247     0.970563     0.3495
LOG(RD)^2         0.018355     0.007916     2.318700     0.0373
LOG(RD)*LOG(K)   -0.087519     0.036084    -2.425424     0.0306
LOG(K)^2          0.091074     0.040475     2.250104     0.0424

R-squared          0.488335    Mean dependent var     0.032339
Adjusted R-squared 0.370258    S.D. dependent var     0.050767
S.E. of regression 0.040287    Akaike info criterion -3.383271
Sum squared resid  0.021099    Schwarz criterion     -3.187221
Log likelihood    32.75780     Hannan-Quinn criter.  -3.363783
F-statistic        4.135747    Durbin-Watson stat     1.427159
Prob(F-statistic)  0.029062
```

圖 13-7　懷特檢驗結果

從圖 13-7 懷特檢驗結果中，可知 LM 值為 8.30，P 值為 0.04，在 10% 顯著性水準上拒絕同方差原假設，表明該新建模型存在異方差。

（2）修正異方差性。修正異方差關鍵在於尋找合適的權重。根據前文搜尋權重的方法，在主界面命令窗口依次輸入「genr e1 = resid」「genr e2 =（e1）^2」「genr lne3 = log（e2）」「ls lne3 c log（k） log（rd）」；在生成的迴歸結果界面中單擊「Forecast」，生成新的序列「lne3f」；緊接著在主命令窗口輸入「genr e3f = exp（lne3f）」「genr w = 1/[（e3f）^（1/2）]」「genr w = 1/[（e3f）^（1/2）]」。至此，權重序列「w」已生成。利用權重對模型進行加權最小二乘迴歸，主界面命令窗口輸入「ls log（y） * w log（k） * w log（rd） * w」，可得加權最小二乘估計結果，如圖 13-8 所示。

第十三章 綜合實驗

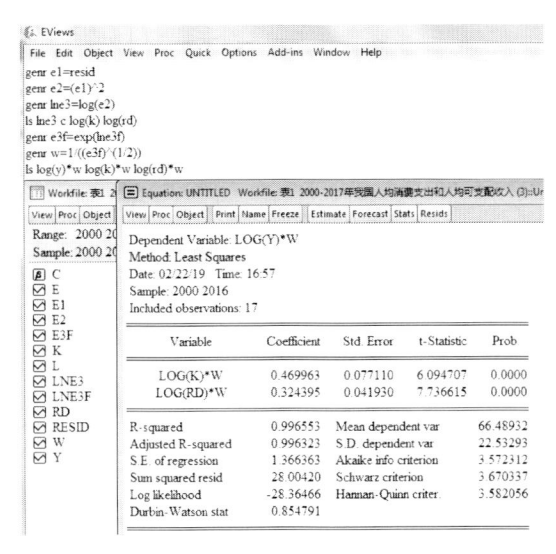

圖 13-8 加權最小二乘估計結果

對加權最小二乘結果進行懷特檢驗，單擊「View/Residual Diagnostics/Heteroskedasticity Tests」，在檢驗類別(Test Type)中選擇「White」，結果如圖 13-9 所示。

圖 13-9 懷特檢驗結果

從圖 13-9 的懷特檢驗結果中可知，加權最小二乘估計模型的 LM 值為 0.925，P 值為 0.819，統計檢驗不顯著，表明模型不存在異方差。

5. 檢驗和修正序列相關性

(1)對加權最小二乘估計模型進行序列相關性檢驗。依次單擊「View/Residual Diagnostics/correlogram/Q-statistics」，選擇最大滯後階數(lags to include)「12」，即可輸出殘差項 RESID 的自相關(Autocorrelation)和偏相關係數(Partial Correlation)。如圖 13-10 所示。

```
┌─ Equation: UNTITLED   Workfile: 表1 2000-2017年我國人均消費支出和人均可支配收入 (3)::U
 View │Proc │Object │ Print │Name │Freeze │ Estimate │Forecast │Stats │Resids
                              Correlogram of Residuals
 Date: 02/22/19   Time: 17:03
 Sample: 2000 2016
 Included observations: 17

   Autocorrelation      Partial Correlation      AC      PAC    Q-Stat   Prob

                                              1  0.444   0.444   3.9778  0.046
                                              2  0.060  -0.170   4.0558  0.132
                                              3 -0.337  -0.375   6.6777  0.083
                                              4 -0.573  -0.379  14.827   0.005
                                              5 -0.483  -0.195  21.114   0.001
                                              6 -0.239  -0.158  22.794   0.001
                                              7  0.106  -0.053  23.161   0.002
                                              8  0.345  -0.039  27.422   0.001
                                              9  0.299  -0.215  31.041   0.000
                                             10  0.186  -0.124  32.645   0.000
                                             11 -0.042  -0.163  32.738   0.001
                                             12 -0.126  -0.008  33.765   0.001
```

圖 13-10　偏相關係數

從偏相關係數圖中可以看出，殘差項偏相關係數未超出虛線位置，表明模型的序列相關性不明顯。

(2)進行拉格朗日乘數檢驗(LM Test)。依次單擊「View/Residual Diagnostics/Serial Correlation LM Test」，選擇所要檢驗滯後階數「lags to include」，例如「2」。結果如圖 13-11 所示。

```
Breusch-Godfrey Serial Correlation LM Test:

F-statistic            1.998136    Prob. F(2,13)         0.1751
Obs*R-squared          3.992990    Prob. Chi-Square(2)   0.1358
```

圖 13-11　拉格朗日乘數檢驗結果

從 LM Test 結果中可知，LM 值為 3.99，P 值為 0.14，檢驗為通過，認為加權最小二乘估計模型不存在序列相關性。由於模型不存在序列相關性，所以不需要再對加權最小二乘估計模型進行廣義差分估計。

6.構建最終模型

通過對原模型的多重共線性、異方差性、序列相關性的檢驗，得到最終模型為：

$\ln Y^* = 0.470 \ln K^* + 0.324 \ln RD^*$

其中，$\ln Y^* = w \cdot \ln Y$，$\ln K^* = w \cdot \ln K$，$\ln RD^* = w \cdot \ln RD$。從圖 13-7 的估計結果中可知，參數檢驗的 P 值都遠小於臨界值(10%)，參數顯著性檢驗通過；模型的可決系數為 0.996，表明模型擬合效果較好。

四、思考題

選擇一個你感興趣的、具體的社會經濟生活的熱點問題，運用經濟計量分析模型進行計量分析，並得出相應結論。

參考文獻

[1] 張曉峒. 計量經濟學軟件 EViews 使用指南[M]. 天津:南開大學出版社,2004.

[2] 何劍. 計量經濟學實驗和 EViews 使用[M]. 北京:中國統計出版社,2010.

[3] 易丹輝. 數據分析與 EViews 應用[M]. 北京:中國人民大學出版社,2008.

[4] 張大維. EViews 數據統計與分析教程[M]. 北京:清華大學出版社,2010.

[5] 葉阿忠. 計量經濟學軟件 EViews 操作和建模實例[M]. 北京:經濟科學出版社,2017.

[6] 龐浩. 計量經濟學[M]. 3 版. 北京:科學出版社,2014.

[7] 李子奈,潘文卿. 計量經濟學[M]. 4 版. 北京:高等教育出版社,2016.

[8] 謝識予,朱弘鑫. 高級計量經濟學[M]. 上海:復旦大學出版社,2005.

國家圖書館出版品預行編目（CIP）資料

經濟計量分析實驗 / 孫榮 著. -- 第一版.
-- 臺北市：財經錢線文化，2020.05
　　面；　　公分
POD版

ISBN 978-957-680-421-2(平裝)

1.計量經濟學 2.中國

550.19　　　　　　　　　　　　　109005682

書　　　名：經濟計量分析實驗
作　　　者：孫榮 著
發 行 人：黃振庭
出 版 者：財經錢線文化事業有限公司
發 行 者：財經錢線文化事業有限公司
E-mail：sonbookservice@gmail.com
粉絲頁：　　　　　網址：
地　　　址：台北市中正區重慶南路一段六十一號八樓 815 室
8F.-815, No.61, Sec. 1, Chongqing S. Rd., Zhongzheng
Dist., Taipei City 100, Taiwan (R.O.C.)
電　　　話：(02)2370-3310 傳　真：(02) 2388-1990
總 經 銷：紅螞蟻圖書有限公司
地　　　址：台北市內湖區舊宗路二段 121 巷 19 號
電　　　話：02-2795-3656 傳真：02-2795-4100　　網址：
印　　　刷：京峯彩色印刷有限公司（京峰數位）
　　本書版權為西南財經大學出版社所有授權崧博出版事業股份有限公司獨家發行電子
書及繁體書繁體字版。若有其他相關權利及授權需求請與本公司聯繫。

定　　　價：350元
發行日期：2020 年 05 月第一版
◎ 本書以 POD 印製發行